Friedrich K. Barabas

Sexualität und Recht

Ein Leitfaden für Sozialarbeiter, Pädagogen, Juristen, Jugendliche und Eltern

Fachhochschulverlag

Friedrich K. Barabas
Sexualität und Recht
Ein Leitfaden für Sozialarbeiter, Pädagogen,
Juristen, Jugendliche und Eltern
Fachhochschulverlag, Band 55
ISBN 3-931297-45-4

© 1998 Fachhochschulverlag
Limescorso 5
60439 Frankfurt am Main
Telefon (0 69) 15 33 – 28 20
Telefax (0 69) 15 33 – 28 40
fhverlag@verlag.fh-frankfurt.de

Umschlag und typografische Konzeption: Christoph Roether
»Projekt Buchgestaltung«, Leitung: Hans Peter Willberg
Fachbereich Kommunikationsdesign,
Fachhochschule Rheinland-Pfalz, Abteilung Mainz I
DTP: Michael Becker und Frank Ratschinski,
Studenten am Fachbereich Feinwerktechnik
der Fachhochschule Frankfurt am Main,
auf Apple Macintosh Power PC in FrameMaker 5.1
Druck: Elektra, 65527 Niedernhausen

Bestellungen
Das Buch kostet inkl. Versandkosten 24,– DM.
Bei Sammelbestellungen ab 10 Ex. 19,– DM je Ex.
Bestellungen bitte unter der Angabe »Band 71«
per Fax, e-mail, Telefon oder postalisch an den Verlag
(Adresse s. o.).

INHALT

Einleitung 8

1		**Von der Unzucht zur Sozialschädlichkeit 14**
1.1		Das Verhältnis der Geschlechter **14**
1.2		Sexualität von Kindern und Jugendlichen **18**
1.3		Das »Unzüchtige« in der Moderne **20**
1.4		Reformen im Sexualstrafrecht **22**
2		**Kurzüberblick über das Sexualstrafrecht 26**
2.1		Geschützte Rechtsgüter **26**
3		**Statistische Daten: Die Häufigkeit der Sexualdelikte 27**
3.1		Definitorische Probleme, beschränkte statistische Aussagekraft **27**
4		**Was ist nach »Gesetz und Recht« eine sexuelle Handlung? 32**
4.1		Beispiele aus der Rechtsprechung **33**
4.2		Das Widerwärtige als Beleidigung **35**
5		**Rechtlicher Schutz gegen sexuelle Übergriffe 38**
5.1		Das Beschäftigungsschutzgesetz (BeschSG) **39**
5.2		Das Disziplinarrecht **40**
5.3		Arbeitsrechtliche Sanktionen **41**
5.4		Ehrengerichtsverfahren und Schmerzensgeld bei sexuellen Übergriffen in Therapie und Beratung **42**
5.5		Schadensersatz- und Schmerzensgeldansprüche **44**
5.6		Entschädigungen nach dem Opferentschädigungsgesetz (OEG) **47**
6		**Der Schutz von Kindern unter 14 Jahren 50**
6.1		Der Schutz durch das Strafrecht, § 176 StGB **50**
6.2		Kinder- und Jugendlichenschutz durch Zivilrecht und Öffentliches Recht **56**
7		**Der Schutz Jugendlicher unter 16 Jahren 68**
7.1		Sexueller Mißbrauch von Schutzbefohlenen, § 174 StGB **68**
7.2		Sexueller Mißbrauch von Jugendlichen, § 182 StGB **72**
8		**Der Schutz Jugendlicher unter 18 Jahren 80**
8.1		Der Mißbrauch der Abhängigkeit, § 174 Abs. 1 Ziff. 2 und Ziff. 3 StGB **80**
8.2		Entführung mit Willen der Entführten, § 236 StGB **82**

9		**Sexualdelikte ohne Altersbegrenzung 83**
	9.1	Sexuelle Nötigung; Vergewaltigung, § 177 StGB **83**
	9.2	Sexueller Mißbrauch widerstandsunfähiger Personen, § 179 StGB **87**
	9.3	Sexueller Mißbrauch von Gefangenen, behördlich Verwahrten oder Kranken in Anstalten, § 174 a StGB **88**
	9.4	Sexueller Mißbrauch unter Ausnutzung einer Amtsstellung, § 174 b StGB **90**
10		**Strafbarkeit wegen Förderung sexueller Handlungen Minderjähriger, § 180 StGB 91**
	10.1	Die Förderung sexueller Handlungen bei Jugendlichen unter 16 Jahren **92**
	10.2	Die Förderung sexueller Handlungen bei Jugendlichen unter 18 Jahren **99**
11		**Die Strafbarkeit der Sexualität von Kindern und Jugendlichen unter sich 102**
	11.1	Strafbarkeit von Kindern? **102**
	11.2	Strafrechtliche Verantwortlichkeit von Jugendlichen **103**
	11.3	Strafrechtliche Verantwortlichkeit von Heranwachsenden **103**
12		**Reformvorhaben 104**
	12.1	Verjährungsfristen **105**
	12.2	Harmonisierung der Strafrahmen **105**
	12.3	Gesetzentwurf zur Bekämpfung von Sexualdelikten und anderen gefährlichen Straftaten **107**
	12.5	Opferschutz **109**
	12.6	Zeugenschutz und Unschuldsvermutung **109**
13		**Die Grenzen des Sexualstrafrechts 111**
	13.1	Strafrechtsverschärfung versus Hilfe und Vorbeugung **111**
14		**Straftaten gegen die sexuelle Selbstbestimmung und die Verschwiegenheitspflicht nach dem Strafgesetzbuch und dem Datenschutz – Oder: Darf man bei Verbrechen schweigen? 115**
	14.1	Ausgangspunkt: Schweigepflicht, Daten- und Vertrauensschutz in der sozialen Arbeit **117**
	14.2	Die strafrechtliche Schweigepflicht nach § 203 StGB **121**
	14.3	Die Offenbarungsbefugnisse **124**
	14.4	Der Sozialdatenschutz im Strafverfahren **133**
	14.5	Der Datenschutz nach dem Kinder- und Jugendhilfegesetz **135**

15	**Die Zeugnisverweigerungsrechte und die Beschlagnahmeverbote in der sozialen Arbeit 137**
15.1	Das Zeugnisverweigerungsrecht im Zivilprozeß **138**
15.2	Das Zeugnisverweigerungsrecht im Strafprozeß **140**
15.3	Beschlagnahmeverbote **145**

Abkürzungen 148

Literatur 150

Stichwortverzeichnis 159

Autor 163

EINLEITUNG

Die Auseinandersetzung um Sexualität in unserer Gesellschaft ist ein Dauerthema. Bereits die Lektüre der Tagespresse verweist auf die Vielschichtigkeit der angeblich natürlichsten Sache der Welt. Fast beliebige Schlagzeilen aus dem Jahr 1997:

»Schluß mit dem Lolita-Sex ... bald Todesstrafe für Kinderschänder?«;
»Gegen ›ungehemmte Lust‹ und ›nymphomane Verwilderung‹«;
»Liebe erst ab 18 Jahre«;
»Rotes Kreuz weist homosexuellen Blutspender zurück«;
»Kindersex-Anbieter vor Gericht, Folter-Offerte im Internet«;
»Es ist nicht vertretbar, das Pfarramt generell für Homosexuelle zu öffnen«;
»Werbung für das Pädophilen-Treffen im Internet«;
»Eltern beklagen den ›Mißbrauch des Mißbrauchs‹«;
»Und wer hört die Signale der Kinder? Sozialarbeiter wollen sich durch die Debatte ›Mißbrauch mit dem Mißbrauch‹ nicht einschüchtern lassen«;
»Mutige Kinder sind für die Täter meist uninteressant«;
»Nach wie vor sind Schwule rechtlich nur geduldet«;
»Schwanger auf Reisen, Bayern schikaniert abtreibungswillige Frauen und Ärzte. Hilft ihnen nun das Bundesverfassungsgericht?«;
»Begeisterter Pädagoge, ein mutmaßlicher Päderast aus Hamburg versteckt seit Jahren Kinder in Wohnungen. Juristisch ist der Mann nur schwer zu fassen«;
»Sexuelles Mobbing, Skandal im Hamburg«;
»Sexuelle Gewalt in den Familien, ein Problem in Frankreich«;
»Liebe bei der Bundeswehr – ab wann wird es gefährlich?«;
»Sex in Amerika oder: Wie mit den ›privaten Teilen‹ öffentlich umgegangen wird«;
»Mißbrauchsverdacht: Aus Schande! Lehrer erhängt sich in der Dusche«.

In Arbeitsbeziehungen, in Ausbildungsinstitutionen oder in der Freizeit, im privaten wie im öffentlichen Bereich, überall wo Menschen aufeinanderstoßen, spielt die Sexualität eine wichtige Rolle. Nun könnte man fast erwarten, daß eine so »zentrale Sache« auch ein eigenes Recht verdient. Das ist allerdings nicht der Fall. Es existiert keine Gesetzbuch »Recht der Sexualität«, das alle in Betracht kommenden Konflikte aufgreift. Vielmehr gibt es verstreut zahlreiche Normen, die sexuelles Verhalten steuern, bestrafen, eingrenzen oder daran anderweitige Konsequenzen knüpfen. Dabei handelt es sich keineswegs nur um die strafrechtlichen Folgen einer bestimmten Handlungsweise. Das »Recht der Sexualität« ist entschieden umfangreicher, wenn man die häufig anzutreffende, ausschließlich strafrechtliche Betrachtungsweise aufgibt.

Kaum ein anderes Thema, wie der sexuelle Mißbrauch, ist in jüngster Zeit in den Medien und in der Fachöffentlichkeit so heftig und kontrovers diskutiert worden. Einschlägige Ratgeber zum professionellen Umgang mit dem sexuellen Mißbrauch (Enders 1990; Enders/Stumpf 1991; Trube-Becker 1992; Wüstenberg 1992; Brockhaus/Kolshorn 1993; van den Broek 1993; Marquardt 1993; Harbeck/Schade 1994; Schäfter/Hocke 1995; Amelang/ Krüger 1995; Gerhard 1996; Brückner 199) und zahlreiche weitere Publikationen sind zu diesem Thema veröffentlicht worden. Es wird unterschieden zwischen Fach- und Sachbüchern, wissenschaftlichen Studien, Broschüren, Arbeitsmaterialien, aufklärenden Kinder- und Jugendbüchern sowie Erfahrungsberichten.[1]

In den Bereich staatlicher Reaktionsformen auf sexuelle Gewalt gehört die seit einiger Zeit geführte Diskussion um den »Mißbrauch des Mißbrauchs« (Alteck 1994). Väter und Erzieher wehren sich gegen den Verdacht sexueller Übergriffe und beklagen Fehlentscheidungen der Jugendämter und Gerichte mit katastrophalen Konsequenzen für ihr familiäres Leben. »In der Praxis der Jugendhilfe scheint es allerdings zuweilen Formen eines Spüreifers anzunehmen, der bedenklich und auch unter rechtlichen Aspekten zu kritisieren ist« (Ollmann 1994, 151). Obwohl entsprechende Ermittlungsverfahren eingestellt werden oder ein Strafverfahren mit einem Freispruch endet, dürfen die Kinder manchmal nicht zu ihren Vätern zurück. Es gibt bereits Selbsthilfegruppen, die den Jugendämtern Menschenrechtsverletzungen vorwerfen, weil sie die in jedem Rechtsstaat geltende Unschuldsvermutung beim Verdacht des sexuellen Mißbrauchs außer Kraft setzen würden. Der Vorwurf geht auch dahin, daß vor allem Ehefrauen, die das Sorgerecht für ihre Kinder erstreiten wollten, und Fachkräfte ohne wirkliche professionelle Kompetenz für die Überreaktionen verantwortlich seien. Die Jugendämter wehren sich ihrerseits vehement gegen die Anschuldigungen mit dem Hinweis, lieber einmal bei sexueller Gewalt vorschnell gehandelt, als verspätet eingegriffen zu haben. Einige weisen schließlich auch auf den Mißbrauch durch Kinder und Jugendliche selbst hin und schließen nicht aus, daß auch Anwälte versucht sind, den Mißbrauch zu funktionalisieren (Ell 1992a). Hinter diesen Auseinandersetzungen verbirgt sich letztendlich auch die Frage nach dem Stellenwert strafrechtlicher Sanktionen.

»Der Kampf um die Sexualität ist wieder einmal heftig entbrannt. Die einen wollen verhaften, verurteilen, einsperren; die anderen wollen verwalten, behandeln, vorbeugen; wieder andere wollen verbessern, retten, erlösen; noch andere haben sich bereits lange vor Aids von der Sexualität verabschiedet,« schreibt ein bekannter Sexualforscher (Sigusch 1989, 7). In der Tat ist kaum ein Bereich menschlicher Lebensäußerungen so zeitgeistabhängig und von den gesellschaftlichen Verhältnissen bestimmt wie die Sexualität. Es ist schier unmöglich, zeit- und länderübergreifend zu bestimmen, was eigentlich normgerechtes sexuelles Verhalten darstellt und wann abweichendes bzw. strafbares Tun vorliegt. Die Debatten um die Freigabe der Pornographie und die Aufhebung der Strafbarkeit der Homosexualität, aber auch die erbitterten Auseinandersetzungen um die gesetzliche Reform des Schwangerschaftsabbruches sowie der Strafbarkeit der

---

[1] Eine kommentierte Literaturzusammenstellung bis zum Jahre 1992 gibt Barth 1992. Das Referat Kultur- und Medienarbeit der Behörde für Schule, Jugend und Berufsbildung der Stadt Hamburg hat ebenfalls eine kommentierte Literaturliste herausgegeben: Stand 1994; vgl. auch die Literaturübersicht der Zentralstelle für Psychologische Information und Dokumentation, Universität Trier, 1997

Vergewaltigung in der Ehe belegen hinreichend die Dynamik der Veränderungen in der Bundesrepublik.

Die Balance zwischen der freien Gestaltung der eigenen Sexualität und der persönlichen Beziehungen sowie den staatlichen Normvorgaben, zwischen Strafrechtsskepsis und Strafrechtsgläubigkeit (Frommel 1995), kann nicht ein für allemal hergestellt und rechtlich festgeschrieben werden. Die normative Durchsetzung rigider Moralvorstellungen wird ebensowenig der komplexen Materie gerecht, wie umgekehrt die grenzenlose Libertinage. Die Gratwanderung zwischen Sexualität, Recht, Moral und Ethik läßt keine »gültigen«, gleichsam ahistorischen, immer geltenden Regelungen und Anworten zu. Vielmehr begrenzt die sexuelle Buntscheckigkeit und Vielfalt von vornherein das Recht. Grenzen des Sexualstrafrechts ergeben sich aber auch aus schwierigen innerfamiliären Auseinandersetzungen. Sie können häufig nur sehr differenziert im Einzelfall beurteilt werden. Bei Verdacht auf familiären sexuellen Mißbrauch ist Fachlichkeit erforderlich, sind beraterische und diagnostische Qualifikationen unverzichtbar (Straumann 1992), um angemessen beurteilen zu können, wie auf dieses Unrecht zu reagieren ist. Es verbieten sich vorschnelle Antworten und Strategien.

Dies um so mehr, als augenscheinlich die Gesellschaft es zunehmend verlernt hat, ihre Konflikte eigenverantwortlich zu lösen. Die Erosion der Fähigkeiten, soziale Auseinandersetzungen zwischen den Beteiligten zu regeln, ist unübersehbar. Allenthalben wird nach dem Recht gerufen. »Das Rechtssystem und der Rechtszwang sollen Ordnung schaffen, über ein weites Feld möglicher Bedrohungen wachen und Daseinsvorsorge leisten. Vom Staat wird Außen-Lenkung erwartet. Ständige und immer weitreichendere Eingriffe des Staates in die gesellschaftlichen Verhältnisse sind die Folge – die Entwicklung verläuft vom Rechtsstaat über den Wohlfahrtsstaat zum Schutzstaat, der gesellschaftlicher Autonomie und Selbstregulation kaum mehr Raum läßt. Dies führt zu einer Verfestigung des außen gelenkten Sozialcharakters. Die Gesellschaft verlernt, mit ihren Konflikten und Ängsten umzugehen. Die rechtssoziologische Diagnose, daß die Berufung auf Recht und der Ruf nach Recht in Konflikten anzeigt, daß die soziale Beziehungsebene zwischen den Beteiligten zerstört ist – einfacher, daß man sich auf Recht zurückzieht, wenn man nicht mehr miteinander reden kann – beschreibt nicht mehr den Einzelfall, sondern einen gesamtgesellschaftlichen Zustand« (Herzog 1996, 7, 8).

Diese Entwicklung ist besonders offensichtlich im Strafrecht. Die heftig vorgetragenen Forderungen, alles und jedes zu bestrafen, Polizei und Justiz aufzurüsten, um die alltäglichen Ängste und Bedrohungsgefühle zu vermindern, verhindert jedoch die Diskussion darüber, was als strafbares, sozialschädliches Verhalten zu interpretieren ist.

Bei dem »Recht der Sexualität« stellt sich ein weiteres Problem. Im Strafrecht wird der Begriff der Sexualität eigentümlich verkürzt. Das im Strafrecht »enthaltene Sexualitätskonzept läßt sich relativ schlicht folgendermaßen zusammenfassen: In diesem Konstrukt ist menschliche Sexualität gleichbedeutend mit männlicher Sexualität, und diese ist ein Brocken Natur im Mann, ein Findling von Triebhaftigkeit in der Kulturlandschaft der männlichen Seele. Dieser Trieb führt ein Eigenleben, nach Art einer Espressomaschine steigt der Druck. Das Überdruckventil ist für die Sicherheit des

Benutzers das allerwichtigste Teil. So wie die Wurzeln wachsender Bäume sich in ihrer kraftvollen Expansion nicht aufhalten lassen und z.b. Asphalt aufzubrechen, Zement zu sprengen vermögen, so benötigt der Trieb von Zeit zu Zeit regelmäßig Ventile, Abfuhr, Entlastung, sonst sprengt er alles, die Zivilisation flöge in die Luft. Das tierische Erbe im Manne ist gefährlich, muß gezähmt und in die Zucht genommen werden. Geschieht dies nicht oder unzureichend, dann ereignet sich Unzucht« (Schorsch 1992, 183, 186).

Die Auslegung und Anwendung des Sexualstrafrechtes durch die Richterinnen und Richter, ihr Bild von der Sexualität ist zuweilen redundant und eindimensional. Dies wird nicht nur bei der Auslegung des Gewaltbegriffs, sondern in vielen Gerichtsentscheidungen, die sich mit Sexualität befassen, deutlich. So ging es in einem Beschluß des OLG Jena um die Frage, ob einem Untersuchungsgefangenen der unbeaufsichtigte Besuch seiner Ehefrau zu genehmigen sei, um einen intimen Kontakt zu ermöglichen. Das Oberlandesgericht zeigte Verständnis für das Anliegen des Gefangenen, kam aber zu dem Ergebnis: »Das Zuführen von Ehefrauen in den Vollzugsbereich (etwa in die Zelle des Gefangenen) würde voraussichtlich zu erheblichen Unruhen unter den Gefangenen führen und würde die Durchführung eines geordneten Dienstbetriebes übermäßig erschweren« (OLG Jena, JZ 1996, 157, 158 mit Anm. von Seebode 1996). So sieht das Bild der Sexualität in den Köpfen einiger Richter aus. Die Ehefrau darf dem paarungsbereiten Mann nicht »zugeführt« werden, weil sonst alle anderen Männchen offenbar durchdrehen würden.

Keinesfalls in geordneter Systematik, nur um eine Vorstellung von der Vielfalt der rechtlichen Probleme zu erhalten, seien einige Stichworte zum Gebiet Sexualität und Recht aufgezählt:
- Sexualität und eheliche Pflichten;
- Schadensersatz wegen Mißbrauchsverdächtigung;
- Go-Order bei sexuellem Mißbrauch;
- Schutz kindlicher Opferzeugen;
- disziplinarrechtliche und arbeitsrechtliche Konsequenzen bei sexuellen Übergriffen;
- Liberalisierung der Sexualgesetzgebung;
- Mißachtung der sexuellen Selbstbestimmung des Ehepartners;
- rechtliche Reaktionen auf sexuelle Gewalt;
- Kann das Strafrecht Ehe und Familie schützen?;
- Aufklärung des Verdachts des sexuellen Mißbrauchs in familien- und vormundschaftsgerichtlichen Verfahren;
- Minderjährigenprostitution und Erziehungshilfen nach dem KJHG;
- Beschäftigungsschutzgesetz und der Schutz vor sexueller Belästigung am Arbeitsplatz;
- Lesben und Schwule in der Arbeitswelt;
- Therapie von Sexualtätern;
- Verdacht des sexuellen Mißbrauchs und Umgangsrechtsregelung;
- Beleidigung Jugendlicher durch sexuelle Handlungen;
- Sexualstrafrecht bei Fremderziehung und Fremdbetreuung;
- Sexualität bei geistigbehinderten Erwachsenen;
- Schadensersatz bei Sexualdelikten und sexuellen Übergriffen;
- härtere Strafen für Sexualtäter.

Die Bandbreite der rechtlichen Fragen reicht also vom Zivil- über das Strafrecht bis zu den Disziplinarordnungen, vom Kinder- und Jugendhilfegesetz über die Strafprozeßordnung bis hin zum Arbeitsrecht. Nun wäre es vermessen, eine umfassende Darstellung des Rechts der Sexualität vorlegen zu wollen. Hier sollen in erster Linie rechtliche Probleme, die in den Sozialisationsberufen, in den Schulen und den vielfältigen Professionen der sozialen Arbeit immer wieder auftauchen, behandelt werden. Die Darstellung der rechtlichen Fragen orientiert sich vornehmlich an den Altersstufen. Die altersmäßige Differenzierung bietet sich nicht nur wegen ihrer Übersichtlichkeit an, sondern auch, weil das Strafgesetzbuch sie vorgibt.

Schwerpunkt der Erörterung sind juristische Fragen, die sich aus sexuellen Handlungen im Sozialisationsalltag ergeben. Die Lebenssachverhalte sind allen bekannt. Bei einer Klassenfahrt teilen zwei junge Menschen das Bett, in einem Heim geht eine Minderjährige der Prostitution nach, in einer Vorschuleinrichtung werden ausgiebig Doktorspiele veranstaltet, Jugendliche verlangen von ihren Erziehern Kondome, ein Lehrer kommuniziert nicht nur platonisch mit einer Schülerin, eine Pädagogin soll als Zeugin in einem Strafverfahren wegen sexuellen Mißbrauchs aussagen etc.

Drei Themenbereiche sind auszumachen:

- Erstens stellt sich die Frage nach den gesetzlichen Freiräumen für die Entfaltung der kindlichen Sexualität, ab wann Kinder ihre Sexualität entdecken und entfalten dürfen, ohne sich selbst strafbar zu machen, und zugleich nach dem Schutzbereich, in dem Kinder und Jugendliche rechtlich absolut gegen jedwede sexuelle Handlung Erwachsener geschützt sind.
- In diesem Zusammenhang ist zweitens zu problematisieren, ob überhaupt und ab welcher Altersgrenze Erzieherinnen und Pädagogen, Lehrer, Sozialarbeiterinnen, Psychologen sowie Angehörige der Gesundheitsberufe selbst mit Jugendlichen sexuelle Kontakte aufnehmen dürfen, anders formuliert: Wo endet nach dem Strafgesetz die erlaubte und wo beginnt die strafbare sexuelle Handlung? Neben den juristischen Aspekten stellen sich in diesen Zusammenhängen komplizierte pädagogische Fragen, die allerdings hier nur gestreift werden können.
- Schließlich ist ein dritter Themenkreis von einiger Bedeutung. In welcher Weise müssen Pädagogen und Erzieher, Lehrerinnen und Sozialarbeiterinnen sexuelle Kontakte oder bereits die Möglichkeit von sexuellen Kontakten zwischen ihren »Schutzbefohlenen« in Heimen, Ferienfreizeiten, in Schulen, in Jugendzentren oder in sonstigen Einrichtungen der Jugendhilfe unterbinden? In welcher Weise dürfen Kinder ihre Sexualität entdecken und entfalten, ohne von Erwachsenen geschurigelt werden zu müssen? Mit anderen Worten: wo sind die strafrechtlichen, aber auch disziplinarrechtlichen Grenzen der Sexualpädagogik? Fachkräfte handeln in ihren Arbeitsbereichen noch häufig genug nach dem Motto, man stehe mit einem Bein im Gefängnis, wenn man Sexualkontakte nicht rigide – unabhängig vom Alter der Kinder und Jugendlichen – unterbindet.

Das Verhältnis von Erwachsenen zu Kindern und Jugendlichen im Sexualstrafrecht wird ergänzt durch die Darstellung der Sexualdelikte ohne Altersbegrenzung sowie der Möglichkeiten, sich gegen sexuelle Übergriffe wehren zu können. Sexuelle Beziehungen in Betrieben und Amtsstuben, bei Feuer- und Bundeswehr oder im Lehrerkollegium, in Heimen oder Krankenhäusern ist alltäglich und im Regelfall – Gott sei Dank – keine Frage des Rechts. Die Sache wird jedoch problematisch, wenn offen oder verdeckt Machtpositionen ausgenutzt und instrumentalisiert werden oder gar Sexualität gewaltsam erzwungen wird. Sexuelle »Beziehungen« zwischen Erwachsenen sind mitunter problembeladen und können bei strafbarem Verhalten vor den Gerichten enden. Bei sexuellen Angriffen, wo auch immer sie erfolgen, ist fraglich, in welcher Weise sich die attackierten Personen rechtlich wehren können, und ob sie unterhalb des Strafrechts – etwa durch Arbeits-, Zivil- oder Disziplinarrecht – hinreichend geschützt werden? Was ist ferner mit sexuellen Kontakten zwischen Erziehern, Betreuern und ihren jeweiligen »Klienten« in Heimen, in psychiatrischen Anstalten und in den Gefängnissen? Schließlich ist es ein Problem, ob und in welcher Weise sexuelle Beziehungen in der Therapie oder in einem Beratungsverhältnis strafbar sind?

Zum Schluß wird das Verhältnis zwischen staatlichem Strafverfolgungsinteresse bei Sexualstraftaten und dem Vertrauens- und Datenschutz behandelt. Über die Täter muß man sich keine Sorgen machen, sondern an die Opfer denken und ihnen helfen, so eine gängige Meinung. Die »Nichtsorge« für die Täter kann aber weitreichende Konsequenzen haben. In den USA trat 1996 das sog. »Megan's Law« in Kraft. Es sieht vor, daß rückfällige Straftäter von Sexualdelikten öffentlich bekannt gemacht werden können. Auf Grund dieser Regelung können in Kalifornien in Polizeistationen die Daten von Sexualstraftätern von jedem Bürger über achtzehn Jahren, der zuvor geschworen hat, selbst kein Sexualtäter zu sein, abgerufen werden, wenn ein vernünftiger Grund nachgewiesen wird. In der Kartei befinden sich 64.000 Namen (FR vom 1.7.1997).
Die Informationskonflikte in der ›Datengesellschaft‹ haben brisante Ausmaße angenommen. Da Sexualstraftäter häufig Wiederholungstäter sind, scheint es sinnvoll und effektiv, alles über sie zu erfahren, auch und gerade nach Verbüßung der Tat: Wie sie heißen, wo sie wohnen, wie sie aussehen, welche Vorstrafen sie haben, wo sie ihre Ferien verbringen. Dabei wird in Kauf genommen, daß Grundrechte der Täter auf ein Minimum reduziert werden, und die Gefahr besteht, daß unschuldige Menschen zu Opfern von Lynchjustiz werden. Berichte aus den USA zufolge wurden bereits Häuser von ehemaligen Sexualtätern niedergebrannt oder unschuldig in die Kartei geratene Personen zusammengeschlagen. Es gibt schon zu denken, daß normalen Massenmördern Diskretion eingeräumt wird, während Sexualstraftäter für den Rest ihres Lebens gebrandmarkt sein sollen. Das Beispiel des freien Zugriffs auf Daten von Sexualstraftätern in den USA soll zeigen, daß, angesichts der enormen Möglichkeiten der modernen Datentechnologie, es größte Bedeutung erlangt hat, die Verfügbarkeit und Übermittlung von Daten zu steuern und zu kontrollieren.

1 VON DER UNZUCHT ZUR SOZIALSCHÄDLICHKEIT

1.1 Das Verhältnis der Geschlechter

Die stetigen und zuweilen heftigen Auseinandersetzungen um Sexualität, Liebe, Macht, Gewalt, Autonomie und Recht, die Diskussionen über das Erlaubte und Verbotene zwischen den Geschlechtern werden beträchtlich durch einen Blick in die Historie relativiert. Was heutzutage selbstverständlich erscheint, war Menschen in anderen Epochen fremd. Die Grenze zwischen strafbarem Tun und zugelassener Sexualität hat sich im Laufe der Geschichte erheblich verschoben.

Das Verhältnis Strafrecht und *Sexualität unter Erwachsenen* weist eine wechselvolle Geschichte auf. Es ging in erster Linie jeweils um die Frage der Strafbarkeit des außerehelichen Geschlechtsverkehrs, um die strafrechtliche Abwehr der Ehestörung, mithin um die eheliche Treue. Im »finsteren« Mittelalter herrschte im wesentlichen eine freiere Haltung zur Sexualität als beispielsweise Mitte des 20. Jahrhunderts in der BRD. Das Konkubinat sowie der Verkehr mit Buhlerinnen wurden durch die mittelalterliche Rechtsordnung nicht bestraft (Maurach/Schröder/Maiwald 1988, 153 f), sondern toleriert.

Norbert Elias hat in seinen Untersuchungen über den Prozeß der Zivilisation nachweisen können, daß in einem gigantischen Umerziehungsprozeß der vormoderne Mensch zur Sittlichkeit erzogen wurde. Dieser Prozeß der Zivilisation erreichte eine Dämpfung der Triebe, erhöhte die Scham- und Peinlichkeitsschwellen und kanalisierte die Sexualität (Elias 1977, Bd. 2, 369 ff).

»Das Schamempfinden, das die sexuellen Beziehungen der Menschen umgibt, hat sich im Prozeß der Zivilisation beträchtlich verstärkt und verändert. Das kommt besonders deutlich in der Schwierigkeit zum Ausdruck, die die Erwachsenen der späteren Zivilisationsphasen haben, wenn sie mit ihren Kindern von diesen Beziehungen reden sollen« (Elias 1977, Bd. 1, 230 f).

Im Prozeß der Zivilisation hat sich das Verhältnis von Mann und Frau nachhaltig verändert. Die Kleinfamilie wurde erst »ganz allmählich mit solcher Ausschließlichkeit zur einzigen legitimen Enklave der Sexualität und der intimen Verrichtungen« (Elias 1977, Bd. 1, 259). An diesem Umerziehungsprozeß beteiligten sich auch – neben vielen Institutionen – beharrlich die katholische und evangelischen Kirchen. Ein Grundzug des katholischen Eherechts zum Beispiel ist die prinzipielle Unauflöslichkeit der Ehe. Das Recht erlaubt lediglich eine Trennung von Tisch und Bett. Eine Wiederverheiratung ist ausgeschlossen.

Dieses sakramental-rechtliche Eheverständnis der katholischen Kirche (Blasius 1992) blieb lange Zeit in Europa herrschend. Ausgehend vom Sakramentscharakter der Ehe, was Gott zusammengefügt hat, soll der Mensch nicht scheiden, ließ die katholische Kirche nicht locker, bis die »freie Liebe« unter Strafe gestellt wurde.

Lange Zeit wurde das Verhältnis von Frau und Mann durch ein kompliziertes mehr oder weniger formalisiertes Verfahren geregelt. Die Regulierung des Sexualverhaltens war für Frauen und Männer, für Alte und Junge und für Arme und Reiche unterschiedlich intensiv. Während die »Ehre« einer ledigen Frau gewissermaßen ihr wichtigstes Kapital darstellte und ihre Heiratschancen sicherte[1], waren nichteheliche Sexualbetätigungen für den Mann durchaus prestigeträchtig.

»So ist es ein bekanntes Charakteristikum patriarchalischer Gesellschaften, daß für Frauen wesentlich strengere Sexualnormen gelten als für Männer bzw. daß diese gegenüber Frauen wesentlich rigoroser durchgesetzt werden. Aber auch im Verhältnis zwischen mächtigen und unterprivilegierten Teilen der Gesellschaft sind Unterschiede in der Rigorosität der Sexualmoral wahrscheinlich. (...) Dasselbe ist im Verhältnis der Altersklassen zueinander zu erwarten, trägt doch die Stellung der erwachsenen Alters-»Klassen« gegenüber den Minderjährigen durchaus auch herrschaftliche Züge« (Killias 1979, 22).

Die Jungfräulichkeit einer Frau wurde zunächst vor allen Dingen von den männlichen Verwandten, insbesondere den Vätern und Brüdern autoritär geschützt.

»Es ist die Angst vor den männlichen Angehörigen von Mädchen und Frauen und ihrer gewalttätigen Rache, die in Ergänzung zu der Überwachung von Frauen als Regulativ männlichen Sexualverhaltens wirkt« (Schröter 1984, 148, 154).

Bei diesem System der Verhaltenskontrolle, der Selbsthilfe durch die männlichen Verwandten, ging es nun keineswegs nur um die »Ehre«, sondern um manifeste Machterhaltungsinteressen. Durch die soziale Kontrolle sollten Heiraten unter Ranggleichen gewährleistet, Ehen unter dem eigenen Stand vermieden werden. Dadurch wurde dazu beigetragen, die nach Macht- und Besitzklassen differenzierte Gesellschaft zu erhalten und zu reproduzieren. Unter diesem Machterhaltungsaspekt wird auch verständlich, daß Sexualität vorwiegend dazu diente, den »standesgemäßen« Nachwuchs zu garantieren, um im Rahmen der Erbrechtsfolge auch ökonomische Sicherheit im Alter erwarten zu können. Schwarze Schafe kamen auch in den besten Familien vor; sie hatten mit scharfen familiären Sanktionen zu rechnen, da sie tendenziell das Machterhaltungskartell bedrohten.

Die Kontrolle des Sexualverhaltens sowie der Schutz unverheirateter Frauen ging im Laufe der Geschichte von der Verwandschaft auf die staatlichen Zentralinstanzen und die Kirchen über.[2] Der *Formalisierungsschub*, die Zurückdrängung der Selbsthilfe zugunsten der Etablierung eines rechtsförmigen Verfahrens zur Konfliktbewältigung zielte auf die Regulierung des Sexualverhaltens, »indem er legitime Sexualbetätigung kompromißlos auf eine vorschriftsmäßig eingegangene Ehe beschränkte« (Schröter 1984, 148, 175). Bereits die Reichspolizeiordnungen des 16. Jahrhunderts bestraften die freie Geschlechtsverbindungen als Unzucht (Schroeder 1975).

---

1 Wie mächtig dieser Gedanke einst war, zeigt sich noch heute im Bürgerlichen Gesetzbuch. Nach § 1300 BGB kann eine unbescholtene Verlobte, die ihrem Verlobten die Beiwohnung gestattet hat, wenn das Verlöbnis in die Brüche gegangen ist, unter bestimmten Voraussetzungen eine finanzielle Entschädigung erhalten. Die Höhe der Entschädigung bemißt sich danach, wie die verbliebenen Heiratsaussichten der Braut zu bewerten sind (Palandt 1997, Anm. 7 zu § 1300 BGB).

2 Bei vorehelichem Verkehr und nachträglicher Eheschließung verweigerten die Kirchen der Braut den grünen Kranz der Jungfernschaft als Brautschmuck (Hundertmark 1986).

Das Verbot jeglicher sexueller Aktivität vor und außerhalb der Ehe war bei Lichte betrachtet nichts anderes als ein Askese-Gebot für einen großen Teil der Bevölkerung, da ja keineswegs jede Frau oder jeder Mann heiraten durften. Bis in die zweite Hälfte des 19. Jahrhunderts galt überwiegend die eingeschränkte Eheschließungsfreiheit. Es bestand eine präzise Verknüpfung zwischen Armen-, Niederlassungs- und Heiratsrecht. Heiraten konnte nur, wer zuvor das Bürgerrecht einer Gemeinde erworben hatte. Das Bürgerrecht war die Eintrittskarte in den Stand der Ehe (Barabas/Erler 1994). Die Strafen für Ehebruch waren nach der Häufigkeit der »Fehltritte« gestaffelt. Beim ersten, zweiten und dritten Ehebruch konnten – je nach geltendem Recht – Geld-, Ehren-, Haft- aber auch Prügelstrafen verhängt werden. Bei einem vierten, unter Umständen schon nach einem dritten Ehebruch konnte seit dem 16. Jahrhundert auch die Todesstrafe zur Anwendung kommen (Killias 1979).

Die Aufklärung des endenden 18. Jahrhunderts, der Einzug der Vernunft, die Vorstellung, daß Gesellschaft etwas grundsätzlich Planbares und Gestaltbares sei, führte auch zu einem recht neuen Verständnis der Sexualität. Die überkommenen, traditionellen Vorstellungen wurden kritisch hinterfragt. Strafbestimmungen gegen die Onanie, die Homosexualität, die Unzucht mit Tieren sowie die einfache Unzucht erschienen als vernunft- und damit naturwidrig. Den Reformern ging es im Sexualstrafrecht eher um den Schutz individueller Rechtsgüter, als um die Sicherung abstrakter Ordnungsprinzipien wie Sittlichkeit und ähnliches.

Kant brachte das neue Verständnis in der 1797 erschienen »Metaphysik der Sitten« kurz und bündig auf den Begriff: »Geschlechtsgemeinschaft ist der wechselseitige Gebrauch, den ein Mensch von eines anderen Geschlechtsorganen und -vermögen macht. (...) Die natürliche Geschlechtsgemeinschaft ist nun entweder die nach der bloßen tierischen Natur oder nach dem Gesetz. – Die letztere ist die Ehe, d.i. die Verbindung zweier Personen verschiedenen Geschlechts zum lebenswierigen wechselseitigen Besitz ihrer Geschlechtseigenschaften« (Kant 1966, § 24, 389 f).

Die Strafbarkeit sexuellen Verhaltens wurde auf den Freiheits- und Gefühlsschutz reduziert. Diese individualistische Einstellung wurde konsequent im französischen Revolutionsstrafgesetzbuch von 1791 und im Code pénal von 1810 umgesetzt.

Im 19. Jahrhundert begann der Staat allerdings wieder – und zwar mit neuer Qualität – zu überwachen, was sich in den Schlafzimmern seiner erwachsenen Bürger abspielte. Der gesellschaftliche »main-stream« Mitte des 19. Jahrhunderts war eine Gemengelage aus autoritärem Staatsverständnis, protestantischem Fundamentalismus und patriarchalischen Grundüberzeugungen. Nicht nur in Deutschland, sondern in allen europäischen Industriestaaten und in Nordamerika machte sich eine »moralische« Bewegung breit, in deren Programm der Kampf gegen den Alkoholismus und die Prostitution stand (Killias 1979). Frauen, Jugendliche, Kinder sollten vor der allgemeinen sittlichen Verderbnis, genauer, vor der eigenen Sexualität bewahrt und geschützt werden. Diese sexualfeindlichen Tendenzen gingen einher mit der Überhöhung der Ehe als Institution. Friedrich Carl v. Savigny entwickelte 1844 in seiner Schrift »Darstellung der in den Preußischen Gesetzen über die Ehescheidung unternommenen Reform« die Theorie von der Doppelnatur der Ehe.

»Das Wesen der Ehe besteht zum großen, ja zum wichtigsten Theil nicht auf einem rechtlichen, sondern auf einem sittlichen Verhältnis. Ein zweiter besteht in der individuellen Freiheit der Ehegatten; der dritte und wichtigste endlich in der Würde der Ehe selbst, diese als Institution betrachtet, unabhängig von dem Recht und dem Willen der Individuen« (Savigny 1844). Selbst Karl Marx, läßt keinen Zweifel daran, daß die eheliche Treue ein hohes Gut darstellt.

»Niemand wird gezwungen eine Ehe zu schließen; aber jeder muß gezwungen werden, sobald er eine Ehe schließt, sich zum Gehorsam gegen die Gesetze der Ehe zu entschließen. Wer eine Ehe schließt, der macht, der erfindet die Ehe nicht, so wenig als ein Schwimmer die Natur und die Gesetze des Wassers und der Schwere erfindet. Die Ehe kann sich daher nicht seiner Willkür, sondern seine Willkür muß sich der Ehe fügen. Wer willkürlich die Ehe bricht, der behauptet: die Willkür, das Gesetzlose ist das Gesetz der Ehe, (...).« Er fährt fort: »... so hat doch wohl der Gesetzgeber nicht minder das Recht, es als die maßloseste Willkür zu betrachten, wenn Privatpersonen ihre Kapricen gegen das Wesen der Sache durchsetzen wollen« (Marx 1976, 149).

Die Frauen aus der eigenen Gesellschaftsschicht waren tabu. Der Umgang mit ihnen war formalisiert durch einen strengen Katalog von Umgangsformen. Noch bis weit in das 20igste Jahrhundert hinein waren die gesellschaftlichen Verhaltensweisen zwischen Mann und Frau in den »guten Kreisen« standardisiert. Die Rituale des Werbens, der Handkuß, der Blumenstrauß, kurzum der Kanon der Benimmregeln waren festgefügt. Bei Theodor Fontane, Thomas Mann, Ernst v. Salomon, um nur einige zu nennen, ist dies im Detail nachzulesen und zugleich nachzuvollziehen, mit welcher Vehemenz diese Anstandsregeln prägend waren und verteidigt wurden. Versteht sich von selbst, daß auch diese Formalisierungen der Machterhaltung dienten und die Vermischung von Schichten und Klassen verhindern sollten. So war es jeweils ein gesellschaftlicher Skandal, wenn es zu Liebesverhältnissen zwischen Angehörigen der höheren Kreise und der Unterschicht gekommen ist. Das Geschlechterverhältnis war geprägt von Formalisierungen, gesellschaftlichen Zwängen, ökonomischen Vorgaben, hierarchischen Strukturen und an der adäquaten Sicherung des Nachwuchses ausgerichtet.

Folgerichtig wurde das Sexualverhalten der Erwachsenen durch den Gesetzgeber und die Justiz rechtlich eingeschränkt. Ehebruch, Homosexualität, Unzucht mit Tieren, Erschleichung des außerehelichen Beischlafs waren strafbar. Neben dem Schutz der Sittlichkeit und dem hohen Ideal der Ehe spielten bei der repressiven, von entsprechenden Strafvorschriften flankierten Sexualmoral auch bevölkerungspolitische Gesichtspunkte eine Rolle (Heinsohn/Knieper 1974). Sexualität an die Ehe gebunden, ohne die Möglichkeit, zu verhüten, führt nun einmal zu Kindern. Das abendländisch christliche Ideal der Askese, die Unterdrückung und Beschädigung des Sexualtriebes war – nebenbei bemerkt – zudem hervorragend als Mittel der Politik geeignet. Die Gebote und Verbote, der Verzicht auf direkte Triebbefriedigung förderte den autoritären Charakter und trug auf diese Weise zur Absicherung des gesellschaftlichen Status quo bei.

1.2 Sexualität von Kindern und Jugendlichen

Die Einstellung zur kindlichen Sexualität war im Laufe der Geschichte ebenfalls einem unübersehbarem Wandel unterworfen. In den frühen Gesellschaften Mitteleuropas gehörten Kinder, sobald sie ohne ständige Fürsorge leben konnten, der Erwachsenenwelt an. Das Kind als eigenständiges Subjekt kannte dieses Zeitalter noch nicht. Folgerichtig gab es zu dieser Zeit keine spezifischen – nur dem Schutz der Kinder dienenden – strafrechtlichen Normen. Im Zweifelsfall war der Schutz und das Wohlergehen einer Kuh eben auch wichtiger als das eines Kindes, denn von dem Tier hing möglicherweise das Überleben des ganzen Familienverbandes ab. »Die Familie konnte also damals keinen Nährboden für eine tiefe gefühlsmäßige Verbundenheit zwischen Eltern und Kinder abgeben. Das bedeutete nicht, daß die Eltern ihre Kinder nicht liebten, doch beschäftigten sie sich mit ihnen weniger um ihrer selbst, um der Neigung willen, die sie ihnen entgegenbrachten, als im Hinblick auf die Teilnahme dieser Kinder am gemeinsamen Schaffen, an der Sicherung der Familie« (Ariès 1976, 508 f).
Das Kind wurde auch ohne Distanz in die sexuelle Sphäre der Erwachsenen miteinbezogen. Sexuelle Spielereien – nicht jedoch Beischlaf und beischlafähnliche Handlungen – galten nicht als strafwürdiges Verhalten.
»Einen besonderen Tatbestand der Unzucht mit Kindern kannten im Mittelalter weder das weltliche noch das kirchliche Recht. Sexuelle Handlungen an Kindern waren nur strafbar, wenn Blutschande, Sodomie oder Notzucht vorlag, wobei das kindliche Alter des Opfers an sich die Strafbarkeit nicht beeinflußte. Die Entdeckung der Individualität und der Schutzbedürftigkeit des Kindes blieb dem 16. und 17. Jahrhundert vorbehalten. (...) Noch weniger als einen Tatbestand der Unzucht mit Kindern kannte das mittelalterliche (weltliche oder kirchliche) Recht die Strafbarkeit sexueller Handlungen mit oder unter geschlechtsreifen Personen unter einer bestimmten Altersgrenze. Wer geschlechtsreif war, galt als heiratsfähig und war damit zumindest in sexueller Hinsicht erwachsen« (Killias 1979, 61). Die vorindustriellen Gesellschaften kannten im wesentlichen keine altersspezifischen Tabuisierungen der Sexualität (Schetsche 1994).
Vor allem im 17. Jahrhundert begann eine Entwicklung, durch die die kindliche Unschuld mehr und mehr ins öffentliche Bewußtsein trat. Kinder sollten von der Sexualität geschützt werden. Es galt, »das Kind vor den schmutzigen Erscheinungen des Lebens zu bewahren, d.h. insbesondere vor der Sexualität, die dem Erwachsenen zwar nicht ausdrücklich zugebilligt, aber bei ihm doch toleriert wird« (Aries 1975, 198). Tatsächlich wird erst zu diesem Zeitpunkt das Kind mit seiner eigenen Persönlichkeit »entdeckt«, es »wird zu einem unabdingbaren Bestandteil des Alltagslebens, man beschäftigt sich bevorzugt mit seiner Erziehung, seiner Unterbringung, seiner Zukunft« (Ariès 1976, 554).
Mit der »Entdeckung der Kindheit«, mit der wachsenden Erkenntnis, daß Kinder Wesen seien, die erzogen werden können und müssen, veränderte sich auch nach und nach deren rechtlicher Status. Man wurde sich der Unschuld und Schwäche der Kinder bewußt und hielt es für die Pflicht der Erwachsenen, diese Unschuld zu bewahren. Es wurden verstärkt Strafbestimmungen normiert, die den sexuellen Mißbrauch »unreifer« Mädchen neben der Notzucht gesondert bestraften.

Die Tendenz zur rechtlichen Sonderbehandlung ging einher mit der inhaltlichen Ausweitung des Kinder- und Jugendschutzes und der Ausdehnung des Schutzes auf immer ältere Altersgruppen. Diese Entwicklung steht zweifelsohne im Zusammenhang mit der beginnenden Industrialisierung und der »Verschulung der Kindheit«. Vorrangige Aufgabe des Schulbetriebes sollte die Disziplinierung der Kinder und Jugendlichen sein. Die Schule wurde auf der Grundlage von Autorität, Hierarchie, Befehl und Gehorsam organisiert.

> Mit der Einführung der Disziplin wurde die Kindheit gleichsam entsexualisiert, Kinder und Jugendliche hatten ab dieser Zeit keine eigene Sexualität mehr zu haben. Erstmals gab es geschlechtsreife Jugendliche, denen die Sexualität verboten wurde.

Am Beispiel des Preußischen Allgemeinen Landrechts (ALR) von 1794 werden diese Veränderungen recht deutlich. Dieses Gesetzbuch bestrafte die Unzucht an einer Person unter 12 Jahren als Notzucht, § 1054 II 20 ALR und sicherte den innerfamiliären Schutz der Jugendlichen durch die Pönalisierung der Blutschande, §§ 1039 ff. II 20 ALR. Darüber hinaus wurden unter der Überschrift »Verführung« die verschiedensten Formen der Abhängigkeitsverhältnisse geschützt. Hausbedienstete, Aufseher von Armen- und Waisenhäusern, Erzieher, Prediger, Lehrer, Stiefeltern und Vormünder wurden zur Rechenschaft gezogen, wenn sie unzüchtige Handlungen vornahmen, §§ 1028 ff. II 20 ALR. Zu den »fleischlichen Verbrechen« zählten auch die »Unnatürlichen Sünden«, §§ 1069 ff. II 20 ALR, wie »Sodomiterey und andre dergleichen unnatürliche Sünden, welche wegen ihrer Abscheulichkeit hier nicht genannt werden können...«, § 1069 II 20 ALR. Um Klarheit herzustellen: Bei den Sünden, die im Gesetz nicht einmal genannt werden durften, handelte es sich um die Homosexualität.
Im übrigen verpflichtete das ALR die Eltern und Erzieher zur Beachtung und Anwendung vielfältiger Vorbeugungsmittel. Sie wurden zu einer strengen Sexualerziehung angehalten. Sie mußten Kinder und Zöglinge vor dem verderblichen Laster der Unzucht warnen und sie ernsthaft zu einem ehrbaren, sittsamen Lebenswandel anweisen, § 992 II 20 ALR. Diese Vorschrift lautet im Original:
»Aeltern und Erzieher müssen ihre Kinder und Zöglinge gegen das verderbliche Laster der Unzucht durch wiederholte lebhafte Vorstellungen der unglücklichen Folgen desselben warnen, und sie zu einem ehrsamen sittsamen Lebenswandel ernstlich anweisen.«
Das Gesinde und die Hausgenossen dagegen, die unschuldige Kinder durch unzüchtige Reden, Erzählungen oder Handlungen zu Ausschweifungen der Wollust reizen, konnten zu körperlicher Züchtigung, Gefängnis- oder Zuchthausstrafen verurteilt werden, § 995 II 20 ALR. Die Kuppelei durch Eltern, Erzieher oder Erzieherinnen oder durch andere, deren Aufsicht junge Personen anvertraut waren, wurde mit Zuchthausstrafen geahndet, § 998 II 20 ALR. Die sexuellen Übergriffe auf Kinder wurden dem Grunde nach als ein Angriff auf die Ordnung in der Familie interpretiert.
»Kinder wurden im 19. Jahrhundert noch nicht als Personen im Sinne der bürgerlichen Gesellschaft angesehen, sondern als Gewaltunterworfene (...) Strafgrund war nach damaliger Auffassung die Verletzung sittlicher An-

sichten, nicht die persönlicher Rechte« (Frommel 1995, 31, 34). Zu dem Zeitpunkt jedoch, in dem die Rechtsordnung zögernd begann, Kindern und Jugendlichen eigene Rechte einzuräumen, trat das sexuelle Selbstbestimmungsrecht in den Vordergrund.
Das Reichsstrafgesetzbuch von 1871 regelte im § 176 Nr. 3 StGB a.F. den sexuellen Mißbrauch. Derjenige wurde mit Zuchthaus bis zu 10 Jahren bestraft, der mit Personen unter 14 Jahren unzüchtige Handlungen vornahm oder dieselben zur Verübung oder Duldung unzüchtiger Handlungen verleitete. Jede sexuelle Handlung an Kindern beiderlei Geschlechts unterhalb einer bestimmten Altersgrenze – unabhängig von einer etwaigen Einwilligung des Kindes – wurde strafrechtlich sanktioniert (Maurach/Schröder/ Maiwald 1988, 184).

1.3 Das »Unzüchtige« in der Moderne

Die asketischen Moralvorstellungen, die scharfe gesellschaftliche und rechtliche Sanktionierung gleichgeschlechtlicher Sexualität sowie die Entsexualisierung des Jugendalters lassen sich gleichsam bruchlos bis weit in die Mitte unseres Jahrhunderts hinein verfolgen. Besonders die andauernde strafrechtliche Verfolgung der Homosexualität ist ein Indiz für ein sexualfeindliches Klima.
So ist beispielsweise die Begründung für die Strafbarkeit der Homosexualität durch das OLG Düsseldorf 1948 charakteristisch. Danach ist Schutzobjekt »somit nicht das Einzelindividuum, sondern das allgemeine Wohl des deutschen Volkes in seiner sittlichen und gesundheitlichen Kraft sowohl, wie in der Integrität seiner Verwaltung« (OLG Düsseldorf, MDR 1948, 59, 60 mit Anm. Labin). Diese Begründung für die Strafbarkeit der Homosexualität ist, nachdem zuvor zwischen 1933 und 1945 homosexuelle Männer den rosa Winkel tragen mußten und eine gnadenlose Jagd auf sie veranstaltet wurde, die für Zehntausende mit der Ermordung in Konzentrationslagern endete, an politischer Instinktlosigkeit nicht mehr zu überbieten.
Gleichwohl entschied der Bundesgerichtshof 1951: »Die Unzucht unter Männer verstößt gegen das Sittengesetz« (BGH, NJW 1951, 810).
Und noch 1967 stellte ein führender Standardkommentar zum Strafgesetzbuch lakonisch fest: »Alle diese Definitionen besagen jedoch wenig; letztlich handelt es sich darum, daß homosexuelle Handlungen seit jeher als Verstoß gegen die Sittenordnung empfunden wurden, ohne daß dies rational zu begründen wäre« (Schönke/Schröder, 1967, Anm. 2 zu § 175 StGB).
Auch das Bundesverfassungsgericht, 1957 mit der Frage befaßt, ob die Strafvorschrift des § 175 StGB a.F. verfassungswidrig sei, urteilte unnachsichtig. Die Strafvorschrift verstoße keineswegs gegen den speziellen verfassungsrechtlichen Gleichheitsgrundsatz des Art. 3 Abs. 2 GG, der besagt, daß Männer und Frauen gleichberechtigt sind, weil der biologische Geschlechtsunterschied den Sachverhalt entscheidend präge. Die V orschrift verletze auch nicht das Grundrecht auf die freie Entfaltung der Persönlichkeit, denn die homosexuelle Betätigung verstoße gegen das Sittengesetz. Den biologischen Geschlechtsunterschied sah das Gericht u.a. darin: »Schon die körperliche Bildung der Geschlechtsorgane weist für den Mann auf eine mehr drängende und fordernde, für die Frau auf eine mehr hinnehmende und zur Hingabe bereite Funktion hin« (BV erfGE 6, 389, 425).

Aus diesen Zitaten wird deutlich, daß es im Sexualstrafrecht auch noch im 20. Jahrhundert nicht nur um die Wahrung von Individualrechtsgütern, wie z.B. der geschlechtlichen Selbstbestimmung, des Schutzes der Jugendlichen oder des Rechts auf Gewaltfreiheit ging, sondern um ein angeblich gesellschaftliches Universalrechtsgut, um die rechtliche und sittliche Ordnung des geschlechtlichen Lebens.

Das galt indessen nicht nur für die Sexualität unter erwachsenen Männern, sondern »Sittlichkeit« sollte auch dem Rest der Republik verordnet werden (Bauer 1963; Haensch 1969; Schwenger 1969). Diejenigen, die einem nicht verheirateten Paar Unterkunft gewährten, konnten unter Umständen wegen Kuppelei, § 180 StGB a.F. bestraft werden. Die Vorschrift lautete: »Wer gewohnheitsmäßig oder aus Eigennutz durch seine Vermittlung oder durch Gewährung oder Verschaffung von Gelegenheiten der Unzucht Vorschub leistet, wird wegen Kuppelei mit Gefängnis nicht unter einem Monat bestraft.«

In einer Entscheidung aus dem Jahr 1954 hat der Bundesgerichtshof zur Frage Stellung genommen, ob das Vorschubleisten zum Geschlechtsverkehr von Verlobten unter den Kuppeleiparagraphen falle. In dem Urteil wurde beinhart die Moral des Abendlandes verteidigt:
»Die sittliche Ordnung will, daß sich der Verkehr der Geschlechter grundsätzlich in der Einehe vollziehe, weil der Sinn und die Folge des Verkehrs das Kind ist. Um seinetwillen und um der personenhaften Würde und der Verantwortung der Geschlechtspartner willen ist dem Menschen die Einehe als Lebensform gesetzt. Nur in der Ordnung der Ehe und in der Gemeinschaft der Familie kann das Kind gedeihen und sich seiner menschlichen Bestimmung gemäß entfalten. Nur in dieser Ordnung und in dieser Gemeinschaft nehmen sich die Geschlechtspartner so ernst, wie sie es sich schulden. (...) Indem das Sittengesetz dem Menschen die Einehe und die Familie als verbindliche Lebensform gesetzt und indem es diese Ordnung auch zur Grundlage des Lebens der Völker und der Staaten gemacht hat, spricht es zugleich aus, daß sich der Verkehr der Geschlechter grundsätzlich nur in der Ehe vollziehen soll und daß der Verstoß dagegen ein elementares Gebot geschlechtlicher Zucht verletzt« (BGHSt 6, 46, 53).

Ähnlich unnachsichtig wurde über Testamente in einer »wilden Ehe« geurteilt. Sie wurden schlechterdings mit dem Verdikt sittenwidrig belegt für unwirksam erklärt. Die langjährige Lebensgefährtin eines verheirateten Mannes, der sich auf Grund des damals geltenden Schuldprinzips nicht scheiden lassen konnte, ging aus diesem Grunde bei seinem Tod leer aus, auch wenn sie testamentarisch bedacht worden war. Der BGH hielt den Geschlechtsverkehr zwischen unverheirateten Paaren für sittenwidrig, folglich auch das Testament.

1966 hat der BGH unter der Rubrik »Verletzung der Pflicht zur ehelichen Lebensgemeinschaft« nochmals seine Auffassung zur Sexualität präzisiert:
»Die Frau genügt ihren ehelichen Pflichten nicht schon damit, daß sie die Beiwohnung teilnahmslos geschehen läßt. Wenn es ihr infolge ihrer Veranlagung oder aus anderen Gründen, zu denen die Unwissenheit der Eheleute gehören kann, versagt bleibt, im ehelichen Verkehr Befriedigung zu finden, so fordert die Ehe von ihr doch eine Gewährung in ehelicher Zuneigung und Opferbereitschaft und verbietet es, Gleichgültigkeit und Widerwillen zur Schau zu tragen. Denn erfahrungsgemäß vermag sich der Partner, der

im ehelichen Verkehr seine natürliche und legitime Befriedigung sucht, auf die Dauer kaum jemals mit der bloßen Triebstillung zu begnügen, ohne davon berührt zu werden, was der andere dabei empfindet« (BGH, NJW 1967, 1078).

1.4 Reformen im Sexualstrafrecht

> Eine erste Korrektur an den völlig antiquierten Moralvorstellungen erfolgte durch das 1. Strafrechtsänderungsgesetz 1969. Die Strafbarkeit des Ehebruchs, der einfachen Homosexualität, der Unzucht mit Tieren sowie der Erschleichung des außerehelichen Beischlafs wurden durch den Gesetzgeber beseitigt.

Im gleichen Jahr entschied der BGH in dem berühmten »Fanny Hill«-Urteil[1], daß die Anschauungen darüber, wann eine geschlechtsbezogene Darstellung gemeinschaftsschädlich wirkte und wo die Toleranzgrenze zu ziehen sei, zeitbedingt und damit dem Wandel unterworfen seien. Daher könne eine Schilderung »geschlechtlicher Vorgänge als solche nicht mehr als unzüchtig im Sinne des § 184 StGB angesehen werden, wenn sie nicht aufdringlich vergröbernd oder anreißerisch ist und dadurch Belange der Gemeinschaft stört oder ernsthaft gefährdet. Denn das Strafgesetz hat nicht die Aufgabe, auf geschlechtlichem Gebiet einen moralischen Standard des erwachsenen Bürgers durchzusetzen, sondern es hat die Sozialordnung der Gemeinschaft vor Störungen und groben Belästigungen zu schützen« (BGHSt 23, 40, 43 f).

Das Vorhaben, das Sexualstrafrecht grundlegend zu reformieren, war von heftigen parlamentarischen Auseinandersetzungen begleitet. Die Reform, so beschworen es die Konservativen, werde zu einem moralischen Verfall in Deutschland führen, Ehe und Familie seien auf das höchste gefährdet. Die Sozialdemokraten und Liberalen hielten dagegen und setzten ihren Standpunkt durch, daß ein lediglich unmoralisches Verhalten nicht mehr bestraft werden dürfe.

Am 23.11.1973 sind durch das 4. Strafrechtsrechtsänderungsgesetz zum Teil die Vorschriften im Sexualstrafrecht geändert und unter der Überschrift »Straftaten gegen die sexuelle Selbstbestimmung« (§§ 174 – 184c StGB) in das StGB aufgenommen worden. Durch diese Reform wurde das Sexualstrafrecht nicht unerheblich liberalisiert. Neben terminologischen Korrekturen (während früher der Begriff der Unzucht verwendet wurde, findet sich nunmehr in § 184 c StGB der Begriff der »sexuellen Handlung«) sollen nach dem reformierten Recht im Prinzip nur noch solche Verhaltensweisen unter Strafe gestellt werden, die als sozialschädlich angesehen werden müssen. Strafbar ist ein Verhalten dann, wenn elementare Interessen anderer oder der Gemeinschaft verletzt werden (Horstkotte 1974; Lautmann 1992).

---

[1] Das Landgericht München hatte angeordnet, daß alle Exemplare des Buches »Die Memoiren der Fanny Hill« von John Cleland, die sich im Besitz des Verlegers, des Herausgebers, des Druckers, eines Buchhändlers und der Staatsanwaltschaft befanden, sowie die zu ihrer Herstellung gebrauchten Vorrichtungen unbrauchbar zu machen sind.

Ganz folgerichtig wurde der alte »Kuppeleiparagraph« entschärft und auf den Schutz Minderjähriger reduziert. Von nun an ist aber war auch klar, daß der Ehemann, der den Hausfreund seiner Frau toleriert, nicht mehr unzüchtig handelt. Gleichermaßen wurden die Pornographievorschriften reformiert.
Durch diese Reformen wurde der Tatsache Rechnung getragen, daß eine gravierende Umorientierung im Verhältnis von Frauen und Männer stattgefunden hatte. Diese Veränderung kann man zunächst als eine Verringerung der Machtdifferentiale zwischen den Geschlechtern interpretieren (Elias 1989). Sie beinhaltet aber auch sicher einen erheblichen Informalisierungsschub. Vor- und außerehelicher Geschlechtsverkehr, das Zusammenleben nicht verheirateter Paare, Kinder ohne das formelle Korsett einer Ehe, aber auch Scheidung und Neuverheiratung, all diese Formen der Lebensgestaltung zwischen den Geschlechtern sind nicht mehr mit einem gesellschaftlichen Makel behaftet, wenngleich in dieser Frage durchaus noch zwischen den Großstädten und ländlichen Gebieten unterschieden werden muß.
»Der Informalisierungsschub in dieser Hinsicht, auch wenn er sich gewiß nicht in gleichem Maße auf alle Schichten und Sektoren der entwickelteren Gesellschaft bezieht, ist evident« (Elias 1989, 60).
Mit der Reform des Sexualstrafrechts hat die Auffassung, der Staat müsse die zwischenmenschlichen Beziehungen vor unzüchtigen Handlungen schützen, keine gesetzliche Grundlage mehr. Vielmehr hat das 4. Strafrechtsänderungsgesetz 1973 wegen der veränderten Anschauungen über die Strafwürdigkeit sexueller Verhaltensweisen und über die Sozialschädlichkeit solcher Handlungen die Grenze zwischen strafbarem und straffreiem Verhalten neu definiert. Dabei ist der Festlegung bestimmter Schutzaltersgrenzen besondere Aufmerksamkeit gewidmet worden.

> Die Entfaltung der Sexualität bei Kindern und Jugendlichen und die Sexualität unter Erwachsenen soll sich also nach dem Willen des Gesetzgebers nicht mehr nach den sittlichen Wertvorstellungen des 19. Jahrhunderts richten, sondern es sind die gewandelten gesellschaftlichen Anschauungen und Vorstellungen zu berücksichtigen. Die staatliche Überwachung des Sexualverhaltens der Bürger wurde auf ein Maß zurückgeführt, das einerseits die Schutzbedürfnisse von Kindern und Jugendlichen, andererseits die sexuelle Autonomie des Individuums berücksichtigt.

Wenn auch die Moralvorstellungen der Nachkriegszeit ad acta gelegt worden sind, so ist doch eines nicht zu übersehen: Die teilweise hämischen Kommentare zu AIDS als der Geißel Gottes für Homosexuelle, als gerechte Bestrafung für unmoralisches Tun, zeugen nicht gerade von einem souveränen, gelassenen Umgang mit der Sexualität. In einem Urteil des Landesarbeitsgerichts Bayern aus dem Jahre 1991 wurde einem Homosexuellem, dem während seiner Probezeit gekündigt worden war, die richtige Rechts- und Moralauffassung beigebracht. Das liest sich folgendermaßen: »Der Kläger könne sich nicht auf Art. 3 Abs. 3 GG berufen, weil diese Grundrechtsbestimmung einen Mann nicht davor schütze, wegen seiner Homosexualität benachteiligt zu werden. Vor der Benachteiligung wegen dieser ›abartigen Anlage seines Geschlechtstriebes‹ müsse ein Mann nicht in gleicher Weise geschützt werden wie vor einer Diskriminierung wegen seines Geschlechtes, seiner Abstammung, seiner Rasse, Sprache etc. Die Kündigung sei auch nicht sittenwidrig. Die wegen der Homosexualität erfolgte Kündigung sei von dem verständlichen und vertretbaren Motiv getragen gewesen, den persönlichen und geschäftlichen Umgang von Personen freizuhalten, deren Sexualverhalten als anstößig empfunden werde. Es widerspreche keineswegs dem Anstandsgefühl aller Billig- und Gerechtdenkenden, den Umgang mit homosexuellen Personen zu meiden und bestehende Kontakte zu ihnen abzubrechen« (zit. nach Knoll/Bittner 1995, 1).

Mag auch fraglich sein, ob wir uns tatsächlich in einer Phase der sexuellen Restauration befinden, eines ist jedoch nicht zu leugnen, daß die erreichte und erkämpfte Liberalität stets brüchig ist und bei entsprechenden gesellschaftlichen Verwerfungen durchaus wieder zur Disposition stehen kann. Die Äußerung eines Kultusministers über die Homosexualität »Diese Randgruppe muß ausgedünnt werden, weil sie naturwidrig ist« (vgl. Süddeutsche Zeitung vom 7.4.1987) könnte die Richtung angeben.

Allerdings darf auch nicht übersehen werden, daß sich die Liberalisierung in vielen Teilbereichen des Rechts durchgesetzt hat. In einer Entscheidung des OLG Köln ging es in einem Ehescheidungsverfahren um die Frage, ob die Mindesttrenndauer von einem Jahr eingehalten werden muß oder ob die Fortsetzung der Ehe eine unzumutbare Härte darstelle, weil der Ehepartner eine gleichgeschlechtliche Beziehung eingegangen sei. Das Oberlandesgericht urteilte, daß Gleichgeschlechtlichkeit und Heterosexualität im Hinblick auf die »unzumutbare Härte« rechtlich nicht unterschiedlich bewertet werden dürfen.

»Gleichgeschlechtliche Beziehungen unterliegen aus den vom AmtsG genannten Gründen – größere Akzeptanz in der Bevölkerung infolge der Liberalisierung der Sitten- und Moralvorstellungen seit Ende der 60er Jahre auch auf dem Gebiet sexueller Beziehungen – grundsätzlich den gleichen Regeln wie heterosexuelle Beziehungen. Dem Argument, in der Aufnahme homosexueller Beziehungen sei zusätzlich auch die Mißachtung des anderen Ehepartners als Geschlechtspartner zu sehen, fehlt es an Überzeugungskraft« (OLG Köln, FamRZ 1997, 24).

Eine Neubelebung der Debatte über die strafrechtlichen Grenzen der Sexualität erfolgte in den 90er Jahren anläßlich der Reform des § 182 StGB (Sexueller Mißbrauch von Jugendlichen) sowie der beabsichtigten Streichung des § 175 StGB. Unter den Stichworten »Ideologie statt Jugendschutz« (Tröndle 1992) oder »Jugendschutz gegen die Jugendlichen« (Steinmeister 1992) wurde wiederum um die Moralität im Sexualstrafrecht gestritten (vgl. auch Steinmeister 1991; Tönnies 1992; Schroeder 1992; Bruns 1993; Schroeder 1994; Kusch/Mössle 1994). Der Gesetzgeber hat zwar durch die Novellierung des Strafgesetzbuches 1994 die Strafbarkeit von sexuellen Handlungen zwischen Männern über 18 Jahren und unter 18jährigen beseitigt, aber andererseits den § 182 StGB (bislang nur Schutz von unter 16 Jahren alten Mädchen vor Verführung zum Beischlaf) neu gefaßt und ausgeweitet.

Der neugefaßte § 182 StGB enthält eine Besserstellung der männlichen Homosexuellen. Vor allen Dingen werden homosexuelle Kontakte zwischen über 18jährigen und 16 – 18jährigen nicht mehr prinzipiell mit Strafe bedroht, wie es der § 175 StGB noch vorsah. Allerdings: Für heterosexuelle

Beziehungen zwischen Männern über 18 Jahre mit 14 – 16 Jahre alten weiblichen Jugendlichen enthält die Vorschrift eine Strafverschärfung. Darüber hinaus ist durch die Neufassung des § 182 StGB im deutschen Recht wieder lesbische Liebe strafbar. Sowohl heterosexuelle als auch lesbische einvernehmliche sexuelle Handlungen zwischen über 18jährigen Frauen und 14- bis 16jährigen Jugendlichen können strafbar sein (Steinmeister 1992; Tönnies 1992; Bruns 1993). Schließlich wurde 1997 nach harten und kontroversen Auseinandersetzungen die Vergewaltigung in der Ehe unter Strafe gestellt, § 177 StGB. Damit hat ein langer Diskussionsprozeß einen Abschluß gefunden. An dessen Ende steht die schlichte Erkenntnis, daß die Ehe kein rechtsfreier Raum und allemal kein Freiraum für Sexualstraftaten ist.

Fassen wir zusammen:
Die geschichtliche Entwicklung läßt sich dahingehend zusammenfassen, daß der rechtliche Schutz der Entfaltung kindlicher Sexualität noch recht jungen Datums ist. Das erklärt auch, warum dieses Phänomen noch so ambivalent und blind (Marquardt 1993) abgehandelt wird. Die Forderung, den Mißbrauch des Mißbrauchs zu unterbinden, ist ein aktuelles Beispiel für die Heftigkeit der Auseinandersetzungen. Kein Zweifel, sexuelle Straftaten gegen Kinder gehören zu den scheußlichsten Delikten überhaupt. Erstaunlich ist jedoch, wenn in der öffentlichen Diskussion die Abscheu vor dem Täter, dem »Monster«, überwiegt, das voyeuristische Interesse weit deutlicher artikuliert wird als das Mitleid und die Hilfe für die Opfer, die Kinder. So oder so, gemessen an anderen rechtlichen Regelungen, ist der Schutz der Kinder vor sexuellen Übergriffen noch neueren Ursprungs.

Literatur

KILLIAS, MARTIN (1979): Jugend und Sexualstrafrecht, Eine rechtssoziologische und rechtsvergleichende Untersuchung über die Bestimmungsgründe des Jugendschutzes im Sexualstrafrecht, Bern, Stuttgart

SCHRÖTER, MICHAEL (1984): Staatsbildung und Triebkontrolle, Zur gesellschaftlichen Regulierung des Sexualverhaltens vom 13. bis 16. Jahrhundert, in: Gleichmann, Peter u.a., (Hrsg.): Macht und Zivilisation, Frankfurt am Main, 148

STURM, RICHARD (1974): Das vierte Gesetz zur Reform des Strafrechts, in: JZ, 1

2 KURZÜBERBLICK ÜBER DAS SEXUALSTRAFRECHT

Unter der Überschrift »Straftaten gegen die sexuelle Selbstbestimmung« werden sehr unterschiedliche Straftaten zusammengefaßt, die nur zum Teil dem Sexualstrafrecht zugeordnet werden können. »Es ist ein offenes Geheimnis unter Strafrechtler/innen, daß es sich dabei um eine Etikettierung handelt, die nur verschleiert, daß in diesem Abschnitt Normen mit durchaus disparater Zielsetzung zusammengefaßt wurden« (Nelles 1995, 93). Zum Teil handelt es sich lediglich um die strafrechtliche Ahndung von Moralverstößen, die im Strafrecht nichts zu suchen haben. Insbesondere die Strafbarkeit der Erregung öffentlichen Ärgernisses, § 183 a StGB, sowie die Strafbarkeit der Ausübung der verbotenen Prostitution, § 184a StGB, haben zum Ziel, die Belästigung Unbeteiligter zu vermeiden und die Fahne der Moralität hochzuhalten.

2.1 Geschützte Rechtsgüter

Faßt man das Sexualstrafrecht nach den jeweils geschützten Rechtsgütern zusammen, kann man folgendermaßen differenzieren:

- Straftaten *gegen die sexuelle Selbstbestimmung* sind vor allem die sexuelle Nötigung sowie die Vergewaltigung, die durch das 33. Strafrechtsänderungsgesetz vom 1. Juli 1997 (BGBl. I, 1607) zu einem einheitlichen Straftatbestand zusammengefaßt worden sind. Die neue Strafvorschrift des § 177 StGB bestraft nunmehr u.a. auch die Vergewaltigung in der Ehe und stellt die dem erzwungenen Beischlaf ähnlichen sexuellen Handlungen, die das Opfer besonders erniedrigen, gleich. Darüberhinaus ist § 177 StGB jetzt geschlechtsneutral formuliert und neben den bisherigen Tatmitteln »Gewalt« und »Drohung mit gegenwärtiger Gefahr für Leib oder Leben« wird auch das Ausnutzen einer hilflosen Lage zu sexuellen Handlungen unter Strafe gestellt. Unter die Gruppe Straftaten gegen die sexuelle Selbstbestimmung fallen auch der sexuelle Mißbrauch Widerstandsunfähiger, § 179 StGB, und kranker oder hilfloser Anstaltsinsassen, § 174 a Abs. 2 StGB, sowie ein Teil der Jugendschutzvorschriften;
- Straftaten unter *Ausnutzung bzw. Mißbrauch von Abhängigkeitsverhältnissen*. Hierzu zählen der Mißbrauch der Abhängigkeitsverhältnisse durch Strafverfolgungsbeamte, § 174 b StGB, der Mißbrauch von Gefangenen oder von auf behördliche Anordnung Verwahrten, § 174 a Abs. 1 StGB, sowie der Mißbrauch von Schutzbefohlenen und die Bestimmung von Minderjährigen zu sexuellen Handlungen, § 174 StGB;
- Überwiegend dem *Jugendschutz* dienen die folgenden Strafvorschriften: Sexueller Mißbrauch von Kindern, § 176 StGB, sexueller Mißbrauch von Schutzbefohlenen, § 174 StGB, Förderung sexueller Handlungen von Minderjährigen, 180 StGB, sowie sexueller Mißbrauch von Jugendlichen, § 182 StGB;
- Die Bestrafung *sexueller Belästigung Unbeteiligter* durch exhibitionistische Handlungen, Erregung öffentlichen Ärgernisses sowie durch verbotene Prostitution, §§ 183, 183a, 184a StGB;

- Die Förderung und das *Ausnutzen der Prostitution* und die *Verbreitung pornographischer Schriften*, §§ 180a, 181a, 184 StGB.

Dieses »Durcheinander« unter dem Sammelbegriff »Straftaten gegen die sexuelle Selbstbestimmung« enthält gewaltlose Normverstöße, sexuelle Gewalttaten und Ausbeutungshandlungen in Abhängigkeitsverhältnissen. Dabei wird eine Gemeinsamkeit unterstellt,»die kriminologisch und dogmatisch sehr *fragwürdig* ist und so auch die kriminalpolitische Diskussion erschwert« (Baurmann 1992, 77, 78).

3 STATISTISCHE DATEN: DIE HÄUFIGKEIT DER SEXUALDELIKTE

In der Bundesrepublik Deutschland liegen keine zuverlässigen Zahlen über das tatsächliche Ausmaß der Sexualdelikte, insbesondere des sexuellen Mißbrauchs an Mädchen und Jungen vor. Das liegt zum einen daran, daß die Definition des sexuellen Mißbrauchs, die Analysekriterien sowie die Abgrenzungen zur physischen Mißhandlung noch nicht hinreichend geklärt sind, weil fast alle Aspekte außerordentlich kontrovers diskutiert werden; zum anderen existieren noch keine wirklich aussagekräftigen Statistiken (Wüstenberg 1992).

3.1 Definitorische Probleme, beschränkte statistische Aussagekraft

Bereits die *Definition* des sexuellen Mißbrauchs wirft Probleme und Schwierigkeiten auf: Es ist ein erheblicher Unterschied, ob der sexuelle Mißbrauch aus psychologischer, soziologischer oder juristischer Sicht definiert wird. Während eine strafrechtliche Kategorisierung auf Grund rechtsstaatlicher Gebote eine möglichst präzise Kennzeichnung erfordert, können andere Disziplinen im Hinblick auf bestimmte Forschungsvorgaben oder Behandlungsnotwendigkeiten einen weitergefaßten Begriff des sexuellen Mißbrauchs verwenden (Walter/Wolke 1997).
Die *Weltgesundheitsorganisation* unterscheidet beispielsweise zwischen einem sexuellem Mißbrauch innerhalb und außerhalb der Familie. Zu dem *familiären Mißbrauch* zählen inzestuöse sexuelle Beziehungen und sexuelle Beziehungen zwischen einem Kind und anderen erwachsenen Haushaltsangehörigen, z.B. mit älteren Geschwistern, aber auch mit nicht verwandten Untermietern. Mißbrauch liegt dann vor, wenn es zu bestimmten körperbezogenen Handlungen im Genitalbereich (physische Kontakte, Entblößen) oder an den sekundären Geschlechtsmerkmalen gekommen ist. Als sexueller Mißbrauch *außerhalb der Familie* gelten u.a. die Ausnutzung von Autoritätsstellungen als Arzt, Lehrer etc. sowie sexuelle Handlungen, die gegen den Willen des Kindes vorgenommen wurden und zwar auch dann, wenn das Kind keinen Widerstand geleistet hat.[1]

---

[1] Die Klassifikation der Weltgesundheitsorganisation ist abgedruckt in: Dilling/Mombour/Schmidt 1991.

Daneben existieren nationale, länderspezifische Definitionen durch die jeweiligen einschlägigen Strafgesetze und darüber hinaus heterogene Beschreibungen in der psychologischen und soziologischen Forschung. Die Kriterien der Forschung sind selbst uneinheitlich und stimmen selten mit den rechtlichen Kategorien des deutschen Strafrechts überein (Endres/ Scholz 1994). Erschwerend kommt hinzu, daß die empirischen Untersuchungen zum Ausmaß der Sexualdelikte erheblich von unterschiedlichen theoretischen und gesellschaftspolitischen Voraussetzungen geprägt sind und damit auch die jeweiligen Ergebnisse beeinflussen (Rothe 1996). Insgesamt ist es daher nicht verwunderlich, daß der Umfang der Sexualdelikte äußerst widersprüchlich eingeschätzt wird (Baurmann 1992).

Bereiten schon die unterschiedlichen Definitionen Schwierigkeiten, das Ausmaß der Deliktsfälle zu bestimmen, so helfen die amtlichen Statistiken auch nur bedingt weiter. Die Rechtspflegestatistik, die jährlich vom Statistischen Bundesamt herausgegeben wird, ist eine an den Tatbeständen des Strafgesetzbuches orientierte Statistik, die u.a. Straftaten und Tatverdächtige sowie Abgeurteilte und Verurteilte nach Art der Straftat und der Altersgruppe erfaßt. Sie gibt Auskunft darüber, wieviel gerichtliche Verfahren, mit welchem Ergebnis abgeschlossen wurden. Der Statistik ist aber nicht zu entnehmen, wieviel Täter wegen eines schweren Deliktes angeklagt, aber nur wegen eines milderen Deliktes verurteilt werden konnten. Die Statistik gibt auch keine Anhaltspunkte für die Häufigkeit von Delikten nach der sog. Dunkelziffer.

Bei der Häufigkeit der Sexualdelikte ist prinzipiell zu unterscheiden zwischen:
- der Anzahl der im Rahmen der Tatermittlung bekannt gewordenen Delikte;
- der Zahl der verurteilten Täter sowie
- der vermuteten Häufigkeit von Straftaten nach der sog. Dunkelziffer.

Signifikant an den amtlichen Zahlen ist zunächst die große Diskrepanz zwischen den bekannt gewordenen Delikten und den Verurteilungen. Das Statistische Bundesamt hat für 1995 für die gesamte Bundesrepublik folgende Zahlen vorgelegt (Statistisches Bundesamt 1997):

Bekannt gewordene Straftaten gegen die sexuelle Selbstbestimmung
Die Statistik weist für 1995 auf, daß 47.108 Straftaten gegen die sexuelle Selbstbestimmung im Rahmen der Tatermittlung bekannt geworden sind. Zu dieser Deliktgruppe zählen alle Straftaten gegen die §§ 174 ff. StGB. Darunter waren:
- 16.013 Straftaten wegen sexuellen Mißbrauchs von Kindern;
- 6.175 Straftaten wegen Vergewaltigungen sowie
- 5.191 Straftaten wegen sexueller Nötigung.

Bei den Straftaten wegen sexuellen Mißbrauchs von Kindern liegt 1995 die Zahl der Fälle um ca. 1.000 höher als im Jahr vorher. Bei den Opfern waren mehr als zwei Drittel Mädchen und in etwa 9% Kinder unter sechs Jahren. Von diesen ca. 47.000 bekannt gewordenen Straftaten sind indessen nur etwa 7.000 Straftaten vor Gericht abgeurteilt worden.

> **Abgeurteilte Straftaten gegen die sexuelle Selbstbestimmung**
> Aus den Statistiken des Bundesamtes ergibt sich zugleich, daß 1995 insgesamt lediglich 6.894 Straftaten gegen die sexuelle Selbstbestimmung abgeurteilt wurden. Unter diesen Delikten waren:
> - 1.996 sexueller Mißbrauch,
> - 1.323 Vergewaltigungen sowie
> - 935 sexuelle Nötigung.

Das Verhältnis zwischen angezeigten oder sonst den Strafverfolgungsbehörden bekannt gewordenen Fällen und tatsächlich mit einer Verurteilung abgeschlossenen Fällen beträgt nach den amtlichen Statistiken bei allen Sexualdelikten somit insgesamt ca. 1:7. Mit anderen Worten: in über 80% der Fälle wird der Täter nicht ermittelt oder nach dem Sexualstrafrecht nicht belangt. Das kann natürlich zum einen an schlampiger Ermittlungsarbeit liegen; zum anderen ist aber auch nicht von vornherein auszuschließen, daß die Strafjustiz in ihrer Spruchpraxis bei diesen Deliktsgruppen eher Milde walten läßt. Ein weiterer Grund für diese auffallende Diskrepanz könnte aber auch darin liegen, daß die amtliche Statistik im Hinblick auf die einzelnen Delikte nur Freispruch oder Verurteilung registriert. Wird also ein Täter wegen des Verdachtes eines Sexualdeliktes freigesprochen, läßt sich aus der Statistik nicht entnehmen, ob er doch wegen eines anderen Straftatbestandes zur Rechenschaft gezogen wurde. Scheidet beispielsweise eine Bestrafung wegen Vergewaltigung aus, so kann es zumindest zu einer Verurteilung wegen einer Körperverletzung gekommen sein (Riess 1989).

Jedenfalls ist es kein Geheimnis, daß die amtlichen Statistiken nur sehr unvollkommen das faktische Ausmaß der Kriminalität wiedergeben (Riess 1989). So tauchen innerhalb der polizeilichen Statistiken nur solche Delikte auf, die letztendlich zu einer polizeilichen Ermittlungsakte geführt haben. Es reicht also nicht aus, daß nur irgendwie ermittelt wurde, sondern die Ermittlung muß zu einem gewissen Ergebnis geführt haben (Amelang/Krüger 1995). In der Dunkelfeldforschung wird aus diesem Grunde danach gefragt, inwieweit die amtlich bekannt gewordenen Rechtsbrüche mit der Wirklichkeit übereinstimmen. Es wird der Versuch unternommen, den tatsächlichen Umfang der Kriminalität aufzudecken (Kaiser 1993).

Jedoch: Auch die *Dunkelfeldforschung* liefert bislang noch keine hinreichenden Ergebnisse über den Umfang der nicht durch Polizei und Justizbehörden erfaßten Delikte. In entsprechenden Publikationen ist in jüngster Zeit ein wildes »Feilschen um die ›richtigen‹ Zahlen« (Weber/Rohleder 1995, 15) entstanden. So sollen nach deutschen und amerikanischen Untersuchungen (retrospektive Befragungen) zwischen 11% und 62% der erwachsenen Frauen und zwischen 3% und 16% der erwachsenen Männer angegeben haben, als Kinder sexuellen Mißbrauch erfahren zu haben (Endres/Scholz 1994; Weber/Rohleder 1995 mit weiteren Nachweisen zu derartigen Befragungen in den USA, den Niederlanden und Großbritannien). Dagegen kommen Untersuchungen für die Bundesrepublik zu dem Ergebnis, daß etwa jedes vierte Mädchen und jeder zwölfte Junge bis zu seinem 18. Lebensjahr ein- oder mehrmals sexuelle Übergriffe erdulden mußte (Bange 1992). Die Zahlen variieren also erheblich. Dies hängt, wie bereits erwähnt, mit den unterschiedlichen Untersuchungsverfahren und den unterschiedlichen Definitionen des sexuellen Mißbrauchs zusammen.[1] Auch die *absoluten Zahlen*, zu der die *Dunkelfeldforschung* gelangt, unterscheiden sich (Weber/Rohleder 1995; Rothe 1996). In Studien für das Bundeskriminalamt hat Baurmann beschrieben, daß es in der Literatur Dunkelfeldschätzungen von 1:2 bis 1:18 für den Bereich von Sexualdelikten an Kindern gibt (Baurmann 1983). In anderen Publikationen ist dieses Verhältnis verallgemeinert worden, so daß man 250.000 bis 300.000 mißbrauchte Kinder pro Jahr berechnet hat (Kavemann/Lohstöter 1984; Enders 1990). 1992 warnt Baurmann vor einem inflationären Gebrauch der Dunkelziffern.

»Auch im Bereich der Dunkelfeldschätzungen sind daher viele Angaben überhöht oder einfach falsch. Ich kann das so bestimmt sagen, weil beispielsweise dem Bundeskriminalamt und/oder mir als Person öfters Dunkelfeldangaben zugeschrieben werden, die angeblich besagten, daß in Westdeutschland jährlich 300.000 Kinder sexuelle Gewalttätigkeiten oder gar Vergewaltigungen erleben würden. Eine solche Aussage unsererseits gibt es nicht« (Baurmann 1992, 82). Der deutsche Kinderschutzbund schätzt bei sexuellem Kindesmißbrauch ein Dunkelfeld von 50.000 Fällen (Kühne/Kluck 1995).

Die Differenz zwischen dem tatsächlichen Ausmaß der Delikte gegen Kinder und der justiziellen Verurteilung kann auch damit zusammenhängen, daß all diejenigen, die als professionell Tätige mit Kindesmißbrauch zu tun haben, den strafrechtlichen Lösungen eher mißtrauisch gegenüberstehen. In einer Untersuchung von Harbeck/Schade aus dem Jahre 1994 wurden die Gründe untersucht, die professionelle Helfer davon abhalten, juristische Schritte einzuleiten.
Aufgezählt werden:
- Ich will erst dann etwas unternehmen, wenn ich ganz sicher bin: 39%
- Ich sehe keine Möglichkeit,... den Verdacht zu erhärten: 21%
- Ich habe zu wenig Erfahrung damit: 21%
- Ich befürchte, daß der Kontakt (...) zu den Eltern verloren geht: 0%
- Ich will dem Kind eine gerichtliche Verhandlung ersparen: 9%
- Ich habe Angst, die Verantwortung für den möglichen Zerfall der Familie zu tragen: 7%
- Ich bin der Meinung, daß es hier (...) keine wirksame Hilfe für Familien mit sexueller Mißhandlung gibt: 5%
- Ich bin der Meinung, daß ein Eingreifen in die Familie alles nur schlimmer macht: 4%

Zu ganz ähnlichen Ergebnissen kommen Walter/Wolke 1997. In einer Untersuchung zum Anzeigeverhalten von Experten in staatlichen und freien Einrichtungen, die professionell Probleme des sexuellen Mißbrauchs bearbeiten, haben sie festgestellt, daß die Experten einer Strafanzeige und einem Strafverfahren sehr reserviert bis vollkommen ablehnend gegenüberstehen. 94,5% der Befragten äußerten sich dahingehend, daß sie in der Regel keine Anzeige erstatten würden (Walter/Wolke 1997).

---

[1] Zu weiteren Untersuchungsergebnissen vgl. Kühne/Kluck 1995; zur Häufigkeit von Gewalttaten gegen Frauen im häuslichen Bereich vgl. Schall/Schirrmacher 1995.

Neben der Unsicherheit über das tatsächliche Ausmaß der Sexualdelinquenz, dem Kampf um die »richtigen« Zahlen, der Debatte um die Häufigkeit der Sexualdelikte, die teilweise mit erheblichem rhetorischem Aufwand geführt wird (Carl 1995), dürfen die gesicherten Erkenntnisse nicht vergessen werden. Hierzu zählen:
- Die Dunkelziffer bei den Sexualdelikten ist zweifelsohne erheblich (vgl. auch Lachmann 1988). Im Gegensatz zu anderen Delikten, wie Diebstahl, Betrug oder Straftaten im Straßenverkehr, spielen Scham- und Schuldgefühle sowie die Angst der Opfer vor dem Täter eine große Rolle und führen dazu, daß nur ein Teil der Delikte überhaupt angezeigt wird (Weber/Rohleder 1995).
- Der überwiegende Teil der Täter bei sexuellem Mißbrauch von Kindern kommt aus dem sozialen Nahraum, aus der Familie, dem Freundeskreis und der Nachbarschaft (Weber/Rohleder 1995 mit weiteren Nachweisen). Mit zunehmendem Bekanntschaftsgrad steigt die Wahrscheinlichkeit, daß die Sexualdelikte mit größerer Gewalt und über einen längeren Zeitraum begangen werden. Die häufige Warnung vor dem »fremden Mann« greift daher in aller Regel zu kurz.»Dieses fehlerhafte, aber leider sehr stabile Präventionsmuster hat offensichtlich sehr viel mit Xenophobie (Fremdenangst) und sehr wenig mit modernen kriminologischen Forschungsergebnissen zu tun« (Baurmann 1992, 85 f).
- Die Täter bei Sexualdelikten sind überwiegend jüngere Männer, und die Opfer sind zwischen 80 – 90% Mädchen (Hebenstreit-Müller 1993; Baurmann 1992).
- Daneben ist aber inzwischen unbestritten, daß auch Frauen sexuell mißbrauchen. Nach repräsentativen Untersuchungen kann davon ausgegangen werden, daß bei sexuellem Mißbrauch sich der Anteil der Frauen als Täterinnen zwischen 10 und 15% bewegt (Weber/Rohleder 1995 mit weiteren Nachweisen).

Literatur

BAURMANN, MICHAEL (1992): Straftaten gegen die sexuelle Selbstbestimmung. Zur Phänomenologie sowie zu Problemen der Prävention und Intervention, in: Schuh/Killias (Hrsg.), Sexualdelinquenz, Chur, Zürich, 77
WEBER/ROHLEDER (1995): Sexueller Mißbrauch, Jugendhilfe zwischen Aufbruch und Rückschritt, Münster

4 WAS IST NACH »GESETZ UND RECHT« EINE SEXUELLE HANDLUNG?

Während das deutsche Strafrecht vor 1974 an Begriffe, wie »Unzucht«, »unzüchtige Handlung« anknüpfte, muß nach der Reform für ein strafbares Verhalten »*eine sexuelle Handlung*« als Grundvoraussetzung vorliegen. Die Begriffsbestimmung findet sich in § 184 c StGB.

---
§ 184c Begriffsbestimmungen

Im Sinne dieses Gesetzes sind
1. sexuelle Handlungen
nur solche, die im Hinblick auf das jeweils geschützte Rechtsgut von einiger Erheblichkeit sind,
2. sexuelle Handlungen vor einem anderen
nur solche, die vor einem anderen vorgenommen werden, der den Vorgang wahrnimmt.

Nach dieser Vorschrift sind sexuelle Handlungen nur solche, die im Hinblick auf das jeweils geschützte Rechtsgut von einiger Erheblichkeit sind. Mit dieser Begriffsbestimmung hat der Gesetzgeber den Anwendungsbereich der Sexualdelikte bewußt einzuschränken versucht. Nicht mehr jede geschlechtsbezogene Handlung ist strafbar, sondern es müssen Handlungen von einiger Erheblichkeit sein. Durch die Versachlichung des Begriffs unter Aufgabe von moralisch-emotionalen Wertungen sollen Handlungen, die zwar das allgemeine Scham- und Sittlichkeitsgefühl verletzen, aber nicht schädlich, sondern nur geschmacklos sind, aus dem Bereich der strafrechtlichen Erheblichkeit ausscheiden. Damit wollte der Gesetzgeber u.a. klarstellen, daß der außereheliche Beischlaf nicht mehr als Unzucht anzusehen ist.

Die Abgrenzung zwischen straffreier sexueller Betätigung und der nach dem Sexualstrafrecht unter bestimmten Voraussetzungen inkriminierten sexuellen Handlung ist fließend und wird durch die Strafgerichte im Einzelfall festgelegt.

In den Juristischen Verbindlichkeiten für Ferienaufenthalte mit Kindern und Jugendlichen der Stadt Frankfurt am Main heißt es:
»Welche Handlungen der Jugendlichen unter dem Gesichtswinkel des § 180 von der Praxis als erheblich angesehen werden, ist vorläufig noch kaum abzuschätzen. Geschlechtsverkehr gehört sicher dazu, bloßes ›Knutschen‹ in bekleidetem Zustand wahrscheinlich nicht. Dabei spielt natürlich auch das Alter der Schutzbefohlenen eine Rolle und ihr sozialer Hintergrund. Angesichts der Unsicherheit der Maßstäbe ist aber im Zweifel Vorsicht geboten« (Jugendamt der Stadt Frankfurt am Main 1994, 8).

Diese relativ vage und ungenaue Einschätzung, mehr als zwanzig Jahre nach der Reformgesetzgebung, läßt das Maß der rechtlichen Unsicherheit erkennen.

Wann liegt eine sexuelle Handlung vor? Ohne im Detail auf die juristischen Interpretationsschwierigkeiten einzugehen, ob einer nur objektiven oder auch subjektiven Auslegung des Begriffs der Vorzug zu geben ist, geht die h.M. davon aus, daß eine sexuelle Handlung vor allem nach ihrem äußeren Erscheinungsbild zu erfassen ist (BGHSt 29, 336, 338; BGH, NStZ 1883, 415). Voraussetzung ist allemal, daß die Handlung einen Sexualbezug aufweist (Schönke/Schröder 1997, Anm. 6 zu 184c StGB), wobei auf den Gesamtvorgang abzustellen ist. Dagegen ist umstritten, ob neben dieser objektiven Komponente auch noch ein subjektives Element in Form einer »wollüstigen Absicht« erforderlich ist (zu dem Stand der Auseinandersetzungen vgl. Schönke/Schröder 1997, Anm. 7 ff. zu 184c StGB).

Aus der Gesetzesfassung des § 184c StGB ist zu entnehmen, daß die Erheblichkeit einer sexuellen Handlung generell im Hinblick auf das jeweils geschützte Rechtsgut zu ermitteln ist. § 184 c StGB erfordert, daß für jede einzelne Norm des Sexualstrafrechtes das Rechtsgut festzulegen ist. Dadurch kann es geschehen, daß ein- und dieselbe Verhaltensweise einmal als sexuelle Handlung bestraft wird oder aber – wegen der nicht vorhandenen Erheblichkeit im Hinblick auf das geschützte Rechtsgut – straffrei bleibt.

Um es an einem Beispiel zu verdeutlichen: Ein aufgenötigter Zungenkuß ist nicht stets und ohne Rücksicht auf die Begleitumstände nach Auffassung der Rechtsprechung eine sexuelle Handlung. Es bedarf vielmehr einer Wertung, bei der es eben darauf ankommt, welche Strafvorschrift betroffen ist. »Was sich gegenüber einem Kind unter 14 Jahren oder bei Bestehen eines Unterordnungsverhältnisses als unzüchtige (sexuelle) Handlung von einiger Erheblichkeit darstellen kann, kann im Rahmen des § 178 StGB (...) je nach den Begleitumständen eine andere Beurteilung erfahren. Als maßgebliche Umstände für die vorzunehmende Bewertung hat der BGH – neben den genannten Kriterien wie Alter und Verhältnis zwischen Täter und Opfer – Dauer und Intensität des Zungenkusses und etwaiger begleitender Handlungen – wie Berührung des Körpers angesehen« (BGH StV 1983, 415, 416).
Im Hinblick auf die Erheblichkeit ist daher im einzelnen zu differenzieren. Es kommt beispielsweise darauf an, ob sich ein sexuelles Verhalten gegen Kinder oder gegen Erwachsene richtet. Bei Kindern ist die Erheblichkeitsschwelle eher erreicht als bei Erwachsenen, die sich letztendlich leichter gegen sexuelle Zudringlichkeiten wehren können (BGH, StV 1983, 415). Ob die Schwelle der Erheblichkeit überschritten ist, bestimmt sich vor allem nach dem Grad der Gefährlichkeit für das jeweils betroffene Rechtsgut; unter diesem Aspekt scheiden belanglose Handlungen aus (BGH 1992, BGHR § 184c Nr. 1, Erheblichkeit 6).

4.1 Beispiele aus der Rechtsprechung

Sexuelle Handlungen unterhalb der Erheblichkeitsschwelle des § 184c StGB werden nicht bestraft. Nach der Rechtsprechung sind im allgemeinen *unerhebliche Handlungen:*
- kurze oder aus anderen Gründen unbedeutende Berührungen (BGH, NStZ 1983, 553);
- bloße Taktlosigkeiten oder Geschmacklosigkeiten (BGH, NStZ 1983, 553);
- das »bloß Unanständige, Unangebrachte, Anstößige, Geschmacklose, Unschamhafte oder Widerwärtige« (BGHSt 17, 288).

Die Rechtsprechung hat im Rahmen des § 178 StGB der sexuellen Nötigung folgende Sachverhalte *ebenfalls* für *unerhebliche* gehalten:
- ein dreifacher Zungenkuß bei einer 18jährigen Frau (BGHSt 18, 189);
- unter Umständen der einfache Zungenkuß an einem 16jährigen Mädchen (BGH, StV 1983, 415 f);
- Berühren durch Abtasten unter und über der Kleidung (BGH, NJW 1988, 2054);
- den Versuch, ein 17jähriges Mädchen mit offener Hose und erigiertem Glied zu umarmen, zu küssen und zu entkleiden, denn der Versuch sie zu umarmen und zu küssen stellt »zwar eine grobe Zudringlichkeit dar, war aber selbst noch keine sexuelle Handlung.«

Das gleiche gilt für »die – erfolglosen – Bemühungen des Angeklagten, die Zeugin zu entkleiden; diese Bemühungen waren von ihm aus gesehen zwar Mittel zur Ermöglichung des beabsichtigten Sexualaktes, nicht jedoch ihrerseits sexuelle Handlungen im Sinne des § 184 c Nr. 1 StGB. An dieser Beurteilung ändert auch nichts, daß der Angeklagte während der geschilderten Zudringlichkeiten sein erigiertes Glied aus der geöffneten Hose heraushängen ließ, da insoweit keine Berührung des Körpers der Zeugin stattfand« (BGH 1988, BGHR § 184 c Nr. 1, Erheblichkeit 2).

Im Ergebnis sind sexuelle Attacken – wie z.B. der Griff an den Po, das Begrapschen der Brust oder aufgedrängte Küsse – nach Ansicht der Strafgerichte im Sinne des Sexualstrafrechts *unerheblich*.

»Alltägliche sexuelle Gewalt, die Frauen in Form von Belästigungen, sexuellen Übergriffen, Obszönitäten oder sexuellem Terror am Arbeitsplatz, auf der Straße, in der Schule oder in der Freizeit täglich erleben, wird von den Delikten, die die sexuelle Selbstbestimmung schützen, nicht mit Strafe belegt« (Sick 1991, 330, 333 f; vgl. auch Laubental 1986).

Für *erheblich* hält dagegen die Rechtsprechung die folgenden Handlungen:
- das längere Betasten des Geschlechtsteils einer Frau über der Kleidung, nachdem der Täter sie vorher überfallen und niedergeschlagen hat (BGH, MDR 1974, 366);
- der Griff an die Schambehaarung (BGH, StV 1983, 415; BGH, NJW 1988, 2054);
- die gewaltsam vorgenommene Berührung der Brust einer Frau unter dem Büstenhalter (OLG Koblenz, NJW 1974, 870);
- Beischlaf und seine heterosexuellen oder gleichgeschlechtlichen Ersatzhandlungen;
- gegenseitiges, gleichzeitiges oder einem anderen gezeigtes Onanieren (BGH, NJW 1957, 191);
- ein Kuß und das Streicheln des Geschlechtsteils über der Kleidung bei einem Kind (BGHSt 38, 213);
- der feste Griff über der Hose an die Scheide eines Kindes (BGH, NStZ 92, 432);
- das Berühren des nackten Geschlechtsteils (BGHSt 35,76).

Nun ist diese Rechtsprechung alles andere als besonders klar, die Abgrenzung im Einzelfall bringt durchaus überraschende Ergebnisse. Das liegt auch daran, daß die »Erheblichkeitsklausel« einen weiten Beurteilungsspielraum enthält (Schönke/Schröder 1997, Anm. 15 zu 184c StGB), den Gerichten also ein großer Entscheidungsspielraum zugebilligt wird. Je nach Standpunkt halten die einen daher das Strafrecht in diesem Punkt für zu milde, andere dagegen sind der Auffassung, die Liberalisierung gehe nicht weit genug.

4.2 Das Widerwärtige als Beleidigung

Es geschieht häufig und immer wieder:

> 1995 im Mai ging eine 25jährige Jurastudentin in Frankfurt am Main mit einer Freundin spazieren. Ein fremder Mann mit zwei kleinen Kindern kommt ihr entgegen und greift im Vorbeigehen an ihren Busen, streichelt ihn knapp und legt anschließend die Hand auf die Brust. »Das empfand ich als besonders eklig, diese Kombination aus Übergriff und Streicheleinheit,« sagte die Studentin (Stern 43/95).

Es stellt sich die Frage nach der Strafbarkeit des Busengrapschers. An diesem Punkt scheiden sich die Meinungen. Da der Griff an den Busen über der Kleidung keine sexuelle Handlung von einiger Erheblichkeit ist, kann der Mann nach dem Sexualstrafrecht nicht belangt werden. Dennoch könnte eine andere Strafvorschrift, nämlich die Beleidigung nach § 185 StGB zur Strafbarkeit führen. Eine Beleidigung liegt in der Mißachtung oder Nichtachtung einer Person, in dem spezifischen Sinne, daß dem Betroffenen der sittliche, personale oder soziale Geltungswert ganz oder teilweise abgesprochen wird (Schönke/Schröder 1997, Anm. 2 zu § 185 StGB). Einige sind der Meinung, daß z.B. ein Busengrapscher einen anderen Menschen als Objekt für die eigene Bedürfnisbefriedigung benutzt und damit dessen Würde und Achtungsanspruch verletzt. Dies sei als Beleidigung zu verfolgen.
Genau diese Auffassung wurde früher von der Rechtsprechung vertreten. Nach der älteren Rechtsprechung kam der Beleidigung für den Fall, daß eine Straftat wegen Verneinung einer sexuellen Handlung von einiger Erheblichkeit nicht vorlag, die Funktion eines Auffangtatbestandes zu. Konnte der Täter wegen einer Sexualstraftat nicht bestraft werden, so konnte er dennoch zur Rechenschaft gezogen werden. Die Rechtsprechung ging bei den »kleinen Sexualdelikten« davon aus, daß mit einer Sexualstraftat regelmäßig auch eine Beleidigung begangen wird (Kiehl 1989).
Allerdings wollte der Gesetzgeber durch die Reform des Sexualstrafrechts die Grenze zwischen dem Anstößigen und dem Sexualstrafrecht neu ziehen. In einer Entscheidung des Bundesgerichtshofes aus dem Jahre 1986 änderte das höchste deutsche Strafgericht seine Spruchpraxis. Mehrere Männer hatten mit einer 14jährigen schüchternen und leicht beeinflußbaren Jugendlichen sexuelle Handlungen (u.a. Analverkehr) praktiziert. Es konnte allerdings in dem Verfahren nicht festgestellt werden, ob die sexuellen Handlungen im Einvernehmen mit der Minderjährigen oder mit Gewalt vorgenommen wurden. Es stellte sich daher die Frage, ob die Angeklagten wegen Beleidigung verurteilt werden konnten. Der BGH führte aus: »Mit der sorgfältig abgewogenen Differenzierung der gesetzlichen Neuregelung wäre es nicht vereinbar, sexuelle Handlungen an Jugendlichen dann, wenn der Tatbestand eines Sexualdeliktes nicht vorliegt, allgemein oder in bestimmten Fällen nach § 185 StGB zu ahnden. Das würde darauf hinauslaufen, die vom Gesetzgeber festgelegten und je nach Unrechtsgehalt der Se-

xualhandlung unterschiedlich abgestuften Schutzaltersgrenzen zum Nachteil des Täters zu verschieben« (BGH, NJW 1986, 2442). Eine Beleidigung ist daher nach Auffassung des Bundesgerichtshofes nur noch dann zu bejahen, wenn besondere Begleitumstände vorliegen, »unter denen die sexuellen Handlungen angebahnt oder vorgenommen werden, oder die Art und Weise ihrer Vornahme das Verhalten des Täters trotz des Einverständnisses des Jugendlichen als einen Angriff auf dessen Ehre erscheinen lassen« (BGH, NJW 1986, 2442). Derartige Umstände können die Jugendlichkeit des Opfers, besonders belastende Umstände der Tatsituation sowie die angewandten Sexualpraktiken sein (Hassemer 1987). Der BGH kam in dem konkreten Fall zum Ergebnis, eine Mißachtung der Ehre könne darin liegen, daß die Angeklagten es ausgenutzt haben, daß es sich um ein schüchternes und leicht beeinflußbares Mädchen ohne besondere sexuelle Erfahrungen gehandelt habe und die sexuellen Handlungen in einer fremden Wohnung von wesentlich älteren, verheirateten Männern vorgenommen wurden. Im übrigen hat der Bundesgerichtshof das Landgericht angewiesen, in einer erneuten Hauptverhandlung zu prüfen, ob sich die Angeklagten nicht der Kindesentziehung, § 235 StGB, der Entführung mit Willen der Entführten, § 236 StGB, oder der Förderung sexueller Handlungen Minderjähriger, § 180 StGB, strafbar gemacht haben.

Beleidigung wurde in den folgenden Fällen von der Rechtsprechung *bejaht*:
■ wenn ein Mann die Oberschenkel eines *zwölfjährigen* Mädchens zweimal hintereinander innen und außen kurz streichelt. Eine Beleidigung sei dies deswegen, weil sich das Verhalten des Angeklagten nicht lediglich in einer kurzfristigen, sexualbezogenen Berührung des Kindes erschöpft habe. »Sein Verhalten war vielmehr dadurch gekennzeichnet, daß er das Mädchen hartnäckig verfolgte, mit Nötigungsmitteln gegen es vorging und unter Mißachtung seines entgegenstehenden und klar geäußerten Willens ein zweites Mal ihre Oberschenkel zwischen Knie und Schritt betastete« (BGH, NJW 1989, 3029);
■ wenn ein Täter in mehreren Fällen Mädchen *zwischen 14 und 18 Jahren*, die seine auf dem Gehweg liegende Geldbörse aufgehoben haben, durch Abtasten unter und über der Kleidung berührt (BGH, NJW 1988, 2054);
■ wenn ein Täter ein *16jähriges* Mädchen vergewaltigt und sexuell mißbraucht liegt darin zugleich eine Beleidigung, weil der Täter auch mit seinen Tathandlungen zum Ausdruck bringt, »er traue seiner 16jährigen Reitschülerin zu, mit ihm völlig unvermittelt sexuelle Handlungen vorzunehmen. Ein solches Ansinnen war geeignet, das junge Mädchen in seiner Ehre zu kränken« (BGH, NStZ 1995, 129);
■ wenn ein Ausbilder seine Stellung gegenüber einer *18jährigen* Auszubildenden in der Weise ausnutzt, sie bei jeder sich bietenden Gelegenheit sexuell zu bedrängen. Eine deutliche Mißachtung der Person sah der Bundesgerichtshof darin, daß der Ausbilder »die Bitte der jungen Frau, sie ihn Ruhe zu lassen, ständig mißachtet hatte (BGH, NStZ 1987, 22).

Keine Beleidigungen sind nach Ansicht der Rechtsprechung folgende sexuelle Attacken:
■ wenn ein Heimleiter zu einer *24jährigen* schlafenden Altenpflegerin in das Bett steigt und sie unter dem Büstenhalter an den Brüsten sowie an den Oberschenkeln in der Nähe des Genitalbereichs streichelt und versucht, mit

der Hand zur Scheide vorzudringen. Da die erheblichen sexuellen Handlungen weder gewaltsam noch unter Drohung mit Gewalt vorgenommen wurden, liegt nach Ansicht des Oberlandesgerichts Zweibrücken keine sexuelle Nötigung nach § 178 StGB vor. Auch eine Beleidigung scheidet nach Ansicht des Oberlandesgericht aus. Es ist verfehlt, so das OLG, »alles Unsittliche und Unmoralische, die Sexualsphäre schroff oder derb berührende, kurz alles Unanständige und Schmutzige in verbalen Äußerungen oder sonstigem Verhalten als Kundgabe der Mißachtung oder Geringschätzung gegenüber demjenigen zu erblicken, den der Handelnde damit konfrontiert. Es wird sich meist um aufgedrängte Lästigkeiten, unerträgliche Zumutungen handeln, denen das ›Tatopfer‹ mit Abscheu und Ablehnung begegnet und die es wegen seiner andersartigen Empfindungen als Kränkung empfinden mag« (OLG Zweibrücken, NJW 1986, 2960, 2961). Erst wenn ein Heimleiter das Opfer als eine Frau behandelt hätte, die sich nach Dirnenart undifferenziert und primitiv zu jedweden sexuellen Praktiken bereitfände, käme objektiv eine Beleidigung in Betracht. Der Heimleiter sei jedoch als Werbender aufgetreten, der zudem möglicherweise unbewußt und durch unbedachte Äußerungen, Gesten oder sonstige Verhaltensweisen bestärkt wurde.

Durch dieses Urteil wird die Täter-Opferrolle umgekehrt. Diejenige Frau, die ein »spannungsreiches Verhältnis« zu einem Mann entstehen läßt und diesen beispielsweise durch unbedachte Äußerungen reizt, stellt ihm einen Freibrief aus. Das Oberlandesgericht hat darüberhinaus im konkreten Fall nicht geprüft, ob etwa eine versuchte Vergewaltigung bzw. eine versuchte sexuelle Nötigung vorgelegen haben könnte. Ein krasses Fehlurteil (Frommel 1993).

■ Keine Beleidigung ist es, wenn ein Arzt mit einer Patientin geschlechtlich verkehrt, obwohl sie ihm zu verstehen gegeben hat, daß sie nicht mit ihm schlafen wolle. »In dem Handeln kam (...) in erster Linie zum Ausdruck, daß er seine Patientin (zutreffend) als psychisch kaum widerstandsfähig, der Situation nicht gewachsen sowie vor Schreck oder Erstaunen als zu einer Gegenwehr nicht fähig einschätzte und dies ausnutzte. Weder die genannte zutreffende Bewertung der Frau, noch die Ausnutzung ihrer Schwäche ist als Beleidigung zu werten« (BGH, NStZ 1989, 528, 529 mit Anm. Hillenkamp 1989 sowie Otto 1989). Der Bundesgerichtshof schloß eine Beleidigung aus, weil in dem Verhalten des Arztes keine besonders herabsetzende Bewertung des Opfers zu sehen sei. Auch in diesem Fall prüfte der Bundesgerichtshof nicht, ob eine Vergewaltigung vorlag.

Diese Beispiele zeigen deutlich, daß die Frage, unter welchen Umständen eine Beleidigung als Auffangtatbestand zu bejahen ist, im einzelnen recht willkürlich beantwortet wird. Warum der Arzt, der das Autoritätsgefälle gegenüber seiner Patientin ausnutzt, nicht beleidigend handelt, während der Ausbilder, der eine Auszubildende sexuell belästigt, sich strafbar macht, ist schwerlich zu erklären.

Literatur

KIEHL, WALTER (1989): Das Ende der »kleinen Sexualdelikte«?, in: NJW, 3003

SICK, BRIGITTE (1991): Die Rechtsprechung zur Sexualbeleidigung oder: Wann sexuelle Gewalt die Frauenehre verletzt, in: JZ, 330

5 RECHTLICHER SCHUTZ GEGEN SEXUELLE ÜBERGRIFFE

Erst mit dem Verzicht auf Strafnormen für alles und jedes kann das Strafrecht effektiv seine Aufgabe erfüllen, die schärfste staatliche Reaktion auf Rechtsverletzungen zu sein. Die Auseinandersetzungen über die Reichweite und die Chancen der Entkriminalisierung darf auch das Unwerturteil über sexuelle Belästigungsformen nicht völlig ausgrenzen. Wenn andere – staatlich durchsetzbare – Sanktionsmittel den Schutz vor sexuellen Übergriffen ermöglichen, kann auf den Einsatz des Strafrechts verzichtet werden. Einer zivilen Bürgergesellschaft steht es gut zu Gesicht, das Strafrecht als ultimatives Mittel zu begreifen. Es ist nicht notwendig, bei jedweder sexuellen Attacke das Strafrecht einzusetzen. Unterhalb dieser Schwelle können arbeits-, zivil- und disziplinarrechtliche Sanktionen, aber auch interpersonale Regularien greifen.

Es ist juristisch zu vertreten, daß nicht jeder sexuelle Übergriff zugleich und immer den Straftatbestand der Beleidigung erfüllt. Der vorgebrachte Einwand, dann seien Frauen »Freiwild« in den Betrieben und Büros, in ihrer Freizeit und im Urlaub ist nur bedingt richtig. Die Forderung »ein Delikt zu schaffen, das sexuelle Belästigungsformen (›gewaltlose‹ bzw. unter Zwang abgenötigte unerhebliche sexuelle Handlungen) mit in die sexuellen Gewaltdelikte einbeziehst« (Sick 1991, 330, 335; vgl. auch Frommel 1993), da die bestehenden zivil- bzw. arbeitsrechtlichen Schutzvorschriften nur unzureichend seien, zudem der sozialschädliche Charakter dieser Verhaltensweise ein strafrechtliches Unwerturteil verlange, ist angesichts der ansonsten auf breiter Front erhobenen Entkriminalisierungsforderungen nicht ganz verständlich und einzusehen. Bei dem Konsum von Haschisch, dem Ladendiebstahl oder beispielsweise der Beförderungserschleichung wird ernsthaft diskutiert, inwieweit ein solches Verhalten überhaupt strafrechtlich geahndet werden muß.

Wenden wir uns zunächst den Arbeitsverhältnissen zu. Sexuelle Belästigungen am Arbeitsplatz sind ein weitverbreitetes Phänomen. Sie werden erst allmählich nicht mehr als ein Kavaliersdelikt abgetan. Wissenschaftliche Untersuchungen in Deutschland und den USA haben ergeben, daß mindestens 35% der befragten Frauen sich als Opfer von sexuellen Belästigungen am Arbeitsplatz sehen (Hohmann/Moors 1995; s. auch »Hitliste der Belästigungen«, in: Sturmfels/Satzer 1995, 59 f).[1]

Fast jeden Tag finden sich in der Presse Berichte über sexuelle Belästigungen am Arbeitsplatz.
■ Eine Lehrerin in der Schule überrascht während eines Computerlehrgangs eine Gruppe von Kollegen, wie sie sich einen Computerporno ansehen.
■ Ein Professor hat eine Doktorandin sexuell belästigt und mitgeteilt, eher gehe die Welt unter, als daß ein Hochschullehrer wegen derartiger Geschichten aus dem Amt geworfen würde.

---

[1] Weit höhere Zahlen nennt Linde, die als Ergebnis einer Studie berichtet, daß 90% aller berufstätigen Frauen Erfahrungen mit sexueller Belästigung am Arbeitsplatz hatten (Linde 1994).

■ Einer Frau schien ein steiler Aufstieg in einem deutschen Konzern vorgezeichnet. Von ihrem Vorgesetzten wurde sie auf einer Dienstreise sexuell belästigt. Sie wehrte sich, aus war es mit der Karriere. Die Frage ist, mit welchen Mitteln kann man sich gegen derartige Verhaltensweisen wehren?

5.1 Das Beschäftigungsschutzgesetz (BeschSG)

Ein von der Öffentlichkeit kaum beachteter Schritt, mit Mitteln außerhalb des Strafrechtes zu reagieren, ist das Gesetz zum Schutz der Beschäftigen vor sexueller Belästigung am Arbeitsplatz (BeschSG). Es ist im Rahmen des zweiten Gesetzes zur Durchsetzung der Gleichberechtigung von Frauen und Männern als Art. 10 am 1.9.1994 in Kraft getreten (zu diesem Gesetz vgl. Worzalla 1994; Mittmann 1994; Mauer 1994). Wenn auch die Mängel dieses Gesetzes nicht zu übersehen sind (zu den Einzelheiten vgl. Hohmann 1995), so verpflichtet es doch jeden Arbeitgeber und Dienstvorgesetzten, die Beschäftigten vor sexueller Belästigung am Arbeitsplatz zu schützen. Hierzu zählen auch präventive Maßnahmen, § 2 Abs. 1 BeschSG.

Ziel des Gesetzes ist die Wahrung der Würde von Frauen und Männern durch den Schutz vor sexueller Belästigung am Arbeitsplatz. Nach § 1 BeschSG sind Beschäftigte im Sinne des Gesetzes Arbeitnehmerinnen und Arbeitnehmer in Betrieben und Verwaltungen des privaten oder öffentlichen Rechts, Beamtinnen und Beamten des Bundes, der Länder und der Gemeinden, Richterinnen und Richter sowie weibliche und männliche Soldaten.

Das Gesetz definiert in § 2 Abs. 2 BeschSG die sexuelle Belästigung als jedes vorsätzliche, sexuell bestimmte Verhalten, das die Würde der Beschäftigten am Arbeitsplatz verletzt. Hierzu gehören alle sexuelle Handlungen und Verhaltensweisen, die vom Strafrecht unter Strafe gestellt werden, sowie sonstige sexuelle Handlungen und Aufforderungen zu diesen, sexuell bestimmte körperliche Berührungen, Bemerkungen sexuellen Inhalts sowie das Zeigen und sichtbare Anbringen von pornographischen Darstellungen, die von den Betroffenen erkennbar abgelehnt werden, § 2 Abs. 2 BeschSG. Diese Formulierung des Gesetzes engt das Spektrum der denkbaren sexuellen Handlungen und Verhaltensweisen ein. Anläßlich einer Befragung nannten mehr als 80% als sexuell eindeutig belästigend: »Anzügliche Bemerkungen über die Figur oder sexuelles Verhalten im Privatleben, Telefongespräche oder Briefe mit sexuellen Anspielungen, Po-Kneifen, unerwünschte körperliche Annäherungen (Küsse, Umarmungen), Berühren der Brust oder der Genitalien, Androhen beruflicher Nachteile bei sexueller Verweigerung, Versprechen beruflicher Vorteile bei sexuellem Entgegenkommen, Zurschaustellung des Genitals, Exhibitionismus, Aufforderung zum Geschlechtsverkehr, Erzwingen von sexuellen Handlungen. Sexuelle Belästigung meint also nicht Flirt, nicht gegenseitige Annäherung.« (Linde 1994, 2412).

Der Arbeitgeber oder Dienstvorgesetzte werden verpflichtet, Beschwerden der Betroffenen zu überprüfen und geeignete Maßnahmen zu treffen, um die Fortsetzung einer festgestellten Belästigung zu unterbinden, § 3 Abs. 2 BeschSG. Zu den denkbaren Maßnahmen gehören vor allen Dingen die Abmahnung, Umsetzung, Versetzung oder Kündigung, § 4 Abs. 1 BeschSG. Das Bundesverwaltungsgericht hat die vorläufige Dienstenthebung eines Mannes nach dem Beschäftigungsschutzgesetz für rechtmäßig erklärt, der eine Kollegin am Arbeitsplatz massiv sexuell belästigt hatte. Das Gericht hat ausgeführt, daß nach § 2 Abs. 2 BeschSG eine sexuelle Belästigung am Arbeitsplatz jedes vorsätzliche sexuell bestimmte Verhalten ist, »das die Würde von Beschäftigten am Arbeitsplatz verletzt. Dazu gehören u.a. Aufforderungen zu sexuellen Handlungen und Bemerkungen sexuellen Inhalts, die von den Betroffenen erkennbar abgelehnt werden (BVerwG, NJW 1997, 958, 959).[1]

Nach § 4 Abs. 2 BeschSG haben die Arbeitnehmerinnen ein Leistungsverweigerungsrecht. Ergreift der Arbeitgeber keine hinreichende Maßnahme zur Unterbindung der Belästigung können die Betroffenen ohne finanzielle Einbußen ihre Tätigkeit einstellen.

Werden Arbeitnehmerinnen durch Arbeitgeberpublikationen in sexistischanzüglicher Weise dargestellt, steht ihnen ein Unterlassungsanspruch zu (ArbG Duisburg, Streit 1994, 128).

5.2 Das Disziplinarrecht

Das Disziplinarrecht bietet ebenfalls Schutz gegen sexuelle Belästigungen. Das Disziplinarrecht soll die durch ein Dienstvergehen verursachte Störung des Beamtenverhältnisses beseitigen mit dem Ziel, die Durchführung öffentlicher Verwaltungsaufgaben zu sichern. Das Bundesverwaltungsgericht hatte in letzter Instanz zu entscheiden, ob ein Offizier, der innerhalb weniger Tage durch sexuelle Annäherungen und Zudringlichkeiten ihm unterstehende Soldatinnen belästigt hatte, degradiert werden darf.

Das Bundesverwaltungsgericht ließ hieran keinen Zweifel und führte aus: »Schon der Versuch eines Soldaten in Vorgesetztenstellung, im dienstlichen Bereich zu Untergebenen, hier insbesondere zu Soldatinnen, sexuelle Kontakte anzuknüpfen, stellt ein schwerwiegendes Dienstvergehen dar, weil hierdurch das notwendige Vertrauen der Betroffenen in seine moralische Integrität in Frage gestellt oder zerstört wird und das Zusammenleben in der Truppe sowie deren inneres Gefüge auf vielfältige Weise empfindlich gestört werden können. (...) Denn ein Kuß oder der Versuch eines Kusses auf den Mund oder die Stirn einer Soldatin stellt sich ebenso wie der Griff an ihre Brüste, ihr Gesäß, ihre Oberschenkel oder ihren Genitalbereich als eindeutige Form einer sexuellen Handlung durch körperliche Berührung dar« (BVerwG, NJW 1996, 536 f).

In einer weiteren Entscheidung hat das Bundesverwaltungsgericht einen Bahnbeamten im Zugbegleitdienst wegen sexueller Belästigungen von Fahrgästen endgültig aus dem Dienst entfernt. Der Schaffner bedrängte mehrfach im Zug ein 16jähriges Mädchen, faßte sie mehrmals über der Kleidung an den Busen, griff mehrmals von oben in den Pullover und

---

[1] In diesem Zusammenhang sei auf ein Urteil des Arbeitsgerichtes Wesel verwiesen, wonach Arbeitgeber Betriebsrätinnen auch – und gerade in einem Betrieb mit 90% weiblichen Beschäftigten – für Schulungen zum Thema »Sexuelle Belästigung am Arbeitsplatz« freistellen müssen (ArbG Wesel, Streit 1995, 39).

drückte den Busen, zog sie gewaltsam an sich und küßte ihr auf den Mund. »Die erschwerenden Umstände des vorliegenden Falles machen die Verhängung der Höchstmaßnahme unabweislich. Bereits die Umstände der Tat belasten den Beamten erheblich. Er hat als uniformierter Zugführer die damals alleinreisende sechzehnjährige Fahrschülerin, die Zeugin, in einem (zeitweise) leeren Abteil durch eindeutig sexuelle Handlungen gegen ihren Willen unsittlich belästigt. Dabei fällt zusätzlich die Hartnäckigkeit ins Gewicht, mit der der Beamte während der ca. zwanzigminütigen Bahnfahrt vorgegangen ist, indem er trotz der ablehnenden Haltung der Zeugin nach den Zughalten jedesmal wieder zu ihr zurückkam und die unsittlichen Belästigungen fortgesetzt hat. Die Zeugin war durch die heftigen Zudringlichkeiten nach eigenen – glaubhaften – Angaben so geschockt und verängstigt, daß sie am Zugfenster kauernd sitzengeblieben ist; sie hat nicht gewußt, wie sie sich hätte wehren sollen. In der Tatsache, daß die Zeugin an ihrem Platz verblieben ist, kann deshalb kein Einverständnis mit dem Handeln des Beamten gesehen werden, das geeignet wäre, die Tat milder zu beurteilen« (BVerwG, NJW 1997, 1719 f).

Diese Entscheidungen entsprechen der ständigen Rechtsprechung des Bundesverwaltungsgerichts zu den Anforderungen an das Verhalten von Vorgesetzten im *dienstlichen Bereich.* »Der Dienstbetrieb muß frei sein von erotischen Bindungen und Verhaltensweisen« (Claussen/Janzen 1992, 63). Bereits Annäherungsversuche des Vorgesetzten – auch bei geringer Intensität – sind pflichtwidrig. Anzügliche, erotisch gefärbte Redewendungen sowie sexuelle Belästigungen braucht sich niemand gefallen zu lassen. So ist es ein Dienstvergehen von besonderem Gewicht, wenn ein Beamter eine Kollegin zum Geschlechtsverkehr durch eine Postkarte auffordert sowie sexuell-obszöne Bemerkungen macht (BVerwG, NJW 1997, 958).[1]

Homosexuelle Beziehungen in der Bundeswehr führen unweigerlich zu disziplinarrechtlichen Konsequenzen. Sie können nach Ansicht des Bundesverwaltungsgerichts nicht geduldet werden, weil sie zu Absonderungen und Gruppenbildungen, zu Eifersucht und gegenseitigem Mißtrauen führen. Dadurch werde die soldatische Gemeinschaft gesprengt (BVerwG, Recht im Amt 1992, 80).

Außerdienstliche Sexualverfehlungen können ebenfalls disziplinarrechtliche Folgen haben und zwar auch neben etwaigen strafrechtlichen Maßnahmen. Ein außerdienstlich sexuell anstößiges Verhalten fällt jedoch nur dann unter das Disziplinarrecht, wenn es zugleich berufsbezogen das Ansehen und das Vertrauen des öffentlichen Dienstes beeinträchtigt (Köhler/Ratz 1994 mit Nachweisen aus der Rechtsprechung).

5.3 Arbeitsrechtliche Sanktionen

Während das Disziplinarrecht den Arbeitsfrieden im öffentlichen Dienst vor Störungen durch sexuelle Belästigungen sichern soll, können arbeitsrechtliche Normen den Schutz vor sexuellen Übergriffen in der sonstigen Arbeitswelt gewährleisten. Neben dem Beschäftigungsschutzgesetz,

---

[1] Einen Überblick über das rechtliche Instrumentarium – auch aus dem Betriebs- und Personalräterecht – findet sich bei Linde 1994.

das den Arbeitgeber ggfs. zu juristischen Sanktionen verpflichtet, sind die arbeitsrechtlichen Normen über die fristgemäße und fristlose Kündigung, §§ 622, 626 BGB, die bei sexuellen Belästigungen einschlägigen Rechtsgrundlagen. So hat das Bundesarbeitsgericht die fristlose Kündigung eines schwerbehinderten Betriebsratsvorsitzenden für rechtmäßig gehalten, der weibliche Angestellte, auch Auszubildende sexuell belästigt hatte (BAG, DB 1986, 1339).

Nach einer Entscheidung des Hessischen Landesarbeitsgerichtes aus dem Jahre 1995 ist der Arbeitgeber verpflichtet, eine sexuelle Belästigung von Arbeitnehmerinnen zum Anlaß zu nehmen, gegen den Angreifer geeignete und angemessene Maßnahmen zu ergreifen und nachhaltig durchzusetzen. Das verlangt bereits »die Fürsorgepflicht und das berechtigte Interesse des Arbeitgebers an einem geordneten und effektiven Betriebsablauf. Als Gegenmaßnahmen kommen neben der ordentlichen oder der außerordentlichen Kündigung auch die Abmahnung, die Umsetzung oder die Versetzung des Arbeitnehmers in Betracht (LAG Hessen, Streit 1996, 131). Einem Arbeitnehmer wurde aus diesen Gründen zu Recht fristgemäß gekündigt, weil er eine arglos und konzentriert arbeitende Kollegin während der Spätschicht von seitlich hinten kommend mit der Hand an die Brust gefaßt hatte. Dies, so das LAG Hessen, sei ein schwerwiegender Eingriff in den persönlichsten Bereich der Individualsphäre.

Wissen muß man indessen auch, daß der Arbeitgeber ebenfalls das Recht zur Kündigung hat, wenn wahrheitswidrig behauptet wird, daß ein Vorgesetzter ein sexueller Belästiger sei. Eine derartige beleidigende Äußerung ist grundsätzlich geeignet, eine Kündigung zu rechtfertigen (LAG Rheinland-Pfalz, BB 1996, 2626).

5.4 Ehrengerichtsverfahren und Schmerzensgeld bei sexuellen Übergriffen in Therapie und Beratung

In der psychotherapeutischen und beraterischen Praxis kommt es immer wieder zu Grenzüberschreitungen der unterschiedlichsten Art. Berater oder Therapeuten versuchen, das Machtgefälle zwischen ihnen und den Rat- und Hilfesuchenden auszunutzen. Auf sexuellem Gebiet werden oft die ethischen und professionellen Grundsätze verletzt. Soweit es sich um Sexualdelikte nach den §§ 174 ff. StGB handelt, wird der Berater oder der Psychotherapeut selbstredend strafrechtlich zur Verantwortung gezogen. Unterhalb der Strafrechtsschwelle gilt das Gebot der Abstinenz: Es ist Psychotherapeuten strikt untersagt, emotional persönliche Beziehungen, vor allen Dingen sexuelle Beziehungen, zu ihren Klienten aufzunehmen. Der Grund ist einleuchtend. Die Methode der Psychotherapie verlangt, daß der Therapeut die Persönlichkeit des Klienten umfassend kennenlernen muß. Dies führt in der Therapie, aber auch in der Trennungs- und Scheidungsberatung, der Familienberatung etc. notwendig zu einem engen Verhältnis zwischen den Beteiligten. Der Ratsuchende oder der Klient müssen sich in Gesprächen und Interviews den Beratern und Therapeuten mit ihren Problemen offenbaren. Seine Aufgabe kann der Therapeut nur wirksam wahrnehmen, wenn er jeden privaten Kontakt mit dem Klienten meidet. Persönliche Beziehungen mit emotionaler Bindung sind daher unverantwortlich und grob fehlerhaft, unabhängig davon, ob sie aus eigenem Antrieb angestrebt oder durch die Patientin initiiert eingegangen werden. Ein Therapeut kann sich daher keineswegs dadurch entlasten, daß seine Klientin die treibende Kraft bei der Anbahnung einer sexuellen Beziehung gewesen ist. Lehrreich ist ein Fall, den das Oberlandesgericht Düsseldorf entschieden hat. Eine Frau, die von ihrem Stiefvater mißbraucht wurde, begab sich wegen einer Depression und massiven sexuellen Schwierigkeiten mit ihrem Partner in eine psychotherapeutische Behandlung. Der Therapeut nahm während der Behandlung intime Beziehungen zu der Frau auf und sprach mit ihr von einer gemeinsamen Zukunft. Nachdem die Klientin u.a. feststellte, daß der Therapeut eine Beziehung zu einer anderen Frau aufgenommen hatte, geriet sie verstärkt in Alkohol- und Tablettenabhängigkeit sowie in Suizidgefahr und mußte sich stationär in ein Krankenhaus begeben.

Das Gericht in erster Instanz hatte den Therapeuten zur Rückzahlung des Honorars verurteilt und den geltend gemachten Schmerzensgeldanspruch mit der Begründung zurückgewiesen, für eine enttäuschte Liebe gäbe es kein Schmerzensgeld. Das sahen die Richter der nächsten Instanz indessen ganz anders. Sie werteten das Verhalten des Therapeuten als eine Mißachtung des Abstinenzgebotes. Der Therapeut kann seine Aufgabe nur wirksam erfüllen, »wenn er, solange die Behandlung dauert, jeden privaten Kontakt mit dem Patienten meidet. Denn durch die Aufnahme emotionaler persönlicher Beziehungen (zum Therapeuten) werden beim Patienten neue Reaktionen mobilisiert, die einer Überwindung neurotischer Störungen im Wege stehen. Das Abstinenzgebot ist deshalb (…) ein Grundsatz, dessen peinliche Beachtung von der in der Medizin herrschenden Auffassung im Interesse des Patienten gefordert wird. Der Psychotherapeut handelt folglich unverantwortlich und grob fehlerhaft, wenn er aus eigenem Antrieb oder dem Verlangen einer weiblichen Patientin folgend persönliche Beziehungen mit emotionaler Bindung begründet.« Das Oberlandesgericht hat daher den Therapeuten zu einem Schmerzensgeld von 10.000 DM verurteilt (OLG Düsseldorf, NJW 1990, 1543; vgl. auch OLG Köln, 15 U 186/91).

Darüber hinaus kann einem Diplompsychologen auch das Zertifikat »Klinischer Psychologe/Psychotherapeut BdP« entzogen und er kann aus dem Berufsverband Deutscher Psychologen e.V. ausgeschlossen werden, wenn er seine Sexualität nicht steuern kann und dadurch seine therapeutische Verantwortlichkeit verletzt (Schieds- und Ehrengericht des Berufsverbandes Deutscher Psychologen, Streit 1996, 20).

Aber auch, wenn es nicht zu sexuellen Beziehungen kommt, kann das Abstinenzgebot verletzt werden und zu Geldbußen führen. Hierzu ist es schon ausreichend, wenn ein Therapeut außerhalb der therapeutischen Sphäre private Kontakte zu seinen Klienten aufnimmt, etwa in der Form, daß die Klientin für ihn Übersetzungsarbeiten vornimmt und abends privat bei der Arbeit des Therapeuten anwesend ist (Schieds- und Ehrengericht des Berufsverbandes Deutscher Psychologen, Streit 1993, 156).

Das Abstinenzgebot gilt selbstverständlich auch für solche Beratungsverhältnisse, in denen nicht finanzielle Aspekte – wie zum Beispiel bei der Schuldnerberatung – im Vordergrund stehen, sondern psychosoziale Problemstellungen aufgearbeitet werden müssen. Bei derartigen Beratungen kommt es naturgemäß zu einem engen Verhältnis der Beteiligten. Der Klient muß sich offenbaren, damit wirksam und fachlich kompetent geholfen werden kann. In einer Trennungs- und Scheidungsberatung oder in der Drogen- und der Schwangerschaftskonfliktberatung etc. besteht ein Machtgefälle, das die Berater nicht für eigene sexuelle Interessen instrumentalisieren dürfen.[1]

5.5 Schadensersatz- und Schmerzensgeldansprüche

Eine weitere rechtliche Sanktionsmöglichkeit, um sexuelle Belästigungen oder berufliche Benachteiligungen aufgrund des Geschlechts zu unterbinden, sind die *zivilrechtlichen Schadensersatzansprüche*. Bei den zivilrechtlichen Schadensersatzansprüchen ist zu unterscheiden: Das Bürgerliche Gesetzbuch verbietet durch § 611a BGB jede geschlechtsbezogene Benachteiligung bei Begründung eines Arbeitsverhältnisses, beim beruflichen Aufstieg, bei arbeitsrechtlichen Weisungen oder bei Kündigungen.[2] Durch § 611 a BGB ist erstmals in das Bürgerliche Gesetzbuch der Gleichheitsgrundsatz für den Abschluß von Arbeitsverträgen eingeführt worden. Durch diese Vorschrift soll u.a. ein diskriminierungsfreies Stellenverfahren garantiert werden.

Darüber hinaus hat § 611a BGB noch eine weitere Bedeutung erlangt. Verstöße gegen den *Grundsatz der Gleichbehandlung* bei Vertragsschluß werden von der herrschenden juristischen Meinung als Persönlichkeitverletzung nach dem Schadensersatzrecht gewertet. Die Ungleichbehandlung bei Vertragsverhandlungen und der Nichtabschluß eines Vertrages ist daher eine unerlaubte Handlung, die zum Schadensersatz verpflichtet (Herrmann 1996).[3]

Liegt eine derartige geschlechtsbezogene Diskriminierung vor, ist ein Arbeitgeber schadensersatzpflichtig, wenn er nicht sachliche Gründe für die Ungleichbehandlung nachweisen kann. Die Arbeitsgerichte haben in mehreren Urteilen entschieden, daß eine geschlechtsspezifische Benachteiligung bei Bewerbungen als Verletzung des allgemeinen Persönlichkeitsrechtes zu werten ist und einen Schadensersatzanspruch begründen kann. Der Betreiber eines Tierheimes ist schadensersatzpflichtig, wenn eine Bewerberin auf eine Stelle für den Spätdienst der Tierannahme und Bewachung wegen ihres Geschlechtes benachteiligt (BAG, DB 1989, 2279). In gleicher Weise wurde in dem Fall einer Justizvollzugsanstalt entschieden, in der nur männliche Strafgefangene einsaßen und deswegen keine Frauen als Sozialarbeiterinnen eingestellt wurden (ArbG Hamm, DB 1984, 2700) sowie bei einem Wohnheim für strafentlassene Männer (BAG, DB 1989, 2281).

---

[1] Der Gesetzgeber ist der Auffassung, daß der »zivilrechtliche« Schutz in bestimmten beraterischen und therapeutischen Verfahren nicht ausreichend ist. Er hat daher einen Gesetzentwurf vorgelegt, durch den der strafrechtliche Schutz geistig und seelisch beeinträchtigter Menschen vor sexuellen Übergriffen im Rahmen von Beratungs-, Behandlungs- und Betreuungsverhältnissen sowie der Psychotherapie verbessert werden soll (BR-Drs. 295/97).

[2] Zur Frauenförderung durch Quotenregelung und Gemeinschaftsrecht vgl. BAG, NJW 1996, 2529

[3] Zur Haftung des Arbeitgebers wegen geschlechtsspezifischer Diskriminierung bei Einstellung nach der neuen Rechtsprechung des EuGH vgl. EuGH, NJW 1997, 1839 sowie Worzalla 1997.

Bei sexuellen Belästigungen in *Betrieben oder Behörden* kann den Betroffenen ferner ein Schadensersatzanspruch nach § 823 Abs. 2 BGB in Verbindung mit § 2 Abs. 1 BeschSG zustehen (Hohmann/Moors 1995). Nach diesen Vorschriften hat der Belästiger Schäden, die auf seine sexuellen Übergriffe zurückzuführen sind, auszugleichen. So hat das Opfer je nach Einzelfall Ansprüche auf Ersatz der Behandlungs-, Therapie- und Rechtsverteidigungskosten, des Verdienstausfalles sowie gegebenenfalls der Bewerbungskosten für eine neue Stelle und u.U. einen Anspruch auf Schmerzensgeld wegen immaterieller Schäden nach § 847 BGB (Linde 1994).

Aber auch *außerhalb der betrieblichen Sphäre* hat die Rechtsprechung sexuell belästigten Frauen ein Schmerzensgeld zugestanden. § 847 Abs. 1 BGB als Rechtsgrundlage für einen Schmerzensgeldanspruch sieht vor, daß einem Geschädigten bei der Verletzung des Körpers oder der Gesundheit sowie im Falle der Freiheitsentziehung ein Schmerzensgeldanspruch zusteht. Nach § 847 Abs. 2 BGB steht einer Frauensperson ein gleicher Anspruch zu, wenn gegen sie ein Verbrechen oder Vergehen wider die Sittlichkeit begangen oder wenn sie durch Hinterlist, durch Drohung oder unter Mißbrauch eines Abhängigkeitsverhältnisses zur Gestattung der außerehelichen Beiwohnung bestimmt wird. Die Geschädigte soll in die Lage versetzt werden, die Verletzungen und Kränkungen durch Geld zu kompensieren (Palandt 1997, Anm. 4 zu § 847 BGB). Daneben besitzt der Schmerzensgeldanspruch auch eine Genugtuungs- sprich Sühnefunktion (BGH, NJW 1996, 1591).

In einer Reklamezeitung erschien eine Annonce mit dem Wortlaut.»M., heißblütige Tschechin, verwöhnt Sie gerne«, anschließend folgte die volle Telefonnummer, ferner der Name der Straße und des Ortes, der ca. 2.000 Einwohner hatte. Auf Grund dieser Annonce erhielt die betroffene Frau permanent Telefonanrufe mit eindeutigem sexuellen Inhalt. Die Annonce wurde von einer Bekannten aufgegeben, die sich offenbar einen üblen Scherz erlauben wollte. Sie wurde zunächst wegen Verleumdung bestraft. Die Zivilrichter des Oberlandesgerichts Koblenz sahen in der Annonce auch einen Eingriff in das Persönlichkeitsrecht der Verletzten und verurteilten die Bekannte zur Zahlung eines Schmerzensgeldes in Höhe von 5.000,- DM (OLG Koblenz, VersR 1990, 165).

Von einem Täter, der, z.B. wegen sexuellen Mißbrauches, einer Vergewaltigung oder einer sexuellen Nötigung strafrechtlich abgeurteilt wird, kann das Opfer daneben Schmerzensgeld verlangen. Allerdings war die Rechtsprechung im Hinblick auf die Höhe des Schmerzensgeldes bislang zurückhaltend. Die Gerichte haben regelmäßig betont, daß bei langen Freiheitsstrafen kein hohes Schmerzensgeld mehr notwendig sei, da das Opfer bereits durch die Bestrafung des Täters weitgehend Genugtuung erfahren habe. Diese Rechtsprechung hat der Bundesgerichtshof korrigiert und klargestellt, daß das Strafurteil die eine Seite, die zivilrechtliche Verurteilung zu Schmerzensgeld die andere Seite sei. Das Genugtuungsbedürfnis der Geschädigten fällt nicht weg, »wenn der Schädiger wegen der von ihm begangenen Tat zu einer Freiheitsstrafe verurteilt wird« (BGH, NJW 1996, 1591). Während die strafrechtliche Verfolgung im Interesse der Allgemeinheit liege, könne für das einzelne Opfer Genugtuung nur durch finanzielle Leistungen des Schädigers realisiert werden. Lediglich in Ausnahmefällen könne bei der Berechnung des Schmerzensgeldes die Höhe der Freiheitsstrafe berücksichtigt werden. In dem zu entscheidenden Fall hatte ein Mann ein 10jähriges Mädchen in seine Wohnung gelockt und drei Stunden lang mißbraucht. Das Strafgericht verhängte drei Jahre Freiheitsstrafe, und in dem Zivilverfahren wurde der Täter zu 60.000,– DM Schmerzensgeld verurteilt. In jüngster Zeit mehren sich die gerichtlichen Entscheidungen, in denen Opfern von sexuellen Straftaten auch eine Entschädigung in Geld zugesprochen wird. Allerdings variiert die Höhe der Entschädigung erheblich.

- Im Jahre 1990 erhielt ein 13jähriges Mädchen für einen über drei Jahre dauernden sexuellen Mißbrauch mit der Folge einer medizinisch komplikationslos abgebrochenen Schwangerschaft einen Schmerzensgeldanspruch in Höhe von 20.000,– DM zugesprochen (LG Hamburg, FamRZ 1991, 433 mit Anm. von Bracken 1991).
- 1993 erhielt eine Ehefrau, die von ihrem Ehemann getrennt lebte, ein Schmerzensgeld in Höhe von 2.000,– DM, weil sie von ihrem Mann unter Anwendung von Gewalt zur Duldung des Geschlechtsverkehrs gezwungen, Verletzungen am Oberarm und am Bauch erlitten hatte (OLG Schleswig, NJW 1993, 2945).
- 1995 verurteilte das LG Dortmund den Stiefvater eines Mädchens, das von dem 12. bis zum 15. Lebensjahr mißbraucht wurde, zu einem Schmerzensgeld in Höhe von 40.000,– DM (LG Dortmund, Streit 1996, 22).
- 1996 hat das AG Radolfzell entschieden, daß das Opfer einer sexuellen Nötigung mit einem Schmerzensgeldbetrag in Höhe von 5.000,– DM jedenfalls dann angemessen entschädigt ist, wenn es während der Tat um sein Leben fürchtete und seither unter erheblichen psychischen Beeinträchtigungen, wie Angst- und Panikzuständen und Alpträumen leidet (AG Radolfzell, NJW 1996, 2874). Das Gericht wies in der Entscheidung, um die niedrige Höhe der Entschädigung zu begründen, darauf hin, daß für Vergewaltigungen und versuchte Vergewaltigungen mit äußeren Verletzungen und schweren psychischen Folgen Schmerzensgeldzahlungen in der Größenordnung zwischen 8.000,– DM bis 10.000,– DM zugesprochen würden.
- 1996 hielt das OLG Düsseldorf einen Schmerzensgeldanspruch in Höhe von mindestens 20.000,– DM bei fortgesetztem Mißbrauch für angemessen. Das Oberlandesgericht stellte heraus, daß eine Verurteilung des Täters zu einer empfindlichen Freiheitsstrafe sich prinzipiell nicht mindernd auf die Höhe des Schmerzensgeldanspruchs auswirke. Das Gericht nannte als Aspekte, die für die Höhe des Schmerzensgeldanspruchs ausschlaggebend sind: Die Länge des Zeitraums der sexuellen Übergriffe, die Schwere des sexuellen Mißbrauchs, die besondere Beziehung zwischen Täter und Opfer, das Alter des Opfers sowie die körperlichen und seelischen Folgen des Mißbrauchs (OLG Düsseldorf, Streit 1996, 130).

Vergleicht man die Höhe der Schmerzensgeldansprüche wegen Sexualstraftaten mit der Höhe der Entschädigung für Persönlichkeitsverletzungen, beispielsweise durch Presseveröffentlichungen, dann fällt eine außerordentliche Diskrepanz auf. Da werden schon mal 50.000,– oder 60.000,– DM von den Gerichten für eine Presseveröffentlichung, die das Persönlichkeitsrecht verletzt, zuerkannt (Seitz 1996). Richtig teuer wird es aber, nachdem der Bundesgerichtshof die Geldentschädigung bei Persönlichkeitsverletzungen durch Medien neu gewichtet (BGH, NJW 1995, 861; BGH, NJW 1996, 984; BGH, NJW 1996, 985) und die Präventionswirkung in den Vordergrund gestellt hat (Prinz 1996). So hat das Oberlandesgericht Hamburg Caroline von Monaco eine Geldentschädigung in Höhe von 180.000,–DM zuerkannt, weil drei Titelgeschichten trotz Kenntnis der Presseleute von der Unwahrheit des Inhaltes aus reinem Profitstreben veröffentlicht wurden (OLG Hamburg, NJW 1996, 2870). Um es schlicht zu formulieren: Für eine Vergewaltigung um die 10.000,–DM, für eine Prinzessin wegen dreier unwahrer Artikel 180.000,– DM. In dieser unterschiedlichen Wertung kann man ohne weiteres eine Verhöhnung der Vergewaltigungsopfer sehen.

5.6 Entschädigungen nach dem Opferentschädigungsgesetz (OEG)

Nach dem Opferentschädigungsgesetz (s. hierzu: Klie 1996) kann Versorgung verlangen, wer infolge eines vorsätzlichen, rechtswidrigen tätlichen Abgriffs gegen seine oder eine andere Person oder durch dessen rechtmäßige Abwehr eine gesundheitliche Schädigung erlitten hat. Er erhält wegen der gesundheitlichen und wirtschaftlichen Folgen auf Antrag Versorgung in entsprechender Anwendung der Vorschriften des Bundesversorgungsgesetzes, § 1 Abs. 1 OEG. Bislang haben die zuständigen Behörden dieses Gesetz restriktiv ausgelegt, ein Grund dafür, daß nur relativ wenige Personen eine Rente erhalten haben.
Nach zwei Entscheidungen des Bundessozialgerichtes aus dem Jahre 1995 haben es vergewaltigte Frauen und mißbrauchte Kinder nunmehr leichter, eine staatliche Opferentschädigung zu erhalten. In einem Fall ging es um eine versuchte Vergewaltigung, die unstreitig ein vorsätzlicher, rechtswidriger und tätlicher Angriff i.S. des OEG darstellt. Häufig haben jedoch Behörden eine Versorgung abgelehnt, da die Kausalität zwischen Angriff und einer psychischen Erkrankung nicht nachgewiesen werden konnte. Das Bundessozialgericht entschied nunmehr, daß ein Zweifel an dem ursächlichen Zusammenhang zwischen einem Vergewaltigungsversuch und der späteren psychischen Erkrankung einer Frau nicht zu Lasten des Opfers gehen dürfe. »Da man den tatsächlichen Wirkungszusammenhang zwischen Belastung und Krankheit im allgemeinen nicht kennt und andere Ursachen nie auszuschließen sind, ist die Möglichkeit des Ursachenzusammenhanges schon dann anzunehmen, wenn nach dem Erfahrungswissen der Ärzte die Gefahr des Ausbruchs der betreffenden Krankheit nach den betreffenden Belastungen deutlich erhöht ist« (BSG, Streit 1996, 125, 127). Mit dieser Entscheidung hat das höchste deutsche Sozialgericht für derartige Fälle praktisch die Beweislast umgekehrt.
In einer weiteren Entscheidung wurde die Opferentschädigung bei sexuellem Kindesmißbrauch präzisiert. Ein 25jähriger Mann hatte eine freundschaftliche Beziehung zu einer 13jährigen. Es kam zum Geschlechtsverkehr, das Mädchen wurde schwanger und bekam ein Kind. Der Mann wurde durch ein Strafgericht wegen sexuellen Mißbrauchs eines Kindes in einem besonders schweren Fall nach § 176 StGB zu einer Freiheitsstrafe von 1 Jahr und 5 Monaten verurteilt. Die Frage war, ob das Mädchen Opfer eines nach § 1 OEG tätlichen Angriffs geworden ist. Nach Ansicht des Bundessozialgerichtes ist ein rechtswidriger tätlicher Angriff zu bejahen, wenn ein erwachsener Mann mit einem 13jährigen Mädchen sexuell verkehrt. Dabei sei es ohne Bedeutung, ob sie von sich aus zu dem Geschlechtsverkehr bereit

sei und auch, ob sie die Bedeutung des Geschehens erfassen könne. »Entscheidend ist die Rechtsfeindlichkeit, nicht ein aggressives Vorgehen. Selbst wenn der Täter subjektiv dem Opfer helfen will oder aus Liebe handelt, liegt ein rechtswidriger tätlicher Angriff dann vor, wenn der Täter in strafbarer Weise die körperliche Integrität eines anderen rechtswidrig verletzt. Soweit das Opfer in die Tat einwilligt, ist die Handlung dennoch nicht gerechtfertigt, wenn dem Opfer die Einwilligung durch Täuschung entlockt wird oder es dem Opfer aus sonstigen Gründen an der Fähigkeit mangelt, Bedeutung und Tragweite seiner Einwilligung zu erkennen. An dieser Fähigkeit fehlt es insbesondere bei Kindern auf sexuellem Gebiet, jedenfalls solange sie nicht strafmündig sind« (BSG, Streit 1996, 129). Da neuere Forschungsergebnisse die Gefahr schwerer psychischer Schäden auch bei gewaltfreiem sexuellem Mißbrauch bestätigen, ist es notwendig, den staatlichen Opferschutz gerade auf die schwächsten Mitglieder der Gesellschaft zu erstrecken (BSG, Streit 1996, 129).

Fassen wir zusammen:
In der Arbeitswelt haben sexuell belästigte Frauen durchaus rechtliche Möglichkeiten, sich gegen sexuelle Übergriffe zu wehren. Ein Mann, der partout nicht begreifen will, daß es unstatthaft ist, z.B. einer Frau einen Zungenkuß aufzudrängen oder ihr an die Brust zu greifen, kann durch arbeitsrechtliche Abmahnung, durch eine Kündigung oder disziplinarrechtliche Maßnahmen nachdrücklichst belehrt werden. Ein Schadensersatz- bzw. Schmerzensgeldanspruch für die sexuell bedrängte Frau gegen den Belästiger ist ebenfalls ein geeignetes Mittel, derartige Verhaltensweise zu unterbinden (Bartling 1995).
Um keine Mißverständnisse aufkommen zu lassen, soll nochmals herausgestellt werden: Wenn ein Sexualdelikt im Sinne des Strafrechts begangen wurde, dann sind die polizeilichen, staatsanwaltschaftlichen und gerichtlichen Reaktions- und Sanktionsmöglichkeiten auszuloten. Das hat nichts mit dem Ruf nach dem Scharfrichter zu tun, sondern es ist nicht legitimierbar, auf Sexualstraftaten gegenüber Frauen, Männern, Kindern und Jugendlichen nur tolerant, im Sinne von »es geschah alles aus Liebe«, zu reagieren.
So hat auch der Europäische Gerichtshof für Menschenrechte entschieden. Er ist zwar der Ansicht, daß der Schutz vor sexuellen Gewalttaten im Wege der Strafrechtsvorschriften nicht notwendigerweise die einzige Möglichkeit darstellt. Allerdings könne der Schutz von Minderjährigen gegenüber sexuellen Vergehen durch zivilrechtliche Vorschriften alleine nicht gewährleistet werden. »Wirksame Abschreckung ist in diesem Bereich unerläßlich und kann nur durch strafrechtliche Vorschriften erreicht werden; tatsächlich wird normalerweise dieser Bereich durch derartige Vorschriften geregelt« (EGMR, NJW 1985, 2075).
Der gesetzliche Schutz, das Arsenal der rechtlichen Möglichkeiten gegen sexuelle Belästigungen ist recht beeindruckend. »Gesetze, Regelungen und Empfehlungen gibt es genug. Auch das Billigkeitsgefühl, Moral und Anstand sind an der Seite der Frauen, noch dichter dran sind aber eben auch belästigende Männer.

Das Ergebnis ist ein krasser Widerspruch zwischen der theoretischen Anzahl von Schutzmöglichkeiten und der praktischen Um- und Durchsetzung« (Linde 1994, 2412, 2414; vgl. auch Mauer 1994). Um das rechtliche Arsenal tatsächlich in der Praxis anzuwenden, um sich in Betrieben, Schulen, Hochschulen, Behörden usw. gegen sexuelle Belästigungen wehren zu können, bedarf es nämlich nicht nur der rechtlichen Normen, sondern eben auch eines entsprechenden Klimas. Die Probleme liegen eher im Tatsächlichen (Linde 1994), und zwar außerordentlich massiv. Bislang wird den Opfern von Belästigungen noch eher mitgeteilt, sie sollten die Klappe halten, nicht so zickig sein und nicht wegen jeder Kleinigkeit zur Frauenbeauftragten oder zum Betriebs- oder Personalrat laufen. Sexuelle Belästigung als »Kavaliersdelikt« und der Spießrutenlauf der Opfer sind noch alltägliche Praxis.

Literatur

LINDE, GODELA (1994): Sexuelle Belästigung am Arbeitsplatz, in: BB, 2412

HOHMANN/MOORS (1995): Schutz vor sexueller Belästigung am Arbeitsplatz im Recht der USA (und Deutschlands), in: KJ, 151

URTEIL DES BVERWG, NJW 1997, 1719, Disziplinarmaßnahme bei sexueller Belästigung von Fahrgast durch Zugpersonal

6 DER SCHUTZ VON KINDERN UNTER 14 JAHREN

6.1 Der Schutz durch das Strafrecht, § 176 StGB

> **§ 176 Sexueller Mißbrauch von Kindern**
>
> (1) Wer sexuelle Handlungen an einer Person unter vierzehn Jahren (Kind) vornimmt oder an sich von dem Kind vornehmen läßt, wird mit Freiheitsstrafe von sechs Monaten bis zu zehn Jahren, in minder schweren Fällen mit Freiheitsstrafe bis zu fünf Jahren oder mit Geldstrafe bestraft.
>
> (2) Ebenso wird bestraft, wer ein Kind dazu bestimmt, daß es sexuelle Handlungen an einem Dritten vornimmt oder von einem Dritten an sich vornehmen läßt.
>
> (3) In besonders schweren Fällen ist die Strafe Freiheitsstrafe von einem Jahr bis zu zehn Jahren. Ein besonders schwerer Fall liegt in der Regel vor, wenn der Täter
> 1. mit dem Kinde den Beischlaf vollzieht oder
> 2. das Kind bei der Tat körperlich schwer mißhandelt.
>
> (4) Verursacht der Täter durch die Tat leichtfertig den Tod des Kindes, so ist die Strafe Freiheitsstrafe nicht unter fünf Jahren.
>
> (5) Mit Freiheitsstrafe bis zu drei Jahren oder mit Geldstrafe wird bestraft, wer
> 1. sexuelle Handlungen vor einem Kind vornimmt,
> 2. ein Kind dazu bestimmt, daß es sexuelle Handlungen vor ihm oder einem Dritten vornimmt, oder
> 3. auf ein Kind durch Vorzeigen pornographischer Abbildungen oder Darstellungen, durch Abspielen von Tonträgern pornographischen Inhalts oder durch entsprechende Reden einwirkt,
> um sich, das Kind oder einen anderen hierdurch sexuell zu erregen.
>
> (6) Der Versuch ist strafbar; dies gilt nicht für Taten nach Abs. 5 Nr. 3.

Nach § 176 StGB sind Kinder unter 14 Jahren vor allen sexuellen Handlungen geschützt. Diese Strafvorschrift soll die ungestörte sexuelle Entwicklung von Kindern sichern. Ihre Anwendung setzt nicht voraus, daß das Kind im Einzelfall geschädigt ist oder den Vorgang bemerkt hat. Ob es z.B. zu einer konkreten seelischen Beschädigung des Kindes gekommen ist, vermögen Juristen nicht zuverlässig und ohne großen Gutachteraufwand schon gar nicht zu beurteilen. Für das Kind sind im allgemeinen die erforderlichen psychologischen Explorationen überhaupt nicht förderlich. § 176 StGB ist daher nach den gesetzgeberischen Intentionen als abstraktes Gefährdungsdelikt ausgestaltet. Es besteht die gesetzliche Vermutung, daß bestimmte Verhaltensweisen für ein Kind generell gefährlich sind, auf den konkreten Nachweis, daß das Kindeswohl gefährdet ist, kommt es nicht an.[1] (FN s. nächste Seite)

Nach der Rechtsprechung hängt die Strafbarkeit daher nicht davon ab, ob das Kind die Bedeutung des Vorgangs versteht. »Nach ihrem äußeren Erscheinungsbild sexualbezogene Handlungen, die an einem Kind vorgenom-

men werden oder die das Kind an dem Täter oder einem Dritten vornimmt, sind sexuelle Handlungen auch dann, wenn das Kind die Sexualbezogenheit der Handlung nicht erkennt oder noch nicht erkennen kann« (BGH, JR 1981, 250 mit Anm. Horn 1981).
Nur diese Gesetzesinterpretation entspricht dem Ziel des Sexualstrafrechts, Kinder vor einer Beeinträchtigung ihrer Gesamtentwicklung durch sexuelle Handlungen zu schützen. Eine sexuelle Handlung kann daher auch an einem schlafenden Kind vorgenommen werden (BGH, NStZ 1992, 178 mit Anm. Molketin 1992). Für die Erfüllung des Straftatbestandes spielt es daher auch keine Rolle, ob das Kind bereits sexuelle Erfahrungen gemacht hat oder die Initiative von ihm ausgegangen ist (Schönke/Schröder 1997, Anm. 2 zu § 176 StGB). Allerdings berücksichtigt die Rechtsprechung derartige Umstände bei der Strafzumessung.

§ 176 StGB bestraft unterschiedliche Tathandlungen.

Fallgruppe 1
Nach § 176 Abs. 1 StGB werden sexuelle Handlungen zwischen Täter und dem Kind, die mit unmittelbaren Körperkontakt verbunden sind, die der Täter entweder an dem Kind vornimmt oder die er von dem Kind an sich vornehmen läßt, bestraft.

§ 176 Abs. 1 StGB ist ein sog. eigenhändiges Delikt. Täter kann nur sein, wer mit dem Kind in körperliche Berührung kommt (BGH, NStZ 1996, 130). Im Rahmen des § 176 Abs. 1 StGB muß jeweils auch geprüft werden, ob es sich um eine sexuelle Handlung von einiger Erheblichkeit nach § 184 c StGB handelt.
Eine sexuelle Handlung ist nach der Rechtsprechung:
- das sehr kräftige Waschen von Mädchen im Genitalbereich (BGH 1986, BGHR § 184 c Nr. 1, Erheblichkeit 1);
- der feste Griff über einer Reithose an die Scheide eines neunjährigen Mädchens (BGH 1992, BGHR § 184 c Nr. 1, Erheblichkeit 6);
- der Griff an die bedeckte Brust eines neunjährigen Mädchens (BGH 1992, BGHR § 184 c Nr. 1, Erheblichkeit 6);
- die in bekleidetem Zustand vorgenommene beischlafähnliche Bewegung an einem Kind.

Keine sexuellen Handlungen sind nach § 184 c StGB solche Handlungen, die zwar eine Beziehung zum Geschlechtlichem aufweisen, die jedoch »schlechterdings keine Gefährdung der ungestörten sexuellen Entwicklung des Kindes darstellen können« (Schönke/Schröder 1997, Anm. 3 zu § 176 StGB). Nach der Rechtsprechung und der Kommentarliteratur fal-

---

[1] In jüngster Zeit hat das Problem kindlicher Opfer- und Tatzeugen im Strafverfahren eine verstärkte Aufmerksamkeit gefunden. Spätestens seit das Landgericht Mainz unter bestimmten Bedingungen eine Videovernehmung kindlicher Zeugen in einem Strafverfahren für zulässig erachtet hat (LG Mainz, NJW 1996, 208), werden die Belastung von Kindern, die Möglichkeiten und Grenzen des Schutzes kindlicher Zeugen vertieft diskutiert, vgl. Denger 1991; Ell 1992a sowie 1992b; Albrecht 1995; Frommel 1995; Mildenberger 1995; Volbert/Busse 1995; Eckhardt 1995; Wegner 1995; Lossen 1995; Laubenthal 1996; Dahs 1996; Böhm 1996; Brocker 1996; Volbert/Erdmann 1996; Zschockelt/Wegner 1996; Balloff 1997; Pfäfflin 1997.

len darunter:
- das Streicheln des nackten Knies (Schönke/Schröder 1997, Anm. 3 zu § 176 StGB);
- das flüchtige Greifen unter den Rock (Schönke/Schröder 1997, Anm. 3 zu § 176 StGB);
- die jeweils nur kurze und überraschend ausgeführte Berührung des bekleideten Geschlechtsteils von vier und sieben Jahre alten Mädchen (BGH 1991, BGHR § 184 c Nr. 1, Erheblichkeit 4);
- das mehrfache kurzfristige Streicheln des Oberschenkels eines 12jährigen Mädchens zwischen Knie und Schritt (BGH, NJW 1989, 3029). Diese Verhaltensweise stellt jedoch, wie bereits dargelegt, nach Ansicht des Bundesgerichtshofes eine Beleidigung dar.

Fallgruppe 2
Nach § 176 Abs. 2 StGB wird derjenige bestraft, der ein Kind dazu bestimmt, sexuelle Handlungen an einem Dritten vorzunehmen oder von einem Dritten an sich vornehmen zu lassen.

Auch diese Vorschrift pönalisiert Körperkontakte. Der Täter muß das Kind dazu bestimmt haben, sexuelle Handlungen vorzunehmen oder an sich geschehen zu lassen. In welcher Weise dies geschieht, ist gleichgültig. Das Opfer kann überredet, durch Geschenke, Drohungen, Täuschungen, aber auch durch das Wecken von Neugier dazu gebracht werden. Nicht erforderlich ist es, daß der Täter besondere Hemmungen der Kinder überwinden muß (Schönke/Schröder 1997, Anm. 8 zu § 176 StGB).

Bei § 176 Abs. 2 StGB stellt die herrschende Auffassung und die Rechtsprechung nicht darauf ab, daß das Kind selbst sexuell erregt wird oder eine altersentsprechende Vorstellung von der Sexualbezogenheit der Handlung besitzt (BGH, JR 1981, 250 mit Anm. Horn 1981). Allerdings ist diese Frage umstritten. Für einige Gerichte und Kommentatoren ist jedenfalls dann die Strafbarkeit zu verneinen, wenn durch das Betasten eines ahnungslosen Kindes »die Möglichkeit einer Gefährdung des Opfers nach menschlichem Erfahrungswissen ausgeschlossen ist oder allenfalls eine quantité négligeable darstellt« (Schönke/Schröder 1997, Anm. 18 zu § 184c StGB).

Fallgruppe 3
§ 176 Abs. 3 StGB bestraft mit einem erhöhten Strafrahmen u.a. denjenigen, der mit einem Kind den Beischlaf vollzieht oder das Kind bei dem sexuellem Mißbrauch körperlich schwer mißhandelt.

Das Gesetz nennt zwei Regelbeispiele des besonders schweren Falles, bei denen eine Freiheitsstrafe bis zu zehn Jahren verhängt werden kann. Neben diesen Beispielen kann indessen auch in anderen Fällen der erhöhte Strafrahmen herangezogen werden: Bei sexuellen Handlungen, wie Oral- und Analverkehr mit einem Kinde (BGH, NStZ 1994, 429; BGH, NStZ 1996, 599) oder »beim Eintritt einer schweren psychischen Schädigung, soweit der Täter dies als verschuldete Auswirkung der Tat voraussehen konnte« (Schönke/Schröder 1997, Anm. 11 zu § 176 StGB).

Der vollzogene Beischlaf mit einem Kinde rechtfertigt im allgemeinen den erhöhten Strafrahmen des § 176 Abs. 3 StGB. »Bei der Festlegung des angemessenen Strafrahmens ist von entscheidender Bedeutung, in welchem

Maße durch die Tat der Schutzzweck des Gesetzes beeinträchtigt worden ist. Im Regelfall wird bei einem Mädchen unter vierzehn Jahren die Tatsache, daß es zum Beischlaf mißbraucht worden ist, eine derart schwere Beeinträchtigung darstellen, daß es gerechtfertigt erscheint, vom erhöhten Strafrahmen auszugehen« (BGH, StV 1989, 432). Nun versuchen Täter mit dem Hinweis, alles sei aus Liebe geschehen und nur aus diesem Grunde hätten sie mit dem Kind geschlafen, ihre Strafe zu mildern. Sie versuchen aber auch vor Gericht das Opfer als »verdorben« oder »geschlechtlich erfahren« abzustempeln.

Juristisch formuliert stellt sich die Frage, ob die indizielle Bedeutung eines Regelbeispiels durch andere Strafzumessungsfaktoren kompensiert werden kann, will heißen, ob trotz des Beischlafs mit einem Kinde der Täter auf eine mildere Strafe hoffen kann. Genau dies wird durch die Rechtsprechung zugelassen. Obwohl ein Mann den Beischlaf mit einem Kinde vollzogen hatte, wurde der erhöhte Strafrahmen für unangemessen gehalten, weil das Mädchen zur Tatzeit 13 Jahre und 4 Monate alt war und: »Sie verfügte schon über sexuelle Erfahrungen und hatte bereits ›Geschlechtsverkehr mit einem Jungen‹ gehabt. Sie ›war neugierig darauf‹, mit einem erwachsenen Mann zu schlafen« (BGH, StV 1989, 432).

Die Rechtsprechung hat bei »Liebesverhältnissen« entschieden, daß sie sich strafmildernd auswirken können. Ein etwa 50jähriger Mann hat mit seiner 13jährigen Großnichte auf einer gemeinsamen Urlaubsreise neunmal einvernehmlich den Geschlechtsverkehr ausgeübt. Das Landgericht sah darin einen besonders schweren Fall. »Dieser Qualifizierung (als besonders schwerer Fall) steht nicht entgegen, daß zwischen dem Angekl. und M. L. eine Art Liebesbeziehung bestanden haben mag, da diese den Umständen nach weder als echt noch als schutzwürdig und auf Dauer angelegt anzuerkennen gewesen wäre und bei der Mehrheit der rechtstreuen Bevölkerung auf Unverständnis gestoßen wäre« (zit. nach BGH, StV 1994, 314). Das paßte dem Bundesgerichtshof nun überhaupt nicht. Er belehrte das Landgericht, daß es mit dieser Beurteilung einen unzulässigen Maßstab angelegt hätte. Unzweifelhaft sei es, daß auch bei Vorliegen eines schweren Falles, nämlich des Beischlafs mit einem unter 14 Jahre altem Mädchen, die Strafe gemildert werden könne (BGH, StV 1994, 314).

In einem anderen, ähnlich gelagertem Fall wirkte sich diese Überlegung des Bundesgerichtshofes ebenfalls strafmildernd aus. »Jedenfalls liebte der Angeklagte die Geschädigte; er ›übte im Rahmen der Beziehung einen positiven Einfluß auf das schwierige Verhalten des Mädchens aus‹. Es spricht viel dafür, daß die Geschädigte, die alle sexuellen Handlungen nicht etwa unter Drohungen oder gar nach Gewaltausübung, sondern einverständlich mit dem Angeklagten vornahm, auch ihrerseits eine emotionale Zuneigung gegenüber dem Angeklagten empfand und in ihm eine Bezugsperson sah, durch welche sich die ›Verhaltensstörungen und die Erziehungsschwierigkeiten‹ besserten. (...) Vor Beginn der sexuellen Kontakte kümmerte sich das Mädchen um den ›sich sehr verlassen fühlenden Angeklagten‹ und besuchte ihn; ›man schrieb sich die ersten Liebesbriefe‹. Im übrigen ist der strafmildernde Umstand der ›echten Liebesbeziehung‹ aus der Sicht der Beteiligten zu beurteilen, zumal es sich hier nicht um ein flüchtiges Verhältnis handelte« (BGH, 1989, BGHR Strafrahmenwahl 5).
Eine solche richterliche Spruchpraxis legt natürlich in derartigen Fällen ei-

ne Verteidigerstrategie nahe, daß arme, von ihren Ehefrauen oder Lebensgefährtinnen verlassene Männer des Trostes und der Liebe durch erziehungsschwierige 13jährige Mädchen bedürfen.

Fallgruppe 4

§ 176 Abs. 5 StGB *bestraft sexuelle Handlungen, die ohne Körperkontakte vorgenommen werden, wenn es in der Absicht geschieht, sich, das Kind oder einen anderen sexuell zu erregen.*

Diese Tathandlung, da ohne unmittelbaren Körperkontakt, wird milder bestraft. Die Tathandlung kann in drei Varianten erfolgen.

- Die erste Variante ist: Der Täter nimmt sexuelle Handlungen vor einem Kind vor, § 176 Abs. 5 Ziff. 1 StGB.

Auch hier muß es sich um eine sexuelle Handlung von einiger Erheblichkeit handeln. Daran kann es fehlen, wenn ein Mann ein Kind anspricht, es berührt und sich sodann im Beisein des Kindes an seine geschlossene Hose greift und für ca. 10 Sekunden an seinem Glied herumdrückt, um sich sexuell zu erregen (OLG Düsseldorf, ZfJ 1995, 520).

- In der zweiten Fallgruppe wird das Kind bestimmt, sexuelle Handlungen vor dem Täter oder einem Dritten vorzunehmen, § 176 Abs. 5 Ziff. 2 StGB.

Diese Variante setzt voraus, daß das Kind sich in räumlicher Nähe zum Täter befindet, der die sexuellen Handlungen des Kindes wahrnimmt. Das ist bei einem nur telefonischen Kontakt nach Ansicht des Bundesgerichtshofes nicht der Fall (BGH, NJW 1996, 1068). Bei dieser Fallgruppe braucht das Kind keine Vorstellung von der Sexualbezogenheit der Handlung zu haben (BGH, JR 1981, 250), und es kommt nicht darauf an, ob das Kind sich sexuell erregen wollte oder erregt war.

Strafbar ist es, wenn:
- das Kind bestimmt wird, sexuelle Handlung an sich selbst vorzunehmen, z.B. vor dem Täter oder einem anderen zu onanieren;
- eine 13jährige aufgefordert wird, ihren Oberkörper zu entblößen, und Sie dem Täter Gelegenheit bietet, diesen eine geraume Weile zu betrachten und sexualbezogene Fragen zu stellen (BGH, NStZ 1985, 24);
- ein Täter pornographische Aufnahmen von einem schlafenden Kind aufnimmt (BGH, NJW 1992, 324);
- ein Täter pornographische Aufnahmen von einem entblößtem Geschlechtsteil bzw. von zwei nackten Jungen, einmal übereinander-, einmal nebeneinanderliegend und sich gegenseitig berührend, macht (BGH 1991, BGHR § 176 Abs. 5, sexuelle Handlung 1), um mit diesen Fotos andere sexuell zu erregen.

Nicht strafbar ist dagegen wenn ein Kind dazu gebracht wird, nackt zu baden, im Freien in ein kleines Feuer zu urinieren oder ohne Entblößung der Geschlechtsteile die Röcke hochzuheben (weitere Beispiele bei Tröndle 1997, Anm. 7 zu § 176 StGB). Nicht strafbar ist es ebenfalls, wenn ein Täter Kinder in Unterhosen bzw. Turnhosen vorwiegend mit gespreizten Beinen fotografiert (BGH, NJW 1992, 325).

- Drittens wird bestraft, wer auf ein Kind durch Vorzeigen pornographischer Abbildungen oder Darstellungen, durch Abspielen von Tonträgern pornographischen Inhalts oder entsprechende Reden einwirkt, § 176 Abs. 5 Ziff. 3 StGB.

Das Verbreiten pornographischer Schriften im allgemeinen ist durch § 184 StGB unter Strafe gestellt. § 184 StGB unterscheidet zwischen »einfacher« und »harter« Pornographie und knüpft daran unterschiedlich hohe Strafandrohungen. Nach der herrschenden juristischen Lehre ist eine Darstellung als pornographisch anzusehen, wenn sie unter Ausklammerung aller sonstigen menschlichen Bezüge sexuelle Vorgänge in grob aufdringlicher Weise in den Vordergrund rückt und ihre Gesamttendenz überwiegend auf das lüsterne Interesse an sexuellen Dingen abzielt (Schönke/Schröder 1997, Anm. 4 zu § 184 StGB). Im einzelnen ist vieles umstritten, insbesondere auch das Verhältnis von Kunst und Pornographie.

Das Reden über Sexualität selbst, die bloße Sexualbezogenheit reicht heutzutage für eine Bestrafung nicht mehr aus. Sexuelle Reden oder Lieder das Anhören, das Vorzeigen und die Betrachtung sexueller Darstellungen sind nicht mehr strafbar.

Das war nicht immer so:
- Der BGH entschied 1951, wer ein Kind dazu bestimmt, unzüchtige Reden aufmerksam zuzuhören, kann eine Straftat nach § 176 StGB a.F. begehen. Zwar sei nicht jede schamlose Redensart, die in Gegenwart eines Kindes fällt, schon eine unzüchtige Handlung. »Wer aber unter Verletzung des Scham- und Sittlichkeitsgefühls das Empfinden eines Kindes in den Bereich des bewußt Geschlechtlichen hineinführt, indem er die Geschlechtlichkeit des menschlichen Körpers, den Geschlechtstrieb oder die körperliche Vereinigung der Geschlechter beschreibt und in wollüstiger Absicht das Kind dazu bestimmt, solchen Reden aufmerksam zuzuhören, erfüllt die Merkmale des § 176 Abs. 1 Nr. 3 StGB« (BGHSt 1, 168, 174).
- Und 1960 war nach Ansicht des BGH folgende Begebenheit strafbar. Ein Mann sprach auf der Straße zwei zehn und elf Jahre alte Jungen an und begann ein Gespräch über geschlechtliche Vorgänge. Er schenkte ihnen Zigaretten, um ihr Vertrauen zu gewinnen, und fragte sie, »ob sie etwa noch an den Klapperstorch glaubten. Schließlich forderte er sie auf, alles zu erzählen, was sie vom Kinderkriegen wüßten. Dafür versprach er ihnen eine D-Mark. Die Buben gebrauchten unflätige Redensarten und erzählten ihm u.a., man müsse ›seinen bei der Frau hinten reintun und dann komme nach neun Monaten bei ihr unten ein Kind heraus‹. Der Angeklagte sagte darauf, er habe eine Freundin, mit der das auch mache. Diese geschlechtsbetonte Unterhaltung, an der die Jungen Gefallen fanden, dauerte etwa eine halbe Stunde. Der Angeklagte wollte auf diese Weise seine Geschlechtslust erregen. Er wußte, daß das Gespräch gegen das Scham- und Sittlichkeitsgefühl eines gesund denkenden Menschen in geschlechtlicher Hinsicht verstößt und daß er mit seinem Verhalten Unrecht tue« (BGHSt 15,118,119).

Wenn bereits das Reden über Sexualität strafbares Verhalten darstellt, dann kommt die sexuelle Aufklärung in den Schulen und den Berufsfeldern der sozialen Arbeit in den Bereich strafbaren Verhaltens. Und in der Tat: Aufklärungsunterricht in den 50er Jahren befaßte sich eher an der Fortpflanzung unverfänglicher Bienen oder Gänseblümchen.
- Heute müssen die Reden in ihrer Art und Intensität mit einer pornographischen Darstellung vergleichbar sein. Bloß sexualbezogene oder auch grob sexuelle Äußerungen genügen ebensowenig, wie kurze oberflächli-

che Reden. Es ist daher nicht mehr strafbar, wenn ein Mann zwei Mädchen im Alter von zehn und elf Jahren, um seine sexuelle Erregung zu steigern fragt: »Wollt ihr mal einen dicken Pimmel sehen?« Die Bezeichnung Pimmel ist nach Ansicht der Richter am BGH nicht obszön (BGH 1991, BGHR § 176 Reden 1).

- Tatbestandsmäßig handelt jedoch auch nach neuem Recht, wer fernmündlich auf ein Kind durch Reden einwirkt, die in ihrer Art und Intensität pornographischem Material entsprechen (BGH, NJW 1980, 791).

Fassen wir zusammen:
§ 176 StGB enthält einen Katalog von Verhaltensweisen, deren Strafwürdigkeit abgestuft ist.
§ 176 Abs. 1 und 2 StGB enthalten Tathandlungen, bei denen es zu einem Körperkontakt mit dem Kinde gekommen ist, und die mit Freiheitsstrafen bis zu fünf Jahren geahndet werden können.
In besonders schweren Fällen des § 176 Abs. 3 StGB kann auf Freiheitsstrafe bis zu zehn Jahren erkannt werden. Besonders schwere Fälle liegen in der Regel vor, wenn der Täter mit dem Kind den Beischlaf vollzieht oder das Kind bei der Tat körperlich schwer mißhandelt.
Nach § 176 Abs. 5 Ziff 1 und 2 StGB werden solche sexuelle Handlungen bestraft, die ohne körperliche Berührung in der räumlichen Nähe des Kindes vorgenommen werden. In diesen Fällen kann eine Freiheitsstrafe bis zu 3 Jahren verhängt werden.

Literatur

WEBER/ROHLEDER (1995): Sexueller Mißbrauch, Jugendhilfe zwischen Aufbruch und Rückschritt, Münster

SCHÖNKE/SCHRÖDER (1997): Kommentar zum Strafgesetzbuch, 25. Aufl., München, Berlin

6.2 Kinder- und Jugendlichenschutz durch Zivilrecht und Öffentliches Recht

Ein Kind wird sexuell mißbraucht, es droht die Gefahr weiterer Mißhandlungen oder sogar die Möglichkeit, daß das Kind durch die Angriffe des Mißbrauchers getötet wird. Leider kein Einzelfall, sondern durchaus Realität in der Bundesrepublik Deutschland. Ein wichtiger gesellschaftspolitischer Auftrag an die Soziale Arbeit ist, das Wohl von Kindern und Jugendlichen zu gewährleisten. § 50 Abs. 3 KJHG verpflichtet das Jugendamt, das Gericht anzurufen, wenn es dies zur Abwendung einer Gefährdung des Kindes oder des Jugendlichen für erforderlich hält. Nehmen Sozialarbeiterinnen und Sozialpädagogen ihre Aufgabe nicht wahr oder arbeiten unprofessionell und wird dadurch ein Kind körperlich verletzt oder stirbt gar, drohen den Fachkräften Strafverfahren und gegebenenfalls die Verhän-

gung einer Strafe (zur Pflichtenstellung des Jugendamtes bei Kindesvernachlässigung vgl. Mörsberger/Restemeier 1997 sowie Hebenstreit-Müller 1993).
Den Sozialpädagoginnen und Sozialarbeitern stehen differenzierte Interventionsmöglichkeiten zur Verfügung. Sie reichen von der Beratung der betroffenen Kinder und Jugendlichen bis hin zur Einschaltung der Gerichte, die bei Vorliegen der gesetzlichen Voraussetzungen als letztes und einschneidendstes Mittel das Personensorgerecht entziehen können.
Der sexuelle Mißbrauch findet ganz überwiegend im sozialen Nahraum des Opfers durch Väter, Stiefväter, Onkel, Brüder, Großväter und andere Personen in Vaterrollen statt. Das Kind oder die Jugendliche kennt den Mißbraucher, vertraut und liebt ihn unter Umständen. »Solange das Kind den Täter sieht, wird es ihm nicht gelingen, sich von dem mächtigen Erwachsenen, dem es so vollständig ausgeliefert war, zu distanzieren. Ich habe immer wieder die Erfahrung gemacht, daß die Kinder erst nach Monaten oder Jahren räumlicher Trennung wagen, über das ganze Ausmaß an sexueller Gewalt und Perversion zu berichten. Sexueller Mißbrauch ist für ein Kind eine sehr traumatische Erfahrung. Um diese verarbeiten zu können, benötigt es die absolute Gewißheit, daß es vor dem Täter geschützt wird. Es muß die Erfahrung machen, daß der Täter keine Macht mehr hat« (Marquardt 1993, 35).
Das spezifische innerfamiliäre Geheimhaltungssystem führt dazu, daß die Täter geschützt werden und der sexuelle Mißbrauch über lange Zeit stattfinden kann. »Mit Versprechungen und Belohnungen wird das Kind nahezu unauflösbar in die Situation verstrickt. Die besondere Aufmerksamkeit, die Zuwendung, Geschenke oder anderen Vergünstigungen geben ihm auch das Gefühl, geliebt zu werden oder etwas Besonderes zu sein. Die gleichzeitige Aufforderung zur Geheimhaltung verbunden mit der Androhung von schlimmen Folgen wie beispielsweise: der Vater käme ins Gefängnis, das Kind käme ins Heim oder seine Katze würde umgebracht, wenn jemand ›davon‹ erführe, bringen das Kind zum Schweigen« (Gerhard 1996, 6).
Gerade die soziale und auch emotionale Verwobenheit des Opfers in die Familie machen qualifizierte und professionelle Lösungs- und Interventionsmöglichkeiten so extrem schwierig. Soll das Kind sofort aus der Familie herausgenommen werden, um weitere sexuelle Mißhandlungen zu verhindern oder ist es noch vertretbar, den familiären Status quo aufrechtzuerhalten, um dem Kind die vertraute Umgebung und die familiären Bezugspersonen zu erhalten? Es ist daher nicht verwunderlich, daß die Unsicherheit bei Verdacht des sexuellen Mißbrauches groß ist.
Um die äußerst komplexe Situation zu verdeutlichen, ein Beispiel aus Frankfurt am Main 1997.

Ein Beispiel

Drei kleine Mädchen sind möglicherweise die Leidtragenden einer Meinungsverschiedenheit zwischen Jugendamt und Vormundschaftsgericht. So sehen es jedenfalls Mitarbeiterinnen des Jugendamtes, die eine gerichtliche Untersuchung beantragt haben. Ihre Befürchtungen gehen dahin, daß die Kinder sexuell mißbraucht werden. Zumindestens leiden sie offensichtlich unter dem unterdrückerischen Vater. 1997 taucht in dem Wohnviertel des Vaters ein dubioses und anonymes Flugblatt auf, das den Mann als sexuellen Belästiger an den Pranger stellt. Außerdem wurde gegen den Mann bereits 1995 wegen sexuellen Mißbrauchs seiner Nichte ermittelt. Das Verfahren wurde indessen eingestellt.

Nach erneuten Vorwürfen bittet das Jugendamt den Vormundschaftsrichter um eine Untersuchung. Die Anhaltspunkte: Der Mann schließe Kinder und Ehefrau in der Wohnung ein, alle dürften offenbar nur in seiner Begleitung in die Öffentlichkeit, die Kinder wirkten in Kindergarten und Schule »wie tot«. Auch auf Anfragen der Schule, warum die älteste Tochter nicht erscheine, habe der Mann nicht reagiert.

»Das reicht nicht aus«, sagt der Richter. Er habe deshalb erst einmal auf eine Anhörung verzichtet, zumal die Anwältin des Vaters alle Vorwürfe schriftlich dementiert habe. Mehrere Wochen nach dem ersten Antrag des Jugendamtes empfiehlt der Richter eine Aussprache zwischen Jugendamt und dem Vater in Anwesenheit seiner Anwältin. Der Vater erscheint zu dem festgesetzten Termin nicht. Das Jugendamt beantragt daraufhin die Herausnahme der Kinder aus der Familie sowie die Entziehung des Sorgerechts.

Erst jetzt sieht der Richter eine Handhabe zum Handeln. »Jetzt ist klar, daß der Vater blockt.« Er legt einen Anhörungstermin fest. Außerdem wird das Ordnungsamt beauftragt, die Familie aufzusuchen. Im Jugendamt ist man allerdings überzeugt, daß die Familie die Wohnung längst verlassen hat, es stützt sich dabei auf Beobachtungen der Nachbarn. Was passiert, wenn der Vater nicht zur Anhörung erscheint, weiß der Richter noch nicht: »Das muß ich mir noch überlegen«.

(FR vom 16.07.1997)

Neben dem Strafrecht gibt es zivilrechtliche Regularien, die den Schutz der Kinder gewährleisten sollen, die es jedenfalls erschweren, daß der Täter erneut auf das Kind zugreifen kann. Aus der Fülle der rechtlichen und faktischen Folgeprobleme bei einem sexuellem Mißbrauch sollen hier vor allem diejenigen angesprochen werden, *die das Verhältnis des Kindes zum Täter bzw. den anderen Familienangehörigen betreffen* (zu den rechtlichen Problemen im einzelnen, Marquardt 1993; Menne 1993; Gersdorf-Wessig 1993; Offe/Offe/Wetzels 1993; Hebenstreit-Müller 1993; Ollmann 1994; Carl 1995).

Als zivilrechtliche Schutzmaßnahmen kommen u.a. in Betracht:
- jugendhilferechtliche Maßnahmen, die von der Beratung bis zur Herausnahme des Kindes aus der Familie reichen können (zu allen anderen rechtlichen Schutzmaßnahmen vgl. Marquart 1993, 29 ff);

- der teilweise oder gänzliche Entzug des Sorge- bzw. des Aufenthaltsbestimmungsrechts nach § 1666 BGB;
- Umgangs- und Kontaktverbote mit dem betroffenen Kind.
- Darüber hinaus können auch zivilrechtliche Maßnahmen, wie zum Beispiel Kontaktverbote, gegenüber dritten Personen zur Anwendung kommen (Go-Order).

6.2.1 Beratung

Das Kinder- und Jugendhilfrecht sieht vor, daß sich viele der Beratungsangebote nur an die Personensorge- bzw. an die Erziehungsberechtigten wenden. Eigene Ansprüche auf Beratung für Kinder und Jugendliche kennt das KJHG lediglich im bescheidenem Umfang. An dieser Stelle sind diejenigen Beratungsangebote hervorzuheben, die in familiären Auseinandersetzungen, bei Mißhandlungen, sexuellem Mißbrauch oder grob kindeswohlgefährdender Erziehung den Kindern und Jugendlichen Schutz bieten sollen.

So haben Minderjährige unabhängig von ihrem Alter nach § 8 KJHG das Recht, sich in allen Angelegenheiten der Erziehung und Entwicklung an das Jugendamt zu wenden. Nach § 8 Abs. 3 KJHG können sie sich auch ohne Kenntnis der Personensorgeberechtigten beraten lassen, wenn die Beratung auf Grund einer Konflikt- und Notlage erforderlich ist und die Information und Benachrichtigung der Personensorgeberechtigten den Beratungszweck unterlaufen oder gefährden würde. In der Praxis der Jugendhilfe existieren seit geraumer Zeit eine Vielzahl von Beratungsangeboten für Jugendliche. Persönliche oder telefonische Beratung, Sorgentelefone, Jugendnotdienste sollen dazu beitragen, Konflikte durch Beratung zu entschärfen oder zu lösen. Es stellt sich das Problem, in welcher Weise die Personensorgeberechtigten in die Beratung einzubeziehen sind. § 8 Abs. 3 KJHG besagt, daß die Personensorgeberechtigten benachrichtigt werden müssen, wenn dadurch der Beratungszweck nicht gefährdet wird.

In einer Entscheidung des Bundesverfassungsgerichts ist das Verhältnis Elternrecht, Kindesinteresse und Kompetenzen der professionellen Beraterinnen präzisiert worden. Wenn eine Information an die Eltern Gesundheit und Wohlergehen der betroffenen Minderjährigen gefährden würde, ist eine Benachrichtigung nicht erforderlich. Bei mangelnden Vertrauensverhältnissen zwischen Eltern und Kindern oder bei Alkohol- und Drogensucht könne es – so das Bundesverfassungsgericht – durchaus im Interesse der Kinder liegen, daß die Berater auch gegenüber den Eltern ein Schweigerecht besitzen. »Es ist jedoch nicht zu verkennen, daß in besonders gelagerten Fällen eine Information der Eltern zu Reaktionen führen kann, die im Interesse des Kindeswohls nicht zu verantworten sind. Die Probleme und Schwierigkeiten des Kindes können gerade in einem Elternhaus ihre Ursachen haben, in dem kein Vertrauensverhältnis zwischen Eltern und Kindern mehr besteht (z.B. bei Kindesmißhandlungen). (...) Hier kann es im Interesse des Kindes geboten sein, daß der Berater auch den Eltern gegenüber schweigt, um den Heilerfolg nicht zu gefährden und das Vertrauensverhältnis zwischen ihm und dem Kinde nicht in Frage zu stellen« (BVerfGE 59, 360, 384). Dies gilt selbstverständlich auch für alle Arten bedrohlicher

Kindesgefährdung, insbesondere für alle Formen sexueller Handlungen im familiären Umfeld.

§ 8 Abs. 3 KJHG ist mißverständlich formuliert. Er erweckt den Eindruck, daß es im Ermessen des Jugendamtes steht, ob es ein Kind berät oder nicht. Dem ist nicht so. Durch die Formulierung »Kinder und Jugendliche können (...) beraten werden« soll zum Ausdruck kommen, daß dem Jugendamt durch § 8 Abs. 3 KJHG eine eigenständige rechtliche Position gegenüber dem Elternrecht eingeräumt werden soll. Liegen die tatbestandlichen Voraussetzungen des § 8 Abs. 3 KJHG vor, dann ergibt sich ein *Beratungsanspruch* des Kindes oder des Jugendlichen und damit eine Verpflichtung des Jugendamtes, zu beraten (Wiesner 1995, Anm. 46 zu § 8 KJHG).

Ein anderer Beratungsanspruch für Kinder und Jugendliche ergibt sich aus § 42 KJHG. Nach dieser Norm ist das Jugendamt gehalten, Kinder und Jugendliche in seine Obhut zu nehmen, wenn das Kind oder der Jugendliche darum bitten oder wenn eine dringende Gefahr für das Wohl des Kindes oder Jugendlichen besteht. Während der Inobhutnahme hat das Jugendamt für das Wohl des Kindes oder Jugendlichen zu sorgen und es oder ihn in seiner gegenwärtigen Lage zu beraten. Auch diese Vorschrift sieht einen altersunabhängigen Beratungsanspruch von Kindern und Jugendlichen vor. Die Beratung im Rahmen einer Krisenintervention hat vornehmlich zum Ziel, dem Kind oder Jugendlichen eine fundierte pädagogische Hilfestellung zu geben, um die Entschärfung des Konfliktes oder dessen Lösung zu erreichen. Bei der Inobhutnahme darf keineswegs der Verwahraspekt überwiegen, sondern es müssen die fachlichen und personellen Anforderungen für eine geeignete und kompetente Krisenintervention und Beratung gewährleistet sein. Dazu gehört nicht nur ein entsprechend qualifiziertes Personal, sondern auch die jederzeitige Erreichbarkeit der Fachkräfte. »Fachlich geeignete Sozialarbeiter müssen *rund um die Uhr erreichbar* sein und jederzeit mit anderen Fachkräften (...) Kontakt aufnehmen können (Rufbereitschaft)« (Wiesner 1995, Anm. 19 zu § 42 KJHG).

Das Jugendamt hat die Pflicht, die Personensorge- und Erziehungsberechtigten unverzüglich von der Inobhutnahme zu unterrichten. Widersprechen sie, so muß es das Kind oder den Jugendlichen an den Personensorge- oder Erziehungsberechtigten herausgeben oder aber eine Entscheidung des Vormundschaftsgerichts herbeiführen.

Für den Hilfeplan bestimmt § 36 KJHG, daß die Personensorgeberechtigten und das Kind oder der Jugendliche vor Entscheidung über die Inanspruchnahme einer Hilfe bzw. vor einer notwendigen Änderung von Art und Umfang der Hilfe zu beraten sind. § 36 KJHG sichert den eigenen Anspruch von Kindern und Jugendlichen auf Beratung durch das Jugendamt. In Konfliktsituationen zwischen Eltern und Kindern kann es durchaus geboten sein, daß die Fachkräfte die Minderjährigen auch ohne Kenntnis der Personensorgeberechtigten beraten. Dies ist der Fall, wenn die Voraussetzungen des § 8 Abs. 3 KJHG, also eine Not- und Konfliktsituation vorliegen. Wie bei § 8 Abs. 3 KJHG ist das Jugendamt dann nicht verpflichtet, die Eltern über den Beratungsinhalt zu informieren. Das Fachpersonal hat das Recht, Äußerungen des Kindes vor den Eltern geheimzuhalten (Fricke 1992).

6.2.2 Entzug des Sorge- oder des Aufenthaltsbestimmungsrechts

Eine rechtliche Schwierigkeit bei sexuellem Mißbrauch oder dem Verdacht des Mißbrauchs liegt darin, daß – soweit der Entzug der elterlichen Sorge- bzw. des Aufenthaltbestimmungsrechts oder ein Umgangsverbot beabsichtigt ist – in das durch Art. 6 GG verfassungsrechtlich geschützte Elternrecht eingegriffen werden muß. Die Sorgeberechtigten besitzen in diesen Auseinandersetzungen eine starke rechtlich Stellung. Umgekehrt: Wird das Kind nicht hinreichend geschützt, wird beispielsweise ein Besuchskontakt des verdächtigten Elternteils zugelassen, können Grundrechtspositionen des Kindes, wie sein Recht auf körperliche Unversehrtheit, tangiert sein. Mit jeder gerichtlichen Entscheidung sind Eingriffe in die Grundrechte der Beteiligten verbunden (Carl 1995).

Bei einer Gefährdung des Kindeswohls ist das Vormundschaftsgericht gem. § 1666 BGB berechtigt, einzuschreiten. Diese Vorschrift und § 1666a BGB, der die Trennung des Kindes von der elterlichen Familie sowie die Entziehung des Personensorgerechts insgesamt regelt, legen die Grenze zwischen der elterlichen Erziehungsautonomie und staatlichen Kontrollkompetenzen fest und konkretisieren das staatliche Wächteramt. Die Trennung des Kindes von seinen Eltern stellt den heftigsten Eingriff in das Elternrecht dar. Aus diesem Grunde ist die strikte Beachtung des Grundsatzes der Verhältnismäßigkeit in jedem einzelnen Fall erforderlich.

Aus § 1666 BGB ergibt sich nun, daß staatliche Maßnahmen dann gerechtfertigt sind, wenn das körperliche, geistige oder seelische Wohl des Kindes durch:
- die mißbräuchliche Ausübung der elterlichen Sorge;
- die Vernachlässigung des Kindes;
- das unverschuldetes Versagen der Eltern oder
- das Verhalten eines Dritten gefährdet wird und wenn die Eltern nicht gewillt oder nicht in der Lage sind, die Gefahr abzuwenden.

§ 1666 BGB ist umfassend formuliert. Typische Fälle für das *Erziehungsunvermögen der Eltern* hat die Rechtsprechung in der körperlichen Mißhandlung, der übermäßigen Züchtigung, dem sexuellen Mißbrauch, der Vernachlässigung der Wohnverhältnisse oder mangelnder Pflege und Ernährung, dem Abhalten vom Schulbesuch, dem Anhalten zum Betteln oder zur Unzucht angenommen (Palandt 1997, Anm. 6 ff. zu § 1666 BGB). Staatliche Eingriffe sind aber auch denkbar, wenn die Eltern entwürdigende, autoritär auf Unterwerfung und Gehorsam abgestellte Erziehungsmethoden ergreifen.

Das Vormundschaftsgericht hat nach § 1666 BGB jeweils die zur Abwendung der Gefahr erforderlichen Maßnahmen zu treffen. Die einschneidendste Maßnahme, die Trennung des Kindes von der elterlichen Familie, darf gerichtlich nur angeordnet werden, wenn die Gefahr nicht auf andere Weise beseitigt werden kann, § 1666a Abs. 1 BGB.

Dem Sorgeberechtigten kann nach § 1666 BGB bei sexuellem Mißbrauch das *Sorgerecht* oder das *Aufenthaltsbestimmungsrecht* entzogen werden. Bedroht ist das Wohl des Kindes bei einer erheblichen gegenwärtigen oder nah bevorstehenden Gefahr für seine Entwicklung, die so schwerwiegend ist, daß der Eintritt einer körperlichen, geistigen oder seelischen Schädigung mit ziemlicher Sicherheit erwartet werden kann (Oelkers 1997). Das

Wohl eines Kindes kann gefährdet sein, wenn es in einer sexualisierten Atmosphäre aufwächst und durch die sexuelle Freizügigkeit der Mutter die Gedankenwelt des Kindes sexualisiert wird, zumal wenn es sich nicht um ein normal veranlagtes, sondern um ein geistig behindertes Kind handelt (BayObIG, FamRZ 1996, 1031).
Allerdings reicht es nach Ansicht des LG Köln nicht, wenn nur der Verdacht des sexuellen Mißbrauchs besteht. »Keiner besonderen Darlegung bedarf der Rechtssatz, daß nachteilige Folgen i.S. von § 1666 BGB für die Eltern nur dann zu ziehen sind, wenn entsprechende Tatvorwürfe bewiesen sind. Selbstverständlich ist ebenfalls und bedarf keiner näheren Begründung, daß die Voraussetzungen eines Eingriffstatbestandes dann nicht gegeben sind, wenn sich lediglich ein Verdacht ergeben hat, der sich aber im Hinblick auf einen sexuellen Mißbrauch nicht so verdichtet hat, daß von einem gelungenen Nachweis gesprochen werden könnte« (LG Köln, FamRZ 1992, 712; vgl. auch OLG Stuttgart, FamRZ 1994, 718; BayObIG, FamRZ 1966, 1031).
Gegen eine Kindesmutter sind keine gerichtlichen Maßnahmen erforderlich, auch wenn sie anläßlich von Besuchen bei den Großeltern ihr vom Großvater mißbrauchtes Kind mitnimmt. Sie muß allerdings sicherstellen, daß das Kind nicht mit dem Großvater alleine ist. Da das Kind durch den Mißbrauch keine evidenten körperlichen oder seelischen Schäden davongetragen hat, so das Oberlandesgericht Hamm, wäre es »geradezu schädlich, ein insofern noch unbefangenes Kleinkind durch eine völlige, für das Kind unverständliche Abschottung von den bis dahin geliebten Großeltern zu traumatisieren. Solange das Kind keine Abneigung oder Angst gegenüber dem Großvater hat, genügt es, ein Alleinsein der beiden zu vermeiden« (OLG Hamm, FamRZ 1996, 562, 563).
Im Rahmen der Verfahren nach §§ 1666, 1666a BGB sind auch vorläufige Anordnungen zulässig. Eine Trennung des Kindes von der Familie und die Entziehung des gesamten Sorgerechts im Wege einer vorläufigen Anordnung ist nur gerechtfertigt, wenn massiv belastende Ermittlungsergebnisse und ein hohes Gefährdungspotential für das Kind vorhanden sind (OLG Düsseldorf, DaVorm 1996, 273; vgl. auch Oelkers 1997).
Schließlich kann es bei sexuellem Mißbrauch auch für die nächsten Angehörigen zumutbar sein, *den Täter bei staatlichen Stellen anzuzeigen* (zur »Anzeigepflicht« des Jugendamtes bei sexuellem Mißbrauch vgl. Kapitel 14). In einem derartigen Fall wurde einer Mutter vorgeworfen, sie habe es unterlassen, ihren Ehemann bei Jugendamt oder Polizei anzuzeigen, als sie feststellte, daß dieser ihre beiden Töchter aus erster Ehe fortgesetzt sexuell mißbrauchte. Die Ehefrau wehrte sich gegen die Verurteilung wegen Beihilfe zum sexuellen Mißbrauch Schutzbefohlener nach § 174 StGB mit dem Argument, ihr sei eine Anzeige unzumutbar, weil sie ihren Mann vor neuer Haft bewahren wolle, um weiter mit ihm zusammenleben zu können und um das Familieneinkommen nicht zu schmälern. Der Bundesgerichtshof wies diese Argumentation zurück, weil ein Ende des sexuellen Mißbrauchs nicht absehbar war, die psychischen Folgen für die Mädchen enorm waren und zudem das eine mißbrauchte Kind körperlich und geistig behindert war (BGH, FamRZ 1984, 883).

6.2.3 Umgangsverbote

Die Zivilgerichte können gem. § 1666 BGB bei sexuellem Mißbrauch durch den Vater diesem während einer *bestehenden Ehe* das Recht zum Umgang mit seinem Kind einschränken oder verbieten. Dies gilt auch für das *nacheheliche Umgangsrecht*. Rechtsgrundlage für das nacheheliche Umgangsrecht ist der § 1634 BGB. Danach bleibt dem nichtsorgeberechtigten Elternteil das Recht zum persönlichen Umgang mit seinem Kinde, § 1634 Abs. 1 BGB. Es beinhaltet neben der persönlichen Begegnung auch das Recht auf briefliche und telefonische Kontakte (Gernhuber/Coester-Waltjen 1994). Dies wird häufig als Restbestand des Elternrechts bezeichnet. Das Familiengericht kann über den Umfang der Befugnis entscheiden, sie einschränken oder ausschließen, wenn es das Wohl des Kindes erfordert, § 1634 Abs. 2 BGB. Richtschnur für gerichtliche Entscheidungen sind nicht nur die subjektiven Vorstellungen der Eltern und Kinder (OLG Frankfurt am Main, FamRZ 1995, 1432 mit Anm. Schulze 1997 sowie Weychardt 1997), sondern auch das Wohl des Kindes in seiner konkreten Situation. Das Familiengericht hat das Recht, den persönlichen Umgang des nicht sorgeberechtigten Elternteils auszuschließen, ein *Umgangsverbot* aufzuerlegen.[1] Das Gericht kann den Umgang zeitweise oder dauernd ausschließen. Entscheidend ist alleine das Kindeswohl. Das Umgangsrecht kann bei Alkoholismus, drohender Kindesentführung, bei Mißhandlungen und sexuellem Mißbrauch ausgeschlossen werden (Palandt 1997, Anm. 30 zu § 1634 BGB).
Ob nun aber bei *Verdacht des sexuellen Mißbrauchs ein Umgangsverbot* verhängt bzw. die elterliche Sorge entzogen oder eingeschränkt werden kann, ist streitig und wird unterschiedlich beurteilt und hängt von allen Umständen des Einzelfalles ab (Oelkers 1997).
Das Kammergericht Berlin hat beispielsweise entschieden, daß durch den Akteninhalt, insbesondere durch den Bericht der Mitarbeiterinnen des Kinderschutzteams des Jugendamtes und durch den Bericht der Klassenlehrerin, obwohl die Eltern und das Kind den sexuellen Mißbrauch bestritten, eine Gefährdung des Kindes als glaubhaft anzusehen sei (KG Berlin, FamRZ 1994, 119), und daher eine Trennung des Kindes von der Familie rechtfertige.
In gleicher Richtung entschied das OLG Bamberg, das den Ausschluß des persönlichen Umgangs zwischen dem Vater und dem in einer Pflegefamilie untergebrachten Kind schon bei einer Gefahr des sexuellen Mißbrauchs für erforderlich ansah (OLG Bamberg, FamRZ 1994, 719).

---

[1] Darüber hinaus kann das Familiengericht nach § 1361 b BGB die eheliche Wohnung zur alleinigen Benutzung einem Ehegatten zuweisen, wenn die Ehegatten tatsächlich getrennt leben oder einer der Ehegatten beabsichtigt, getrennt zu leben. Ein Ehegatte kann die Zuweisung allerdings nur dann verlangen, soweit sie notwendig ist, um eine schwere Härte für ihn zu vermeiden. Bei der Frage, ob eine derartige Härte vorliegt, kann das Wohl gemeinsamer Kinder von ausschlaggebender Bedeutung sein (OLG Bamberg, FamRZ 1995, 560). Es steht außer Frage, daß die wiederholte Mißhandlung z.B. eines einjährigen Kindes eine schwere Härte darstellt (OLG Köln, FamRZ 1996, 1220) wie auch selbstverständlich der sexuelle Mißbrauch. Alle schweren körperlichen Mißhandlungen von Familienmitgliedern geben den Betroffenen das Recht, die Wohnung für sich zu beanspruchen (Palandt 1997, Anm. 5 zu § 1361 b BGB).

Auch wenn ein Ermittlungsverfahren wegen des Verdachtes des sexuellen Mißbrauchs eingestellt wird, kann ein eingeschränktes Umgangsrecht bestehen bleiben, wenn die zugrundeliegende, das kindliche Wohl gefährdende, im persönlichen Bereich der Beteiligten liegende Konfliktlage noch nicht bewältigt worden ist (OLG Düsseldorf, FamRZ 1992, 205).

Dagegen sind andere Gerichte der Auffassung, daß ein Verdacht des sexuellen Mißbrauchs alleine noch keinen gerichtlichen Eingriff rechtfertigt. Das Risiko des sexuellen Mißbrauchs sei dem Folgeschaden eines Kontaktabbruchs für die Entwicklung des Kindes gegenüberzustellen und beide miteinander abzuwägen.»Je geringer das Gericht das Risiko eines sexuellen Mißbrauchs veranschlagt, um so schützenswerter sind die Belange des Umgangsberechtigten und das Interesse des Kindes an der Aufrechterhaltung und der Pflege der Beziehung zu ihm.« (OLG Stuttgart, FamRZ 1994, 718 mit Anm. Storsberg 1994) In diese Richtung plädieren auch Lorenzen-Linke/Balloff (1993) wenn sie feststellen, daß ein abrupter Kontaktabbruch bei einem Kind häufig Schuldgefühle mobilisiere und grundsätzlich nicht der Klärung der Beziehung zwischen Mißbraucher und dem Kind und der Aufarbeitung der vom Kind durch den sexuellen Mißbrauch erlebten traumatischen Ereignissen dient.

Nun ist unbestreitbar, daß es nicht nur dann zu einschneidenden juristischen Maßnahmen in das Familiengefüge kommen darf, wenn der sexuelle Mißbrauch völlig eindeutig bewiesen ist. Sonst geriete nämlich der Auftrag der Gerichte, das Wohl des Kindes zu schützen, unter die Räder. Angesichts der enormen Schwierigkeiten, den familiären sexuellen Mißbrauch »gerichtsfest« zu beweisen (Kühne/Kluck 1995), da das System Familie dazu neigt, den Mißbrauch zu verheimlichen und zu vertuschen, um den Ernährer nicht zu verlieren oder der Schande zu entgehen, muß unter Umständen auch bereits der Mißbrauchsverdacht ausreichen. Es kommt aber darauf an, exakt hinzusehen. Und genau dies tun einige Gerichte eben nicht (Carl 1995). Sei es aus gefühlsmäßiger Verunsicherung, sei es aus der Tatsache, lieber die Einschätzung geschulten Fachkräften zu überlassen und sich auf diese Art und Weise zu entlasten (Ollmann 1994), kommt es dazu, die Beweisaufnahme zu minimieren, also nicht penibel zu ermitteln. In diesem Sinne ist der Appell einer Richterin zu verstehen.»Wenn ich an das Schicksal mißbrauchter Kinder denke, die mit richterlicher Unterstützung dem Täter weiter und wieder ausgeliefert werden, so möchte ich mit Nachdruck an alle mit der Frage sexuellen Mißbrauchs konfrontierten Kollegen und Kolleginnen appellieren, ganz genau – insbesondere mit Hilfe kompetenter Sachverständiger – hinzuschauen und sich nicht damit zufriedenzugeben, daß der Verdacht nicht allzu groß ist und deshalb eine Einschränkung des Umgangsrechts nicht gerechtfertigt erscheint. Das Wohl des Kindes fordert eine intensive Befassung und mehr als das Rüstzeug, mit dem wir als Juristen ausgestattet sind« (Storsberg 1994, 1543).

Schlampige Ermittlungen können aber auch auf der Seite der Beschuldigten erhebliche Konsequenzen nach sich ziehen. Ein zu Unrecht beschuldigter Vater, dem das Sorge- oder Umgangsrecht entzogen wird, ist nur noch schwerlich in der Lage, sich zukünftig gegenüber seinem Kind »normal« zu verhalten. In schwierigen familiären Auseinandersetzungen, in denen nur noch irrational mit härtesten Bandagen gekämpft wird, liegt es nahe, streitige Gerichtsverfahren durch den Vorwurf des sexuellen Mißbrauchs zu

»entscheiden«. Bei Sorgerechtsentscheidungen und bei der Regelung des Umgangsrechts können insbesondere Mütter leicht in Versuchung geraten, die Mißbrauchsverdächtigung als Waffe einzusetzen. Die in der Literatur genannten Zahlen über unbewußte, aber auch bewußt vorgebrachte Falschbeschuldigungen in familien- und vormundschaftsgerichtlichen Verfahren sind nicht unerheblich, wenngleich vermutlich auch nicht besonders aussagekräftig (vgl. Offe/Offe/Wetzels 1992; Fegert 1993; Carl 1995; Walter 1996). Jedenfalls ist die Gefahr nicht von der Hand zu weisen, daß das Recht funktionalisiert werden kann.

Das hat das OLG Bamberg zu bedenken gegeben, als es entschied, daß das Umgangsrecht eines Elternteils auf Grund eines Ermittlungsverfahrens wegen des Verdachts des sexuellen Mißbrauchs nicht immer gleichsam automatisch ausgeschlossen werden dürfe. In einer familiären Auseinandersetzung, in der um Sorgerecht und Umgangsrecht gestritten wurde, warf zunächst der Ehemann seiner Frau vor, sie sei alkohol- und medikamentenabhängig und daher unfähig, die Kinder zu erziehen. Im Gegenzug wurde durch die Ehefrau der Verdacht des sexuellen Mißbrauchs geäußert. Das Gericht entschied, daß bei einem Verdacht des sexuellen Mißbrauchs das Umgangsrecht nicht zwingend ausgeschlossen werden müsse. »Andernfalls hätte es nämlich ein Elternteil immer auf recht einfache Weise in der Hand, den anderen Elternteil vom Kontakt mit seinem Kind auszuschließen. Jede in Richtung sexuellen Mißbrauchs gehende Anzeige löst wegen der generellen Schwere des im Raum stehenden Deliktes zunächst einmal intensive und nachhaltige Ermittlungen aus, die wegen der typischen Aufklärungsschwierigkeiten bei derartigen Tatkomplexen regelmäßig geraume Zeit in Anspruch nehmen. Das FamG muß daher in jedem Einzelfall das Gewicht des Tatverdachtes und der möglichen Gefahren für das Kindeswohl selbständig prüfen und abwägen« (OLG Bamberg 1995, FamRZ, 181, 182). Ähnlich äußerte sich das OLG Frankfurt. In einem demokratischen Rechtstaat gelte die Unschuldsvermutung. Sie dürfe auch und gerade in den vielfach hochemotionalen Familiensachen als Richtschnur für eine Entscheidung nicht völlig außer acht gelassen werden (OLG Frankfurt, FamRZ 1995, 1432 1432 mit Anm. Schulze 1997 sowie Weychardt 1997; vgl. auch OLG Hamburg, FamRZ 1996, 422).[1]

Bei Verdacht des sexuellen Mißbrauches ist aber auch jeweils daran zu denken, ob nicht ein milderes Mittel als der Entzug des Umgangsrechts ausreichend ist. »Der völlige Ausschluß des Umgangsrecht auf Dauer als der einschneidendste Eingriff darf nur angeordnet werden, wenn der Gefährdung des Kindes durch eine bloße Einschränkung des Umgangsrechts und dessen sachgerechte Ausgestaltung nicht ausreichend vorgebeugt werden kann« (OLG Hamburg, FamRZ 1996, 422, 423). Häufig reicht die Anordnung eines sog. behüteten Umgangsrechts, d.h. die Überwachung der Besuchskontakte durch dritte Institutionen oder Privatpersonen.

Die Diagnostik und Aufklärung des Mißbrauchs von Kindern sowie der Umgang mit dem Verdacht sind schwierig und bergen durchaus Risiken in sich.

---

[1] Das Amtsgericht Düsseldorf ist der Auffassung, daß eine nicht alleinsorgeberechtigte Mutter bei Verdacht des sexuellen Mißbrauches eines ehelichen Kindes durch den Vater nicht alleine befugt ist, das Kind medizinisch oder psychologisch untersuchen zu lassen (FamRZ 1995, 498).

Das OLG Bamberg hat in einer Entscheidung zum Beweiswert »therapeutischer« Sitzungen mit Kindern unter Verwendung sexualbezogener Puppen Stellung genommen. In einem Streit der Eltern über das nacheheliche Umgangsrecht erhob die Mutter den Vorwurf des sexuellen Mißbrauchs gegen den Vater. In der gerichtlichen Auseinandersetzung über das Umgangsrecht wies das Gericht die Erkenntnisse zurück, die über ein fünfjähriges Mädchen in regelmäßigen Sitzungen mit Hilfe von Puppen gewonnen wurden. »Von ihrer Betreuerin in zahlreichen Sitzungen in derbe sexualbezogene Spiele eingebunden und immer wieder auf den Vater angesprochen, erging sich schließlich in perversen und teilweise biologisch unmöglichen (Glied ins Ohr) sexuellen Phantasien über Geschehnisse, die die Puppe X von ihrem Puppenvater zu erdulden hatte« (OLG Bamberg, NJW 1995, 1684, 1685). Die Betreuerin sah hierdurch den Beweis erbracht, daß der Vater seine Töchter sexuell mißbraucht habe. Das Gericht dagegen maß den Ergebnissen des Spiels mit Puppen, die originalgetreue Nachbildungen männlicher und weiblicher Geschlechtsorgane trugen, keinerlei Beweiswert zu (zur Diagnostik und Aufklärung des sexuellen Mißbrauchs vgl. auch Fegert 1993; Rösner/Schade 1993; Carl 1995; Kühne/Kluck 1995 m.w.N.).[1]

6.2.4 »Die Go-Order«

Wenn Dritte ein Kind mißbraucht haben, kann das Vormundschaftsgericht eine sog. »Go-Order« anordnen. Nach § 1666 BGB ist das Vormundschaftsgericht verpflichtet, alle erforderlichen Maßnahmen zu treffen, wenn das Wohl des Kindes gefährdet ist. Das Gericht kann in diesem Zusammenhang auch Maßnahmen mit Wirkung gegenüber Dritten treffen, will besagen, ein Kontaktverbot aussprechen. So verurteilte das Amtsgericht Berlin-Tiergarten einen Nachbarn zum Verlassen seiner Wohnung und dazu, daß er sich dem mißbrauchten Jungen nicht mehr als 100 m nähern darf (AmtsG Tiergarten, Streit 1992, 89; vgl. auch LG Koblenz, Streit 1993, 153; AmtsG Westerburg, Streit 1993, 112; AmtsG Osnabrück, Streit 1993, 113). Der einleuchtende Zweck derartiger Maßnahmen: »Der notwendige Prozeß der individuellen persönlichen Verarbeitung des durch den sexuellen Mißbrauch verursachten Traumas erfordert die Herstellung eines äußeren Umfeldes, das den Kindern das hierfür notwendige Maß an Sicherheit und Vertrauen bieten kann. Der Aufbau dieses schützenden Umfeldes ist jedoch nicht möglich, so lange die räumliche Nähe (...) fortdauert und bei allen Kindern zu einer fortgesetzten Wiederbelebung der bedrohlichen und das Selbstwertgefühl entwertenden Mißbrauchserlebnisse führt« (LG Koblenz, Streit 1993, 153,154).
In einem Fall, der vor dem OLG Zweibrücken verhandelt wurde, erließ das Gericht gegenüber dem Täter eine »Go-Order«. Der Mann wurde rechtskräftig wegen sexuellen Mißbrauchs von Kindern in vier Fällen verurteilt. Zum Tatzeitpunkt wohnte er in unmittelbarer Nachbarschaft der mißbrauchten Kinder. Das Gericht ordnete unter Androhung eines Zwangsgeldes in Höhe von 50.000,- DM u.a. an, eine andere Wohnung zu nehmen, d.h. seine bisherige Wohnung aufzugeben. Das Oberlandesgericht stellte zunächst fest, daß eine Kindeswohlgefährdung durch den Verbleib des Tä-

---

[1] Zur Untersuchung mit dem Polygraphen (Lügendetektor) als einer wissenschaftlichen Methode zum Nachweis der Unschuld vgl. Undeutsch 1996.

ters im »Nahfeld« bzw. im unmittelbaren »Nahraum« der Kinder vorliege. Die Anordnung, sich mindestens in einem Radius 500 m entfernt von der Wohnung der Kinder einzumieten, widerspreche nicht dem Grundsatz der Verhältnismäßigkeit. Es gehe nämlich um die Abwehr ganz gravierender weiterer Gefahren für das Wohl der Kinder, die ohnehin durch die Straftat Schäden in ihrer Entwicklung genommen hätten, die nur schwer auszugleichen seien. Zwar stelle das Umzugsgebot einen erheblichen Eingriff in die persönliche Lebensgestaltung des Täters dar. Die mit dem Umzug verbundenen Schwierigkeiten seien jedoch nicht so unüberwindlich, daß die Rechte der Kinder zurückstehen müßten (OLG Zweibrücken, ZfJ 1994, 139).

Eine inhaltlich ähnliche Entscheidung hat das Bayerische Oberste Landesgericht getroffen. Die Mutter eines nichtehelichen Kindes lebte in heftiger Fehde mit ihrem Vater und dessen zweiter Ehefrau. Die Kindesmutter hatte inzwischen geheiratet. Die Großeltern beantragten, der Mutter die elterliche Sorge zu entziehen, denn sie vernachlässige das Kind, und möglicherweise werde es von dem Ehemann sexuell mißbraucht.

Nächster Akt: Die Mutter verbot den Großeltern jeglichen Kontakt mit dem Kind und beantragte, daß sich die Großeltern nur bis auf eine Entfernung von 100 m ihrem Haus nähern dürften. Da sich der Verdacht des sexuellen Mißbrauchs als unhaltbar herausstellte und die Spannungen zwischen den Beteiligten ein derartiges Ausmaß angenommen hatten, hielt das Gericht die Anordnung, sich nicht dem Haus zu nähern, für rechtens (BayObLG, ZfJ 1995, 133).

Wenn das rechtliche Instrumentarium des Umzugsgebots allerdings überstrapaziert wird, kann es zu rechtsstaatlich äußerst bedenklichen Entscheidungen kommen. Aus den Niederlanden wird ein derartiger Fall berichtet. In dieser Sache geht es um zwei Freunde, beide um die 30 Jahre alt, die einen großen Teil ihrer Freizeit auf einer Eisbahn in Rotterdam verbringen. Sie helfen im Eishockeyclub, fahren bei Auswärtsspielen der 13 bis 14jährigen Jungen mit, machen während der Wettkämpfe Fotos von den Jungen, die sie an die Eltern verkaufen, das alles, ohne daß etwas »Unzüchtiges geschieht«. Dem Direktor der Eisbahn fällt diese Angelegenheit unangenehm auf, und er holt von der Polizei Informationen ein. Tatsächlich hatten beide Männer mit der Polizei wegen sexueller Kontakte zu Kindern zu tun und sind als Pädophile bekannt. In einem Eilverfahren setzt der Direktor ein gerichtliches Verbot gegen die zwei Männer durch; sie dürfen die Eisbahn nicht mehr betreten. »Dafür genügte die Kombination von ihrem ›bekannt sein als Pädophile‹ und die Behauptung des Direktors, daß sich die Eltern über die zwei Männer beklagt hätten, was übrigens nie bewiesen wurde« (Haveman 1992, 147,155).

Literatur

MARQUARDT, CLAUDIA (1993): Sexuell mißbrauchte Kinder und das Recht, Bd. 1, Köln

WALTER, EGINHARD (1996): Einschränkung und Ausschluß des Umgangs nach § 1634 II S. 2 BGB, in: ZfJ, 270

MIEBACH, KLAUS (1997): Aus der Rechtsprechung des Bundesgerichtshofes zu materiell-rechtlichen Fragen des Sexualstrafrechts – 1996 – 1. Teil, in: NStZ, 119

MIEBACH, KLAUS (1997): Aus der Rechtsprechung des Bundesgerichtshofes zu materiell-rechtlichen Fragen des Sexualstrafrechts – 1996 – 2. Teil, in: NStZ, 178

7 DER SCHUTZ JUGENDLICHER UNTER 16 JAHREN

Die wichtigste Schutzaltersgrenze für Kinder vor sexuellem Mißbrauch ist das 14. Lebensjahr. Ab Vollendung des 14. Lebensjahrs können Minderjährige über ihre Sexualität frei verfügen.

> Der einvernehmliche Geschlechtsverkehr und andere sexuelle Handlungen sind im Prinzip weder für den Minderjährigen noch für einen älteren Geschlechtspartner strafbar.

Immer wieder ist zu lesen, daß Priester, Ausbilder, Lehrer, Betreuer, Erzieher oder andere »Autoritätspersonen« ihre Machtstellung gegenüber ihren Schutzbefohlenen ausnutzen und Kinder und Jugendliche sexuell mißbrauchen (Bange 1992; Weber/Rohleder 1995; Schäfter/Hocke 1995; Baldenius 1996; Schmidt 1996). Unter dem Vorwand, ihre Zöglinge zärtlich zu lieben oder Sex sei gottgefällig, wird das Autoritätsgefälle heimtückisch instrumentalisiert. Die zerstörerische Kraft des sexuellen Mißbrauchs – verbunden mit dem Autoritätsgefälle – hinterläßt meistens verzweifelte Kinder, zerrissen von Schuldgefühlen und voller Scham (Burkett/Frank 1995).

Das Strafgesetzbuch sieht daher für einige besondere Lebenssachverhalte einen erhöhten altersgemäßen Schutz der Minderjährigen vor. Dieser ist vor allen Dingen in zwei Straftatbeständen geregelt: § 174 StGB befaßt sich mit dem sexuellen Mißbrauch von Schutzbefohlenen, § 182 StGB hat den sexuellen Mißbrauch von Jugendlichen zum Gegenstand. Bei Jugendlichen zwischen 14 und 16 Jahren können »der noch nicht abgeschlossene Reifeprozeß und die noch fehlende sexuelle Autonomie dazu führen, daß ein sexueller Mißbrauch durch Erwachsene nachteilige Folgen für die Entwicklung des Jugendlichen nach sich zieht, wenn dies auch nicht generell angenommen werden kann« (BGH, NJW 1996, 1294). Deswegen ist bei Jugendlichen zwischen 14 und 16 Jahren die Vornahme von sexuellen Handlungen für die Strafbarkeit alleine nicht ausreichend, sondern es müssen die sonstigen Voraussetzungen der einschlägigen Strafvorschriften hinzukommen.

7.1 Sexueller Mißbrauch von Schutzbefohlenen, § 174 StGB

> **§ 174 Sexueller Mißbrauch von Schutzbefohlenen**
>
> (1) Wer sexuelle Handlungen
> 1. an einer Person unter sechzehn Jahren, die ihm zur Erziehung, zur Ausbildung oder zur Betreuung in der Lebensführung anvertraut ist,
> 2. an einer Person unter achtzehn Jahren, die ihm zur *Erziehung*, zur *Ausbildung* oder zur *Betreuung in der Lebensführung* anvertraut oder im Rahmen eines Dienst- oder Arbeitsverhältnisses untergeordnet ist, unter Mißbrauch einer mit dem Erziehungs-, Ausbildungs-, Betreuungs-, Dienst- oder Arbeitsverhältnis verbundenen Abhängigkeit oder

> 3. an seinem noch nicht achtzehn Jahre alten leiblichen oder angenommenen Kind
>
> vornimmt oder an sich von dem Schutzbefohlenen vornehmen läßt, wird mit Freiheitsstrafe bis zu fünf Jahren oder mit Geldstrafe bestraft.
>
> (2) Wer unter den Voraussetzungen des Absatzes 1 Nr. 1 bis 3
> 1. sexuelle Handlungen vor dem Schutzbefohlenen vornimmt oder
> 2. den Schutzbefohlenen dazu bestimmt, daß er sexuelle Handlungen vor ihm vornimmt,
>
> um sich oder den Schutzbefohlenen hierdurch sexuell zu erregen, wird mit Freiheitsstrafe bis zu drei Jahren oder mit Geldstrafe bestraft.
>
> (3) Der Versuch ist strafbar.
>
> (4) In den Fällen des Absatzes 1 Nr. 1 oder des Absatzes 2 in Verbindung mit Absatz 1 Nr. 1 kann das Gericht von einer Bestrafung nach dieser Vorschrift absehen, wenn bei Berücksichtigung des Verhaltens des Schutzbefohlenen das Unrecht der Tat gering ist.

§ 174 StGB will die ungestörte sexuelle Entwicklung von Kindern und Jugendlichen sichern, die innerhalb bestimmter Unterordnungs- und Abhängigkeitsverhältnisse in erhöhtem Maße der Gefahr sexueller Übergriffe ausgesetzt sind (Schönke/Schröder 1997, Anm. 1 zu § 174 StGB). Derjenige macht sich strafbar, der sexuelle Handlungen an einer Person, die ihm zur Erziehung, zur Ausbildung oder zur Betreuung in der Lebensführung anvertraut ist, vornimmt. Ein derartiges Vertrauensverhältnis setzt voraus, daß der Täter die Pflicht hat, die Lebensführung des Schutzbefohlenen zu überwachen und zu leiten (BGH, NStZ 1989, 21) oder daß ein Über- und Unterordnungsverhältnis besteht (BGH, JR 1986, 514 mit Anm. Gössel 1986), es sich jedenfalls um ein Verhältnis handelt, in dessen Rahmen der Täter wenigstens eine Mitverantwortung für das geistige und sittliche Wohl des Minderjährigen trägt. Alle drei Tatbestandsalternativen erfordern »ein den persönlichen, allgemein menschlichen Bereich erfassendes Abhängigkeitsverhältnis des Jugendlichen zu dem Betreuer im Sinne einer Unter- und Überordnung« (BGH, NStZ 1996, 495, 496).
Es ist augenscheinlich, daß sich die Begriffe Erziehung, Ausbildung und Betreuung in der Lebensführung überschneiden und nicht trennscharf abgegrenzt werden können. »Ihre nähere Bestimmung hat sich zu orientieren am Schutzzweck der Vorschrift, minderjährige und daher regelmäßig noch nicht ausgereifte Menschen vor sexuellen Übergriffen durch Autoritätspersonen zu bewahren, denen sie durch Vertrauensbeweis überantwortet, gewissermaßen in die Hand und deshalb in die Hut gegeben sind« (BGH, JR 1986, 514, 515). Zu § 174 StGB ist eine Fülle von Gerichtsurteilen ergangen.
Zunächst die Frage, wann liegt ein *Erziehungsverhältnis* vor? Zur Erziehung anvertraut ist ein Jugendlicher, wenn der andere die Lebensführung des Jugendlichen und damit auch dessen geistig-sittliche Entwicklung zu leiten und zu überwachen hat (Schönke/Schröder 1997, Anm. 6 zu § 174 StGB).
- Es versteht sich von selbst, daß die Kinder zur Erziehung den *Eltern*,

den *Adoptiveltern*, den *Lehrern* (Tröndle 1997 Anm. 3 zu § 174 StGB) sowie den *Pflegeeltern* (BGH, NStZ 1991, 81) anvertraut sind.

- Eine besondere Lage ergibt sich bei *Stiefeltern und nichtehelichen Lebensgemeinschaften*. Angesichts der zunehmenden Bedeutung und der steigenden gesellschaftlichen Akzeptanz der nichtehelichen Lebensgemeinschaft (Erler 1996) gewinnt die Rechtsprechung zur Frage, ob durch derartige Strukturen Erziehungsverhältnisse begründet werden, erhebliche Relevanz.

Die häusliche Gemeinschaft als solche ist für die Annahme eines Erziehungsverhältnisses allein nicht ausreichend (BGHR 1995, StGB § 174 Abs. 1, Obhutsverhältnis 4). »Voraussetzung ist vielmehr, daß ein Verhältnis besteht, kraft dessen einer Person das Recht und die Pflicht obliegen, die Lebensführung des Jugendlichen und damit dessen geistig-sittliche Entwicklung zu überwachen und zu leiten. Diese Voraussetzung ist ohne Zweifel bei den Eltern oder denjenigen, denen kraft Gesetzes oder gerichtlicher Entscheidung das Personensorgerecht übertragen ist, gegeben. Ebenso kann sie aber auch bei Personen vorliegen, die im Einverständnis mit dem Personensorgeberechtigten die Erziehung ausüben, gleichgültig ob dieses Einverständnis ausdrücklich oder stillschweigend erteilt wird. (...) Bei einer Hausgemeinschaft, in der die personensorgeberechtigte Mutter mit ihrem Kind und mit dem Stiefvater lebt, liegt es freilich nahe, daß dem Stiefvater wenigstens stillschweigend die (Mit-) Verantwortung für die Lebensführung des Jugendlichen übertragen wird. Hierzu müssen aber konkrete Anhaltspunkte festgestellt werden« (BGH, NStZ 1989, 21). Derartige Anhaltspunkte sind u.a.: Die Dauer der häuslichen Gemeinschaft oder ob sich der Stiefvater nur zu Besuch aufhält (BGHR 1992, StGB § 174 Abs. 1, Obhutsverhältnisse 2). Ein Hafturlaub des Stiefvaters z.B. spricht eher gegen ein Obhutsverhältnis (BGHR 1992, StGB § 174 Abs. 1, Obhutsverhältnis 3).

»Auch wenn bei einer häuslichen Gemeinschaft zwischen einer allein sorgeberechtigten Mutter, ihrem Kind und ihrem Lebenspartner es häufig naheliegen wird, daß dem Lebenspartner wenigstens stillschweigend die (Mit-)Verantwortung für die Lebensführung des Kindes übertragen ist, kann ein die Täterstellung nach § 174 Abs. 1 Nr. 1 StGB begründendes Obhutsverhältnis auch in einem solchen Fall nur bei konkreten Anhaltspunkten für eine derartige stillschweigende Übertragung angenommen werden« (BGHR 1995, StGB § 174 Abs. 1, Obhutsverhältnis 4). Eine kurze Dauer des Zusammenlebens spricht gegen ein Obhutsverhältnis. Auch eine häusliche Gemeinschaft mit einer reinen Aufsichtstätigkeit über das Kind ist nicht geeignet, ein Obhutsverhältnis zu begründen (BGHR 1995, StGB § 174 Abs. 1, Obhutsverhältnis 6).

- Zur Erziehung können Kinder auch dem *Erziehungsbeistand*, dem *Betreuungshelfer* und *denjenigen, die Hilfe zur Erziehung nach den §§ 27ff. KJHG* – in einer Tagesgruppe, der Vollzeitpflege, den Heimen, den sonstigen betreuten Wohnformen oder in der intensiven sozialpädagogischen Einzelbetreuung – leisten, anvertraut sein. Hierbei kommt es jeweils auf die Umstände des Einzelfalles an. Zur Erziehung anvertraut ist ein Mädchen, wenn auf Vermittlung des Jugendamtes ihre Mutter mit einem Pädagogen einen vom Jugendamt vorformulierten Vertrag abschließt, durch den sich der Pädagoge verpflichtet, Schulaufgabenhilfe in Zusammenarbeit mit der Schule, dem Jugendamt und den Eltern des Kindes zu leisten (LG Frankfurt am Main 1997, 5/8 Kls 41 Js 18732.4/94).

- *Geistliche* unterfallen dann dieser Vorschrift, wenn sie Konfirmandenunterricht geben und zwar auch außerhalb der Unterrichtstätigkeit (Schönke/Schröder 1997, Anm. 6 zu § 174 StGB).
- Dem *Priester* dagegen *nicht anvertraut* sind Jugendliche einer Kirchengemeinde, deren Beichtvater er ist (BGH, JR 1986, 514). Ein katholischer Priester, dem angeblich eine 14jährige in jungmädchenhafter Schwärmerei zugeneigt war, nahm sexuelle Handlungen an dem Mädchen vor. Der Kirchenmann drohte dem Mädchen mit dem Fegefeuer und teilte ihr mit, der Heiland wolle, daß er sie am Geschlechtsteil und am Busen streichele. In einem derartigen Fall, so der Bundesgerichtshof, liege kein Unterordnungsverhältnis vor, da der Beichtvater für eine Vielzahl von minderjährigen Gemeindemitgliedern zuständig sei. Er habe lediglich tatsächlichen Einfluß auf die Kinder (Gössel 1986; Jakobs 1986).

Zur Ausbildung anvertraut ist ein Jugendlicher, wenn ein anderer fachliche Fertigkeiten und Kenntnisse vermittelt, allerdings muß auch die Ausbildung im Rahmen eines gewissen Über- und Unterordnungsverhältnisses von allgemein geistiger Art erfolgen (Schönke/Schröder 1997, Anm. 7 zu § 174 StGB). Zur Ausbildung anvertraut ist:
- der Lehrling dem Lehrherren; auch Volontär- und Praktikanten-, selbst Anlernverhältnisse können unter diese Bestimmung fallen (Schönke/Schröder 1997, Anm. 7 zu § 174 StGB);
- die auszubildende Arzthelferin dem Arzt (Schönke/Schröder 1997, Anm. 7 zu § 174 StGB);
- ein Fahrschüler kann dem Fahrlehrer zur Ausbildung anvertraut sein, es kommt auf die Umstände des Einzelfalls an (BGHSt 21,197).
- ein bloßes Arbeitsverhältnis ist nicht ausreichend, auch nicht die Anleitung zu einfachen, mechanischen Verrichtungen (BGHSt 21,196).

Ein *Betreuungsverhältnis* liegt im allgemeinen dann vor, wenn die Verantwortung für das körperliche und physische Wohl des Schutzbefohlenen übernommen wird. In den Fällen, in denen ein Obhutsverhältnis von der Rechtsprechung bejaht wird, kommt es darauf an, daß nach Art und Gewicht der Betreuung ein Unterordnungsverhältnis besteht, »in dem die geschlechtliche Freiheit des Minderjährigen gegenüber den Übergriffen des Betreuers besonders gefährdet ist« (BGH, NJW JR 1986, 514, 516). Ein derartiges *Betreuungsverhältnis* besteht zwischen:
- den Gästen einer Jugendherberge und dem *Herbergsvater* (BGH, NJW 1957, 1201; a.A. Schönke/Schröder 1997, Anm. 8 zu § 174 StGB für die neue Fassung des § 174 StGB);
- den Teilnehmern eines Zeltlagers und dem *Lagerleiter*;
- dem *Trainer und Begleiter* einer Schülermannschaft und einem Schüler, da insbesondere der Trainer erheblichen Einfluß auf die Mannschaftsaufstellung hat. »Das zwang die Jungen, den Anordnungen oder Anweisungen, die er als Trainer und Betreuer gab, nachzukommen, wenn sie nicht Gefahr laufen wollten, bei der Aufstellung der Mannschaften nicht oder nicht in der von ihnen gewünschten Weise berücksichtigt zu werden« (BGHSt 17, 191, 193);
- dem Ferienkind und dessen *Betreuer* (Tröndle 1997, Anm. 5 zu § 174 StGB).

- Als Täter kommt *nicht* in Betracht, wer nur wirtschaftlich für den Jugendlichen zu sorgen hat. Aufschlußreich ist eine Entscheidung des Bundesgerichtshofes aus dem Jahre 1995. Es geht um ein 15jähriges Mädchen, das aus einem Erziehungsheim entwichen ist. Der Angeklagte bot dem Mädchen, dessen Alter und Herkunft er kannte, an, in seine Wohnung zu ziehen. Das Mädchen willigte im Hinblick auf die Unterkunft und eine in Aussicht gestellte Lehre ein. Der Angeklagte kümmerte sich in der Folgezeit um das Mädchen und bot ihm ein Zuhause. Zu Eltern und Jugendamt stellte er keinen Kontakt her. Zweimal entwich das Mädchen, danach unternahm sie keinen Ausreißversuch mehr, schon deswegen, weil es für sie angenehm war, kostenlose Unterkunft und Verpflegung zu haben. Der Angeklagte verkehrte mit dem Mädchen geschlechtlich, obwohl sie es nicht wollte.

Die prozeßentscheidende Frage war nun, ob es sich um ein Betreuungsverhältnis im Sinne des § 174 Abs. 1 StGB handelte. Der Bundesgerichtshof entschied: Wenn ein Jugendlicher sich einem Erwachsenen zum Zwecke der eigenen materiellen Versorgung anschließt, liegt ein Betreuungsverhältnis nur dann vor, wenn zugleich ein den persönlichen, allgemein menschlichen Bereich erfassendes Abhängigkeitsverhältnis im Sinne einer Unter- und Überordnung gegeben ist. Gegen ein Betreuungsverhältnis spricht, wenn die Beteiligten nur eine bloße Zweckgemeinschaft gründen wollen und sie sich daher als gleichberechtigte Partner gegenüberstehen (BGH, NStZ 1995, 495 mit Anm. Bellay 1995).

Die jeweilige Wertung der Gerichte, ob ein Obhutsverhältnis im Sinne des § 174 StGB vorliegt, ist keineswegs widerspruchsfrei. Wieso bei einem Jugendherbergsvater oder Fahrlehrer u.U. ein Autoritätsverhältnis vorliegt, das eine Bestrafung rechtfertigen kann, und beispielsweise bei einem Beichtvater nicht, ist schwerlich nachvollziehbar. Wieso jungmädchenhafte Schwärmereien und religiöse Bindungen einen Angriff auf die sexuelle Integrität eines Mädchens durch einen Priester in mildem Lichte erscheinen lassen, ist ebenfalls ein Geheimnis der Rechtsprechung. Die Abhängigkeit in einem Betreuungsverhältnis wird nämlich nicht dadurch aufgehoben, daß beispielsweise ein Mädchen für die Autoritätsperson schwärmt, das Über-/Unterordnungsverhältnis akzeptiert, denn sonst fallen »gerade die am stärksten verinnerlichten und damit dichtesten Betreuungsverhältnisse aus dem Tatbestand heraus« (Jacobs 1986, 216).

7.2 Sexueller Mißbrauch von Jugendlichen, § 182 StGB

1994 wurde der § 175 StGB, der als Sonderstraftatbestand die Homosexualität zwischen erwachsenen Männern und Jugendlichen unter 18 Jahren verbot, aus dem Strafgesetz gestrichen und zugleich ist § 182 StGB, der die Verführung von Mädchen unter 16 Jahren zum Beischlaf bestrafte, neu gefaßt worden.

Es wurde eine einheitliche Jugendschutzvorschrift geschaffen, die Jugendliche vor sexuellem Mißbrauch schützen soll, der neue § 182 StGB.

§ 182 Sexueller Mißbrauch von Jugendlichen

(1) Eine Person über achtzehn Jahre, die eine Person unter sechzehn Jahren dadurch mißbraucht, daß sie
1. unter Ausnutzung einer Zwangslage oder gegen Entgelt sexuelle Handlungen an ihr vornimmt oder an sich von ihr vornehmen läßt oder
2. diese unter Ausnutzung einer Zwangslage dazu bestimmt, sexuelle Handlungen an einem Dritten vorzunehmen oder von einem Dritten an sich vornehmen zu lassen
wird mit Freiheitsstrafe bis zu fünf Jahren oder mit Geldstrafe bestraft.
(2) Eine Person über einundzwanzig Jahre, die eine Person unter sechzehn Jahren dadurch mißbraucht, daß sie
1. sexuelle Handlungen an ihr vornimmt oder an sich von ihr vornehmen läßt oder
2. diese dazu bestimmt, sexuelle Handlungen an einem Dritten vorzunehmen oder von einem Dritten an sich vornehmen zu lassen, und dabei die fehlende Fähigkeit des Opfers zur sexuellen Selbstbestimmung ausnutzt, wird mit Freiheitsstrafe bis zu drei Jahren oder mit Geldstrafe bestraft.
(3) In den Fällen des Absatzes 2 wird die Tat nur auf Antrag verfolgt, es sei denn, daß die Strafverfolgungsbehörde wegen des besonderen öffentlichen Interesses an der Strafverfolgung ein Einschreiten von Amts wegen für geboten hält.
(4) In den Fällen der Absätze 1 und 2 kann das Gericht von Strafe nach diesen Vorschriften absehen, wenn bei Berücksichtigung des Verhaltens der Person, gegen die sich die Tat richtet, das Unrecht der Tat gering ist.

Diese Vorschrift befaßt sich einerseits mit dem sexuellen Mißbrauch von Jugendlichen unter 16 Jahren durch Personen *über 18 Jahren*. Täter ist:
- wer unter *Ausnutzung einer Zwangslage* oder
- gegen *Entgelt* sexuelle Handlungen vornimmt oder an sich vornehmen läßt.

Ist der Täter andererseits über 21 Jahre, so reicht es zur Strafbarkeit,
- wenn er die *fehlende Fähigkeit des Opfers zur sexuellen Selbstbestimmung* ausnutzt. In diesem Falle wird die Tat nur auf Antrag verfolgt oder bei einem besonderen öffentlichen Interesse an der Strafverfolgung.

In den Begründungen zu der Neufassung des § 182 StGB und damit zur Strafbarkeit von Sexualkontakten von über 14jährigen jungen Menschen ist an folgenden Sachverhalt gedacht. Ein vermögender Täter richtet ein Liebesnest ein, indem er eine Wohnung anmietet, wo der Jugendliche ihm sexuell zu Diensten ist (Entgelt).
Der Gesetzgeber (BT-Drs. 12/4584, 8) hat auch Fälle im Auge, in denen der Täter die Notsituation von drogenabhängigen Jugendlichen oder Trebegängern zu sexuellen Handlungen ausnutzt (Zwangslage).[1]

---

[1] vgl. auch den Gesetzentwurf der Gruppe Bündnis 90/Die Grünen, BT-Drs. 12/1899 sowie der Gruppe PDS/Linke Liste, BT-Drs. 12/850 sowie Schröder 1992.

Dieser einheitliche, gleichsam geschlechtsneutrale Jugendschutz für unter 16jährige Jungen und Mädchen, der sowohl die Bestrafung der Homosexualität nach § 175 StGB als auch die Strafbarkeit der Verführung zum Beischlaf § 182 StGB a.f. abgelöst hat, ist im Vorfeld heftig umstritten gewesen. So sorgte sich ein pensionierter Präsident eines Landgerichtes um den kleinen Unterschied und konstatierte: »Kein Gesetzgeber ist aber legitimiert, abweichendes Sexualverhalten dem normalen Sexualverhalten gleichzustellen« (Tröndle 1992, 297). Damit wollte der Verfasser zum Ausdruck bringen, daß homosexuelle Handlungen mit unter 16jährigen strafbar bleiben sollen, Mädchen indessen anders behandelt werden müßten. Der Unterschied zwischen der Verführbarkeit des männlichen und weiblichen Geschlechtes und damit dem strafwürdigen Tun der Täter wird auch von anderen Autoren betont. So könne sich ein Mädchen besser vor der Annäherung in väterlicher Absicht schützen, während die Knabenliebe niemals, »auch nicht unter veränderten rechtlichen und kulturellen Bedingungen, eine gleichberechtigte Partnerschaft« sein könne (Tönnies 1992, 411, 412). Andere dagegen sind der Auffassung, daß die neugefaßte Vorschrift lediglich die allgemeine Moral anheben und verteidigen soll – und dies unter dem Vorwand des Jugendschutzes (Bruns 1993), und sie sehen Ideologen statt Jugendschützern am Werk (Steinmeister 1992).

Homosexuelle Handlungen sind nach der neuen Gesetzeslage dann noch strafbar, wenn das Opfer unter 16 Jahre alt ist und die sonstigen Voraussetzungen des § 182 StGB vorliegen. Die Altersgrenze für strafbare homosexuelle Handlungen wurde durch diesen gesetzgeberischen Schritt abgesenkt. Dieser Schritt war überfällig. Nach Erkenntnissen der Wissenschaft war die Begründung für den erhöhten Altersschutz schlicht falsch. Die Strafbarkeit wurde damit gerechtfertigt, daß der noch nicht 18jährige zur Homosexualität »verführt« werde. Nun steht aber fest, daß die sexuelle Disposition bereits im frühkindlichen Alter erfolgt, von einer Verführung daher keine Rede sein kann (Steinmeister 1991). »Wenn die Verführungstheorie richtig wäre, müßte der Anteil der Homosexuellen an der Bevölkerung sehr groß sein und ständig zunehmen. Tatsächlich ist der Anteil der ausschließlich Homosexuellen jedoch konstant und offenbar unabhängig von zeitgenössischen und kulturellen Einflüssen. Er liegt bei den Männern bei 4 – 5% und bei den Frauen bei 1 – 3%. Was sich ändert, ist nicht der tatsächliche Anteil der Homosexuellen, sondern ihr sichtbares Auftreten in der Öffentlichkeit, wenn ihre Verfolgung und Diskriminierung nachläßt« (Bruns 1993, 232 m.w.N.). Gleichermaßen äußerte sich die Deutsche Gesellschaft für Sexualforschung. In entsprechenden Anhörungen zur Reform des Strafrechts haben die Sachverständigen erklärt, »daß die Disposition zur Homosexualität bereits in früher Kindheit erfolgt und daß die für die Akzeptanz der homosexuellen Disposition entscheidende Phase des sogenannten Coming out von allen äußeren Repressionen freigehalten werden muß, sofern sexuelle Selbstbestimmung ernstgenommen wird« (Deutsche Gesellschaft für Sexualforschung 1992, 225).

Die eigentliche Begründung für die frühere generelle strafrechtliche Ächtung der Homosexualität bzw. die Bestrafung der Homosexualität zwischen erwachsenen Männern und Jugendlichen unter 18 Jahren war nicht die Verführbarkeit, sondern diese Form der Sexualität war und ist für einige immer noch widernatürlich, anormal und schmuddelig (zur Geschichte der strafrechtlichen Diskriminierung der Homosexualität, Lautmann 1992; Kappe 1991). Die Vorstellung indessen, durch Homosexualität würde die Familie gefährdet und unterminiert sowie das Abendland dem Untergang geweiht, findet jedenfalls im deutschen Strafrecht keine Basis mehr. Mit der Streichung des § 175 StGB ist die Homosexualität mit heterosexuellem Verhalten gleichgestellt, eine strafrechtliche Sonderbehandlung fordern die Gesetze nicht mehr.[1]

Diese Liberalisierung wird jedoch dadurch geschmälert, daß der neue § 182 StGB die Strafbarkeit bei *heterosexuellen Handlungen* erweitert. Nach altem Recht hing die Strafbarkeit davon ab, daß ein unter 16 Jahre altes Mädchen *zum Beischlaf verführt* wurde. Dadurch sollte »eine Altersgruppe von Mädchen, deren psychische Reife hinter der körperlichen so weit zurückbleibt, daß eine gefestigte sexuelle Selbstbestimmung regelmäßig noch fehlt, vor Verführung zum Beischlaf mit dessen möglichen Folgen« (Dreher/Tröndle 1993, Anm. 1 zu § 182 a.F. StGB) geschützt werden. Nunmehr ist neben den sonstigen tatbestandlichen Voraussetzungen des § 182 StGB nicht mehr die Verführung zum Beischlaf erforderlich, sondern für die Strafbarkeit sind *sexuelle Handlungen* ausreichend.

Für die Auslegung des Begriffs der sexuellen Handlung kommt es darauf an, welches Rechtsgut durch die jeweiligen Vorschriften des Sexualstrafrechtes im einzelnen geschützt wird. Würde im Rahmen des § 182 StGB eine ähnliche Auslegung, wie beispielsweise im Rahmen des § 176 StGB vorgenommen, dann wären fast alle sexuellen Kontakte unter der Voraussetzung, daß eine Zwangslage ausgenutzt, Entgelt gezahlt oder die mangelnde Fähigkeit des Opfers zur sexuellen Selbstbestimmung ausgenutzt wird, strafbar. Der einvernehmliche Geschlechtsverkehr des 20jährigen mit seiner 15jährigen Freundin ist nach der aktuellen Gesetzeslage im allgemeinen straffrei, weil der junge Mann keine Zwangslage ausnutzt und auch kein Entgelt zahlt. Dagegen macht sich ein 22jähriger dann strafbar, wenn er mit den Brustwarzen seiner 15jährigen Freundin spielt und deren mangelnde Fähigkeit zur sexuellen Selbstbestimmung ausnützt (Kusch/Mössle 1994).

Um diesen Unsinn zu vermeiden und um den Jugendlichen die angstfreie Entfaltung ihrer Sexualität zu gewährleisten, plädieren einige Autoren für eine äußerst restriktive Interpretation des neuen § 182 StGB. Sie weisen darauf hin, daß es für die sexuelle Entwicklung eines Jugendlichen viel schädlicher sein kann, bei der Polizei, der Staatsanwaltschaft oder dem Gericht aussagen zu müssen, als die eigentliche sexuelle Handlung es selbst ist. Aus diesen Gründen soll im Rahmen dieser Vorschrift nur der Vaginal-, Anal- und Oralverkehr als sexuelle Handlungen gewertet werden (Kusch/Mössle 1994). Die Rechtsprechung ist dieser Interpretation allerdings nicht gefolgt. Nach Ansicht des Bundesgerichtshofes ist § 182 StGB nicht auf den Geschlechtsverkehr oder geschlechtsverkehrsähnliche Handlungen begrenzt (BGH, NJW 1996, 1762). Die Gefahr einer rechtsgutverletzenden

---

[1] Etwas anderes dagegen ist, daß homosexuelle und lesbische Paare nach der Rechtsordnung der BRD nicht heiraten dürfen. Zwar hat das AG Frankfurt am Main es für rechtens gehalten, daß die Homosexualität eines heiratswilligen Paares einer Eheschließung nicht entgegensteht (AG Frankfurt am Main, FamRZ 1993, 557); dieser Auffassung ist jedoch die Rechtsprechung nicht gefolgt, und so steht bislang weiterhin fest, daß die Geschlechtsverschiedenheit zu den prägenden Merkmalen einer Ehe gehört.

Traumatisierung sei schon beispielsweise durch das Petting eines älteren Mannes mit einem jungen Mädchen gegeben, so daß eine Einschränkung des Begriffs der sexuellen Handlung über die Erheblichkeit nicht in Frage komme (Schönke/Schröder 1997, Anm. 4 zu § 182 StGB).

> In Wahrheit wird durch § 182 Abs. 1 StGB auch nicht das sexuelle Selbstbestimmungsrecht der Jugendlichen geschützt, sondern Mädchen und Jungen unter 16 Jahren wird im Prinzip das Recht zur Sexualität abgesprochen.»Nach den Vorstellungen der Bundesregierung haben Menschen als Rechtsobjekte bis zum 14. Geburtstag keine interpersonale Sexualität (zu haben), danach soll sie möglichst mit Unerfahrenen erfahren und bis zum 16. Geburtstag besonders geschützt werden, dann wird das alles bis zum 18. Geburtstag ausgeblendet – und danach sind die Menschen reif, erfahren und mit sich identisch.«
> (Deutsche Gesellschaft für Sexualforschung 1992, 225, 227)

Führt man sich vor Augen, daß sich die Lebensrealitäten junger Menschen generell und im Hinblick auf die Sexualität radikal geändert haben und daß die Altersgruppe zwischen 14 und 16 Jahren zunehmend koituserfahren ist, dann ist die Strafandrohung des § 182 StGB schon verblüffend. Selbstverständlich muß die Freiheit der sexuellen Entfaltung gewährleistet sein. Der § 182 StGB erweckt nun den Eindruck, daß genau dieses beabsichtigt ist. Bestraft würden nur diejenigen, um es noch einmal zu wiederholen, die über 18 bzw. über 21 Jahre als sind und
- eine Zwangslage ausnutzen,
- Sexualität gegen Entgelt tauschen sowie
- die fehlende Fähigkeit des Opfers zur sexuellen Selbstbestimmung ausnutzen.

Echte Liebesbeziehungen, so wird beteuert, sollen nicht bestraft werden. Was wäre das allerdings auch für eine Gesellschaft, in der liebende Jugendliche in die Gefahr geraten können, strafrechtlich zur Rechenschaft gezogen zu werden. Der Schauplatz von Romeo und Julia wäre dann wohl eine deutsche Jugendstrafanstalt. Betrachten wir noch einen anderen Gesichtspunkt. Seit sich die Intimbeziehungen zwischen Frau und Mann grundsätzlich auf Liebe und nur auf Liebe gründen, will der Umgang mit dem anderen Geschlecht gelernt werden. Wenn das sinnstiftende Element des Zusammenseins von Frau und Mann nicht mehr vorwiegend die Ökonomie, sondern die Zuneigung und Liebe ist, dann wird zwangsläufig die Sexualität aufgewertet (Barabas/Erler 1994). Das komplizierte Zusammenspiel der Geschlechter will indessen gelernt sein. Die Angst vor strafrechtlichen Sanktionen trägt zum Lernerfolg gewiß nichts bei.
Der § 182 StGB ist auch überflüssig, weil bereits durch § 174 StGB die Obhutsverhältnisse zwischen Erwachsenen und Jugendlichen unter 16 Jahren geschützt sind und die gewaltsam erzwungene Sexualität sowieso bestraft wird. Für eine weitere Strafvorschrift bestand nun wahrhaftig keine Notwendigkeit. Dagegen wird z.B. behauptet, daß § 182 Abs. 2 StGB auf den praktisch durchaus bedeutsamen Fall einer Diskotheken-Bekanntschaft zugeschnitten sei.»Das 15jährige Mädchen, das nicht nur hinsichtlich sexuel-

ler Dinge unerfahren ist, sondern auch insofern, als es die gängigen Diskotheken-Rituale nicht kennt, soll vor dem Geschlechtsverkehr geschützt werden, zu dem sie der 25jährige Playboy noch am selben Abend verführen will« (Kusch/Mössle 1994, 1504, 1507). Wenn ein solches Ereignis tatsächlich die Strafverfolgungsbehörden auf den Plan ruft, dann werden in Diskotheken, in Jugendhäusern, bei Grillpartys oder Festen bald die Lichter ausgehen.

Eine zweifelsohne einschneidende Änderung gegenüber der bisherigen Rechtslage ist, daß durch § 182 StGB nunmehr auch sexuelle Handlungen zwischen Frauen und unter 16jährigen weiblichen und männlichen Jugendlichen strafbar sind. Durch diese Vorschrift ist tatsächlich die *lesbische Liebe* in Deutschland neu kriminalisiert und damit eine erhebliche Rechtsunsicherheit für die sexuellen Beziehungen Jugendlicher geschaffen worden (Steinmeister 1992). Das Petting einer über 21jährigen jungen Frau mit einem 15jährigen Jungen ist dann strafbar, wenn die Frau die fehlende Fähigkeit des Opfers zur sexuellen Selbstbestimmung ausnutzt. Zum Beischlaf muß es nicht einmal gekommen sein (BGH, NJW 1996, 1762).

Der Gesetzgeber selbst war sich offenbar auch nicht sicher, ob § 182 StGB noch in die Zeit paßt, denn er hat im Hinblick auf die tatsächliche Strafverfolgung zwei rechtliche Einschränkungen eingebaut.

Bei den über 21jährigen wird die Tat nur auf *Antrag* oder bei Vorliegen eines *besonderen öffentlichen Interesses* verfolgt. Nun könnte man meinen, daß das Erfordernis eines Strafantrages dazu führt, daß es selten zu einem Strafverfahren kommt. Die Gefahr mißbräuchlicher Strafanträge ist aber nicht von der Hand zu weisen. Eltern, die den 22jährigen Freund ihrer 15jährigen Tochter für einen hinterlistigen Don Juan halten, könnten leicht versucht sein, dem jungen Mann Zucht und Ordnung beizubringen, indem sie ihn bei der Polizei anzeigen, weil er die fehlende Fähigkeit ihrer Tochter zur sexuellen Selbstbestimmung ausgenutzt hat. Außerdem hätten Väter, die die Jungfräulichkeit ihrer heißgeliebten Tochter, »ihres« Mädchens, gegen den Rest der männlichen Welt verteidigen, ein ernsthaftes Sanktionsmittel in der Hand. »Mit einem vergleichsweise großen Anteil von Anträgen auf Strafverfolgung ist aber auch bei jenen heterosexuellen Kontakten zu rechnen, die den gewöhnlichen Erwartungen und Vorurteilen von Eltern nicht entsprechen. (...) Hier eröffnet die unpräzise rechtliche Mißbrauchsklausel ein breites Feld sozialen Mißbrauchs. In diesem Zusammenhang ist auch die Befürchtung nicht von der Hand zu weisen, jene repressiven Haltungen, wie sie beispielsweise von verschiedenen fundamentalistischen religiösen Gruppierungen bekannt sind, denen ein Recht von Mädchen auf sexuelle Selbstbestimmung fremd ist, könnten durch die vorgeschlagene Regelung bestärkt werden« (Deutsche Gesellschaft für Sexualforschung 1992, 225, 226).

Schließlich besteht in dieser Fallvariante des § 182 StGB auch aus prozeßtaktischen Gründen die Gefahr, daß der »Täter« sein »Opfer« in einem etwaigen Strafverfahren zwingt, über das bisherige Geschlechtsleben im Detail zu berichten, um nachzuweisen, daß von fehlender Selbstbestimmung keine Rede sein kann.

Die zweite Einschränkung: Nach § 182 StGB *kann von einer Strafe abgesehen werden* und zwar in den beiden Varianten des § 182 StGB, also bei den über 18- und über 21jährigen Tätern, wenn das *Unrecht der Tat gering* ist, weil sich das »Opfer« entsprechend verhalten hat. Das ist die Aufforderung, in entsprechenden Strafverfahren »opferbeschuldigend« (Frommel 1992) zu argumentieren. Nach dem Motto, das 15jährige Mädchen hat mich angemacht, war selbstverständlich bereit zur Sexualität, ist sowieso eine sexuelle Schlampe, werden sich die »Täter« vor Gericht wehren. Das Gesetz enthält somit eine klare Anweisung zu einer Verteidigerstrategie des »blame the victim.«

Was bedeuten nun die einzelnen Tatbestandsmerkmale des § 182 StGB?

- Das *Ausnutzen einer Zwangslage* wird recht weit interpretiert. Hierzu zählen die Drogenabhängigkeit und Obdachlosigkeit, die Angst vor der Gewalt des Täters und jugendspezifische Zwangslagen, wie die prekäre Situation der aus Heimen entwichenen oder von zu Hause fortgelaufenen Jugendlichen (BT-Drs. 12/4584, 8). Darüber hinaus wird eine Zwangslage auch bejaht, wenn ein Jugendlicher keinen Ausbildungsplatz findet oder er Angst vor elterlichen Sanktionen hat, weil er zu spät nach Hause kommt (Schönke/Schröder 1997, Anm. 5 zu § 182 StGB).

Bloße Überraschungssituationen und andere Gelegenheiten, wie sie sich beispielsweise aus der pubertären Neugier von Jugendlichen auf sexuelle Erfahrungen ergeben, genügen nicht, um eine Zwangslage anzunehmen. Vielmehr ist eine ernste persönliche oder wirtschaftliche Bedrängnis des Opfers notwendig. »Sie setzt Umstände von Gewicht voraus, denen die spezifische Gefahr anhaftet, sexuellen Übergriffen gegenüber einem Jugendlichen in einer Weise Vorschub zu leisten, daß sich der Jugendliche ihnen gegenüber nicht ohne weiteres entziehen kann« (BGH, NJW 1997, 1590). Eine derartige Zwangslage wird ausgenützt, wenn der Täter bewußt die besondere Gelegenheit ergreift, um sexuelle Handlungen vorzunehmen.

- Bei dem Tatbestandsmerkmal *Entgelt* kommt es auf Form und Höhe der Zuwendung nicht an: Es reicht jeder Vermögensvorteil, wie Reisen, Eintrittskarten, Kleider aus. Selbst eine warme Mahlzeit genügt (Schönke/ Schröder 1997, Anm. 6 zu § 182 StGB). Nach § 182 StGB kann sich im übrigen schon derjenige strafbar machen, der nur eine Vereinbarung über das Entgelt trifft.

- Wann und unter welchen Umständen die *Fähigkeit zur sexuellen Selbstbestimmung* fehlt, ist von Juristinnen und Juristen kaum zu beantworten. Die Befürchtungen gehen denn auch dahin, daß es in aller Regel, was diese Frage angeht, zu Gutachterprozessen kommen wird.[1]

Kommen wir abschließend auf die Eingangsbeispiele zurück: Nach der herrschenden juristischen Meinung wird derjenige bestraft, der ein Liebesnest einrichtet oder die Zwangslage von Trebegängern oder jugendlichen Drogenabhängigen ausnutzt. Mir scheint: In diesen Fällen ist das Strafrecht nicht die richtige Antwort. Hier sind allemal pädagogische, soziale und psychosoziale Strategien sinnvoller. Trebegänger wird kein Mensch aus Jux und Dollerei. Statt der Anwendung des Strafrechtes wäre es besser, dafür zu sorgen, daß Trebegänger ein Dach über dem Kopf haben und Drogenab-

---

[1] Zum Verhältnis der §§ 176 StGB und 182 StGB hat der Bundesgerichtshof in zwei Entscheidungen Stellung genommen. Bei sexuellem Mißbrauch von Kindern greift nur der § 176 StGB, der wesentliche höhere Strafen vorsieht (BGH, NJW 1996, 1762; BGH, NJW 1996, 1294; vgl. auch BayObLG, NStZ 1995, 500).

hängigen, Druckräume und Übernachtungsmöglichkeiten zur Verfügung gestellt werden. Und schließlich: Wenn eine 15jährige beschließt, sich von einem über 18jährigen Mann »aushalten« zu lassen, dann ist dies letztendlich ihre eigene Entscheidung.

Mag auch bezweifelt werden, ob der neugefaßte § 182 StGB sehr hohe praktische Bedeutung gewinnt, so enthält er doch im Kern erneut eine moralische Wertung sexuellen Verhaltens. Die allgemeine Erweiterung des Jugendschutzes über die Altersgrenze von 14 Jahren hinaus bedeutet einen Eingriff in die Selbstbestimmungsrechte der Jugendlichen. Sexualität soll nicht probiert und geübt werden, vor allem nicht mit älteren Partnern. Die vielen Ungereimtheiten und Auslegungsschwierigkeiten der neuen Vorschrift tragen keineswegs zur Rechtssicherheit bei. Es bleibt zu hoffen, daß diese »Jugendschutzvorschrift« nicht angewendet wird bei Jugendlichen und Eltern, Lehrerinnen und Fachkräften der sozialen Arbeit keine Angst und Unsicherheit erzeugt.

Fassen wir zusammen:
Jugendliche unter 16 Jahren, die dem Täter zur
- Erziehung,
- Ausbildung oder
- Betreuung in der Lebensführung

anvertraut sind, werden durch § 174 Abs. 1 Ziff. 1 StGB vor sexuellen Handlungen geschützt.
Nach § 182 StGB wird der sexuelle Mißbrauch an Jugendlichen unter 16 Jahren bestraft, wenn:
- eine Zwangslage ausgenutzt,
- Entgelt geleistet oder
- die fehlende Fähigkeit des Opfers zur sexuellen Selbstbestimmung ausgenutzt wird.

Literatur

STEINMEISTER, INGRID (1991): Zur Aufhebung der §§ 175 StGB und 182 StGB und Einführung einer einheitlichen Jugendschutzvorschrift für sexuelle Handlungen, in: KJ, 197

KUSCH/MÖSSLE (1994): Verschärfter Jugendschutz, Zur Auslegung des neuen § 182·StGB, in: NJW, 1504

8 DER SCHUTZ JUGENDLICHER UNTER 18 JAHREN

8.1 Der Mißbrauch der Abhängigkeit, § 174 Abs. 1 Ziff. 2 und Ziff. 3 StGB

Die generelle Schutzaltersgrenze von 14 Jahren ist bei bestimmten Abhängigkeitsverhältnissen, im Falle der Erziehung, Ausbildung oder Betreuung, auf 16 Jahre heraufgesetzt und wird nochmals erweitert auf 18 Jahre, wenn der Täter gerade diese *Abhängigkeitsverhältnisse mißbraucht*, § 174 Abs. 1 Ziff. 2 StGB.

Für den Mißbrauch ist es nicht erforderlich, daß der Täter mit Gewalt oder Drohung mit einem empfindlichen Übel das Opfer zu einer sexuellen Handlung nötigt. Es muß sich keineswegs um eine strafrechtliche Nötigung handeln, vielmehr sind Verhaltensweisen unterhalb der Nötigung ausreichend, um den Tatbestand des § 174 Abs. 1 Ziff. 2 StGB zu erfüllen.

Der Mißbrauch eines Abhängigkeitsverhältnisses liegt daher bereits dann vor, »wenn der Täter offen oder versteckt seine Macht und Überlegenheit in einer für den Jugendlichen erkennbaren Weise einsetzt, um sich diesen gefügig zu machen. Von einem Mißbrauch der Abhängigkeit muß auch dann gesprochen werden, wenn der Täter seine Macht gegenüber dem Schutzbefohlenen erkennt und die auf ihr beruhende Abhängigkeit zu sexuellen Handlungen ausnutzt. Beiden Teilen muß dabei der Zusammenhang des Abhängigkeitsverhältnisses mit den sexuellen Handlungen bewußt sein« (BGH, NStZ 1982, 329; vgl. auch BGH, NJW 1979, 2054 sowie BGH, NStZ 1997, 337). In einer Entscheidung aus dem Jahre 1990 hat der Bundesgerichtshof zu dem Stellung genommen, was unter einer Drucksituation verstanden werden kann, nämlich die Beschimpfung von Schutzbefohlenen, die Zurücksetzung gegenüber anderen Kindern, übertriebene Verbote oder kleinliche Kontrollen (BGH, NStZ 1991, 81).

In einigen Entscheidungen haben Gerichte präzisiert, was unter Mißbrauch eines Abhängigkeitsverhältnisses zu verstehen ist.

- Ein Restaurantbesitzer, der seine Stellung als Ausbilder bei jeder sich bietenden Gelegenheit zum Beispiel im Auto oder auf der Kegelbahn benutzt, sich einer 17jährigen Auszubildenden sexuell zu nähern und ihre Bitte, von ihr abzulassen, ständig mißachtet (BGH, NStZ 1987, 21), mißbraucht das Abhängigkeitsverhältnis.

- Auch wenn ein Pflegevater seinen Pflegetöchtern weder mit Nachteilen gedroht noch Gewalt angewendet hat, aber sexuelle Handlungen an ihnen vornimmt, kann der Tatbestand des § 174 Abs. 1 Ziff. 2 StGB erfüllt sein. »Beide Mädchen kamen aber bereits im Kindesalter in seinen Haushalt. Sie wurden von ihm auf Jahre aufgenommen; sie waren insofern ersichtlich seiner Macht und Überlegenheit ausgeliefert, der sie sich fügten. Die sexuellen Handlungen hingen unmittelbar mit Erziehungsfunktionen zusammen, die er ihnen gegenüber ausübte, indem er sie wusch und zur Körperpflege anhielt. Die Mädchen folgten dabei seinen Aufforderungen« (BGH, NStZ 1991, 81, 82).

- Der Mißbrauch einer Abhängigkeit kann auch dann erfüllt sein, wenn es nach den Gebräuchen des Heimatlandes der Jugendlichen üblich ist, sich dem Versorger, der für ihren Lebensunterhalt aufkommt, sexuell hinzugeben. »Es wird nicht vorausgesetzt, daß der Täter die Jugendliche ausdrücklich oder durch schlüssiges Verhalten unter Druck setzt. Dafür, daß er seine Macht und Überlegenheit in einer für sie erkennbaren Weise als Mittel einsetzt, um sie sich gefügig zu machen, genügt es, wenn die Jugendliche in dem Täter eine Autoritätsperson sieht, der sie Gehorsam schuldig zu sein glaubt, und der Täter dies bei seinem Vorgehen bewußt in Rechnung stellt. (...) Gerade dies wäre nach der weiteren Bekundung der Zeugin zu bejahen gewesen. Als Grund für ihr Verhalten verweist sie auf die Gebräuche ihres Heimatlandes, wonach es üblich sei, daß sich die Frau ihrem Versorger, der ihren Lebensunterhalt bestreitet, sexuell hingibt. Diese dem Verhalten gegenüber dem Angekl. zugrundeliegende Einstellung der Zeugin schließt das Tatbestandsmerkmal des Mißbrauchs der Abhängigkeit nicht aus. Vielmehr ergibt sich daraus gerade der Zusammenhang zwischen dem Abhängigkeitsverhältnis und den sexuellen Handlungen« (OLG Zweibrücken, NJW 1996, 330, 331).

- Recht instruktiv ist der folgende Fall. Ein körperlich und geistig leicht retardiertes, sexuell noch nicht aufgeklärtes 17jähriges Mädchen leidet an Kontaktschwierigkeiten, hatte in der Schule nur geringen Erfolg und ist aus der 5. Klasse der Hauptschule entlassen worden. Beim Umkleiden fragte sie ihren Stiefvater, wie es sei, wenn ein Junge und ein Mädchen Geschlechtsverkehr miteinander hätten. Sie stand zu diesem Zeitpunkt mit entblößtem Unterkörper nur wenige Meter von ihm entfernt. Der Stiefvater forderte sie auf zu ihm zu kommen, damit er es ihr zeigen könne. Dem kam das Mädchen nach. Der Stiefvater hatte im folgenden häufiger mit seiner Stieftochter geschlechtlichen Verkehr. Der Bundesgerichtshof entschied, am Mißbrauch fehle es im Regelfall bei einer sexuell motivierten Initiative des Schutzbefohlenen, wenn für beide Beteiligten ersichtlich sei, daß zwischen den sexuellen Handlungen und dem Abhängigkeitsverhältnis kein Zusammenhang bestehe (BGH, NJW 1979, 2054).

Die Vorschrift des § 174 Abs. 1 Ziff. 2 StGB wirft ein weiteres Problem auf. Die Bundesrepublik Deutschland hat sich zu einer multikulturellen Gesellschaft entwickelt. Angehörige der unterschiedlichsten Kulturkreise leben und arbeiten in der BRD. Nach den Gebräuchen und den rechtlich verfaßten Regeln des Heimatlandes werden häufig junge Frauen mit 16 Jahren schon als volljährig angesehen. Nach Ansicht des Oberlandesgericht Zweibrücken ist dies indessen für die deutsche Rechtsordnung unbeachtlich. Auch wenn eine junge Frau nach Recht und Anschauung ihrer heimatlichen Religion (Islam) schon als volljährig gelte, könne gleichwohl § 174 Abs. 1 Ziff. 2 StGB bei einer Tat in Deutschland zur Anwendung kommen. »Unabhängig von Minder- oder Volljährigkeit sollen Jugendliche dieser Altersstufe in ihrer Fähigkeit geschützt werden, sich gegenüber dem sexuellen Ansinnen des Täters zu verweigern« (OLG Zweibrücken, NJW 1996, 330, 331).

Nicht bestraft werden sexuelle Kontakte, bei denen das Abhängigkeits- oder Unterordnungsverhältnis zwischen dem Erzieher, Ausbilder und dem Schutzbefohlenen keine Rolle spielt, vor allen Dingen nicht als Druckmittel verwendet wird. Derartige Beziehungen mögen zwar pädagogisch unerwünscht sein, weil sie Handlungsfreiheit und professionelle Kompetenz des Erziehers, des Ausbilders usw. herabsetzen und Spannungen in der Gruppe der Auszubildenden erzeugen können. Sie sind aber nicht in der Weise sozialschädlich, daß sie bestraft werden müssen.

Bleibt zu erwähnen, daß auch ohne Vorliegen eines Mißbrauchs sexuelle Handlungen zwischen einem noch nicht 18 Jahre alten leiblichen (ehelich oder nichtehelich) oder angenommenen Kind nach § 174 Abs. 1 Ziff. 3 StGB stets strafbar sind. Grundgedanke dieser Vorschrift ist, die Beziehung zwischen Eltern und Kindern – wegen der besonders intensiven Abhängigkeiten – von sexuellen Kontakten freizuhalten. Geschütztes Rechtsgut ist die sexuelle Freiheit und die ungestörte sexuelle Entwicklung von Kindern und Jugendlichen. Um diese Freiheit zu gewährleisten, kommt es nicht darauf an, ob im Einzelfall tatsächlich ein Abhängigkeitsverhältnis besteht (BGH, NJW 1994, 1078). Darüber hinaus ist nach § 173 StGB der Beischlaf zwischen Verwandten strafbar.

8.2 Entführung mit Willen der Entführten, § 236 StGB

Nach § 236 StGB wird bestraft, wer eine unverehelichte Frau unter achtzehn Jahren mit ihrem Willen, jedoch ohne Einwilligung der Eltern, ihres Vormundes oder ihres Pflegers entführt, um sie zu außerehelichen sexuellen Handlungen zu bringen.

Diese Vorschrift ist nach Ansicht eines Standardkommentars zum Strafgesetzbuch im wesentlichen überflüssig (Schönke/Schröder 1997, Anm. 1 zu § 236 StGB). Dem ist kaum etwas hinzuzufügen. Angesichts der rechtlichen Entwicklung, Jugendliche in ihrer Rechtspersönlichkeit zu stärken, ihre Rechtspositionen aufzuwerten (Barabas/Erler 1994), ist diese Strafrechtsnorm reichlich anachronistisch. Jugendliche müssen durch die Erziehung in die Lage versetzt werden, ihren eigenen Weg zu gehen. Gerade im Bereich der Sexualität ist es nun vollends absurd, den »Autoritätspersonen« die Letztentscheidung über die Liebesbeziehung ihrer Tochter zuzubilligen. Eine junge Frau, die ohne Einwilligung ihrer Eltern mit ihrem Liebhaber durchbrennt und mit ihm das Bett teilt, muß nach § 236 StGB aber noch heuzutage theoretisch damit rechnen, daß ihr Lover von der Polizei als Straftäter verhaftet wird.

Trotz der Altertümlichkeit dieser Vorschrift kommt es hin und wieder zu Strafverfahren wegen Entführung mit Willen der Entführten. Der Bundesgerichtshof hatte folgenden Fall zu entscheiden: »Die minderjährige M entwich in drei Fällen – jeweils aus eigenem Antrieb und ohne Zutun des Angekl. – aus dem Elternhaus bzw. einem Heim und begab sich zum Angekl. Dieser gewährte ihr jeweils Unterkunft. Dabei kam es jedesmal zwischen beiden zu regelmäßigem Geschlechtsverkehr. Während des dritten Aufenthalts zog der Angekl. mit M in ein Zelt am Stadtrand von S., um das Auffinden des Mädchens zu erschweren« (BGH, NJW 1991, 62; vgl. auch BGHR 1989, StGB § 236, Entführen 1).

Der BGH war der Auffassung, daß die Strafvorschrift auch erfüllt werden kann, wenn der Täter durch eine weitere Ortsveränderung die räumliche Trennung vergrößert und damit die Schutz- und Aufsichtsrechte des Sorgeberechtigten zusätzlich beeinträchtigt.

> **Fassen wir zusammen:**
> Der besondere jugendspezifische Schutz der 16 bis 18jährigen besteht im wesentlichen darin, daß als Täter bestraft wird, wer ein Abhängigkeitsverhältnis mißbraucht.

9 SEXUALDELIKTE OHNE ALTERSBEGRENZUNG

Zu den Sexualdelikten, die unabhängig vom Alter der Opfer bestraft werden, zählen in erster Linie Straftaten, die mit
- Gewaltausübung,
- mit dem Mißbrauch widerstandsunfähiger Personen oder
- mit dem Mißbrauch von besonderen Berufsfunktionen

verbunden sind.
Unter die gewaltsam begangenen Delikten fallen die Vergewaltigung bzw. die sexuelle Nötigung, § 177 StGB. Der Mißbrauch von Berufsfunktionen und von widerstandsunfähige Personen wird durch die Vorschriften der §§ 174a, 174 b und 179 StGB bestraft.

9.1 Sexuelle Nötigung; Vergewaltigung, § 177 StGB

Neben der Strafbarkeit des Schwangerschaftsabbruches war in den vergangenen 25 Jahren die Vergewaltigung in der Ehe Dauerthema der Reform des Strafrechtes. Die Abschaffung des »Ehegattenprivilegs« und die beabsichtigte Einführung der sog. Widerspruchsklausel[1] waren und sind außerordentlich umstritten (Frommel 1996). Gründe, warum erzwungene eheliche Sexualhandlungen nur als Nötigung oder als Körperverletzung, nicht aber als Vergewaltigung oder als sexuelle Nötigung bestraft wurden, waren nach Ansicht der Verteidiger des Status quo: Die Vergewaltigung in der Ehe lasse sich nur mit Mühe aufklären. Der strafrechtliche Eingriff belaste das Eheleben und könne dazu führen, daß sich die ehelichen Fronten noch mehr verhärten, und schließlich sei eine Bestrafung wegen Nötigung und Körperverletzung ausreichend.

Was die Beweisschwierigkeiten angeht, fällt auch einem juristischen Laien auf, daß egal, ob gegen den Ehemann wegen Nötigung oder des Deliktes der Vergewaltigung ermittelt wird, die Beweisprobleme sich gleichen. Die Bestrafung des Ehemannes lediglich wegen Nötigung erfaßt nicht hinreichend den Angriff auf die sexuelle Selbstbestimmung der Frau (Schapira 1977; Frommel 1988; Kruse/Sczesny 1993; Frommel 1993; Sick 1995). Das Argument schließlich, der Staat habe sich aus Ehe und Familie herauszuhalten, verfängt nicht. Es ist rechtlich völlig abgesichert, daß bei Gewalttätigkeiten gegenüber Kindern vormundschaftsgerichtliche Maßnahmen nicht nur zulässig sind, sondern erforderlich werden können. Gewaltsame innerfamiliäre Übergriffe gehören nicht zum schützenswerten Bestand von Ehe und Familie (Nelles 1995).

Eine weitere, schwer verständliche gesetzgeberische Vorgabe im alten Vergewaltigungsparagraphen war die unterschiedliche Wertung sexueller Handlungen. Es galt nicht als Vergewaltigung, wenn der Täter orale und anale Penetrationen erzwang. Lediglich der erzwungene Beischlaf wurde als Vergewaltigung bestraft. Obgleich andere sexuelle Handlungen entwürdigender sein können, als der erzwungene Beischlaf, waren sie nach altem

---

[1] Nach der Widerspruchsklausel sollte das Gerichtverfahren wegen Vergewaltigung gegen den Ehemann eingestellt werden können, wenn die Frau ihre Anzeige zurückzieht, selbst dann, wenn sie von ihrem Mann unter Druck gesetzt wird.

Recht keine Vergewaltigung, so daß nur die sexuelle Nötigung nach § 178 StGB mit dem geringeren Strafrahmen in Betracht kam.[1]

Problematisch ist auch der *Gewaltbegriff*. Es gibt in Literatur und Rechtsprechung unterschiedliche Interpretationsmuster, was unter Gewalt zu verstehen ist. Gerichte fordern überwiegend körperliche Kraftentfaltung und körperliche Zwangseinwirkung, um ein Verhalten als Gewalt zu bewerten. »Ein Geschlechtsverkehr allein gegen den Willen der Frau und aufgrund von nur deren Angstempfinden ist keine Vergewaltigung im Rechtssinne. (...) Um Mißverständnissen vorzubeugen: Der Senat ist nicht der Auffassung, daß eine eingesperrte Frau, die den Geschlechtsverkehr widerstandslos über sich ergehen läßt, nicht vergewaltigt worden sein kann. Der Tatrichter muß aber feststellen, daß die Freiheitsberaubung als Gewalt und/oder die ausweglose Situation etwa durch einen körperlich Überlegenen mit entsprechendem Auftreten oder Gebärden im Sinne einer konkludenten Drohung mit gegenwärtiger Gefahr für Leib oder Leben als Mittel zur Durchführung des Geschlechtsverkehrs eingesetzt werden...« (BGH, NStZ 1995, 229, 230).

Psychische und verbale Einwirkungen auf die Frau, das Verbringen des Opfers an einen abgelegenen Ort oder das Einsperren in einen Raum reichen in aller Regel nicht für die Bestrafung wegen Vergewaltigung (vgl. Kruse/ Sczesny 1993; zur Rechtsprechung zum Gewaltbegriff Schapira 1977; Frommel 1993; Sick 1995). Hinzutreten müssen noch Gewalttätigkeiten oder ein nachhaltiges Einwirken auf das körperliche Wohlbefinden des Opfers. Das hat zur Folge, daß das Opfer bei Anwendung nur psychischer Gewalt oder wenn der Täter eine hilflose Lage ausnutzt, Widerstand leisten muß, mit der Gefahr der gesteigerten Gewalt durch den Täter.[2]

Nach langwierigen Debatten innerhalb und außerhalb des Parlamentes (BT-Drs. 13/323; BT-Drs. 13/2463; BT-Drs. 13/4543; Shapira 1977; Mösl 1989; Frommel 1993; Kruse/Sczesny 1993; Nelles 1995; Sick 1995; Helmken 1995; Schünemann 1996; Frommel 1996) wurden durch das 33. Strafrechtsänderungsgesetz die §§ 177 bis 179 StGB reformiert (BGBl. I 1997, 1607). An die Stelle der bisherigen Vorschriften, die die Vergewaltigung und die sexuelle Nötigung bestraften, ist 1997 eine einheitliche Vorschrift getreten, der § 177 StGB.

---

[1] Im Rahmen der sexuellen Nötigung ist die Interpretation der Erheblichkeitsschwelle des § 184 c StGB eigentümlich restriktiv (Frommel 1993). Eine sexuelle Handlung setzt nach der Rechtsprechung voraus, daß der Körper des Opfers in Mitleidenschaft gezogen wird, der Täter muß auf den Körper des Opfers einwirken. Es ist für eine Bestrafung nach § 178 StGB nicht ausreichend, wenn nur die Kleidung des Opfers oder seine Psyche in Mitleidenschaft gezogen wird. Daher fällt das Ejakulieren auf die Kleidung einer festgehaltenen Frau nicht unter den Tatbestand der sexuellen Nötigung (BGH, NStZ 1992, 433). Allerdings wurde der Täter wegen Nötigung und exhibitionistischer Handlung bestraft. Auch das Herunterreißen der Kleidung stellt an sich noch keine sexuelle Handlung dar (BGH NStZ 1990, 490).

[2] Bei Kindern und Behinderten werden zuweilen geringere Anforderungen an das Ausmaß der Gewalt gestellt. Gewalt wird vom Bundesgerichtshof dann bejaht, wenn ein Stiefvater seine 10jährige Stieftochter durch ein mehrere Stunden andauerndes Laufen durch den Wald gefügig macht (BGH, NStZ 1996, 276) oder wenn einer körperbehinderten Frau der Weg zum Rollstuhl versperrt wird (BGH, NStZ 1996, 31).

§ 177 Sexuelle Nötigung; Vergewaltigung

(1) Wer eine andere Person mit Gewalt, durch Drohung mit gegenwärtiger Gefahr für Leib oder Leben oder unter Ausnutzen einer Lage, in der das Opfer der Einwirkung des Täters schutzlos ausgeliefert ist, nötigt, sexuelle Handlungen
1. des Täters oder
2. einer dritten Person an sich zu dulden oder an
3. dem Täter oder
4. einer dritten Person
vorzunehmen, wird mit Freiheitsstrafe nicht unter einem Jahr bestraft.
(2) In minder schweren Fällen ist die Strafe Freiheitsstrafe von sechs Monaten bis zu fünf Jahren.
(3) In besonders schweren Fällen ist die Strafe Freiheitsstrafe nicht unter zwei Jahren. Ein besonders schwerer Fall liegt in der Regel vor, wenn
1. der Täter mit dem Opfer den Beischlaf vollzieht oder ähnliche sexuelle Handlungen an dem Opfer vornimmt, die dieses besonders erniedrigen, insbesondere, wenn sie mit einem Eindringen in den Körper verbunden sind (Vergewaltigung),
2. die Tat von mehreren gemeinschaftlich begangen wird oder
3. der Täter das Opfer bei der Tat körperlich schwer mißhandelt oder es durch die Tat in die Gefahr des Todes oder einer schweren Gesundheitsschädigung bringt.
(4) Verursacht der Täter durch die Tat leichtfertig den Tod des Opfers, so ist die Strafe Freiheitsstrafe nicht unter fünf Jahren.

Die neugefaßte Vorschrift beinhaltet gegenüber der alten Rechtslage erhebliche Veränderungen.
- Die Vergewaltigung und die sexuelle Nötigung in der Ehe sind strafbar. Das Recht auf sexuelle Selbstbestimmung ist nunmehr unteilbar. Es wird durch die Eheschließung weder beseitigt noch eingeschränkt. Widerspruchs- oder Versöhnungsklausel sind in die reformierte Vorschrift nicht aufgenommen worden.
- Die Begrenzung der Vorschrift auf die vaginale Penetration wurde beseitigt. Andere Sexualpraktiken, die besonders erniedrigend sind, vor allen Dingen wenn sie mit einem Eindringen in den Körper verbunden sind (Anal- und Oralverkehr, aber auch das Benutzen von Gegenständen (Schönke/Schröder 1997, Anm. 3b Vorbem. § 174ff StGB) werden als Vergewaltigung bestraft.
- Der neue § 177 StGB ist geschlechtsneutral formuliert, da auch Männer Opfer sexueller Gewalt sein können. Die Verwendung des Begriffs »andere Person« im reformierten § 177 StGB verdeutlicht, daß anale und orale Sexualhandlungen bei Männern als Vergewaltigung bestraft werden können.
- Die bisherige Rechtslage führte zum Freispruch eines Täters wegen sexueller Nötigung oder Vergewaltigung angeklagten Täters, wenn er keine physische Gewalt angewendet hatte, um den körperlichen Widerstand des Opfers zu brechen. § 177 StGB fügt den Nötigungsmitteln der Gewalt und

der Drohung mit gegenwärtiger Gefahr für Leib oder Leben ein weiteres Mittel hinzu. Jetzt werden auch Fälle erfaßt, in denen der Täter eine Lage ausnutzt, in der das Opfer der Einwirkung des Täters schutzlos ausgeliefert ist. Damit kann ein Täter als Vergewaltiger abgeurteilt werden, wenn eine Frau aus Angst vor den möglichen Konsequenzen einer Gegenwehr den Geschlechtsverkehr über sich ergehen läßt[1] oder wenn sie starr und gelähmt vor Schreck unfähig ist, sich gegen die sexuellen Übergriffe zu wehren. Damit soll die Strafbarkeitslücke geschlossen werden, die die Rechtsprechung dadurch geschaffen hatte, daß der Gewaltbegriff restriktiv ausgelegt wurde. Allerdings hat der Bundesgerichtshof jüngstens einen Professor wegen sexueller Nötigung verurteilt, der eine Doktorandin sexuell attackierte. In der Ankündigung des Professors, die Promotion werde scheitern und einem Professor könne man unterhalb eines Mordes nichts anhängen, sahen die Bundesrichter eine rechtswidrige Drohung. Da er die Doktorandin genötigt hatte, sich in seiner Nähe aufzuhalten, und er ihre ablehnende Haltung kannte, stellte es eine gewaltsame sexuelle Nötigung dar, daß er sie aufs Bett drängte und ihr an Brust und Scheide faßte (FR vom 14.3.1997).

Die Reform der §§ 177 StGB, vor allem die Bestrafung der erzwungenen Sexualität in der Ehe als Vergewaltigung oder sexuelle Nötigung, war eine zwingend gebotene Modernisierung des Strafrechts und nicht nur eine von Feministinnen durchgeboxte »symbolische Gesetzgebung im schlechten Sinn« (Schünemann 1996, 307, 327). Die Reform hat juristisch mit einem Restbestand patriachalischer Vorherrschaft Schluß gemacht und zur Beseitigung des Schildes aufgefordert, das immer noch vor vielen ehelichen Schlafzimmern hängt: »Bei Eintritt in dieses Zimmer verlassen sie den Rechtsstaat.«

Die Neufassung des Strafrechts berücksichtigt die Entwicklung zu einer partnerschaftlichen Ehe, zur Gleichberechtigung der Geschlechter (Barabas/Erler 1994). Es war daher überfällig, daß erzwungene Sexualhandlungen innerhalb und außerhalb der Ehe im Strafrecht gleichgestellt worden sind.

Kritiker der Gleichstellung sehen diese als nutzlose »Propagierung der Hochkriminalisierung«, die »nicht nur in kriminalpolitischer, sondern auch in gesellschaftspolitischer Hinsicht nichts weniger als fortschrittlich, sondern reaktionär« (Schünemann 1996, 307, 328) ist. Ihnen ist entgegenzuhalten, daß es nicht um Hochkriminalisierung, sondern um Gleichstellung geht, und daß das sexuelle Selbstbestimmungsrecht selbstverständlich nicht teilbar ist.

---

[1] Seit langem ist empirisch belegbar, daß der körperliche Widerstand gegen einen Vergewaltiger ganz erhebliche körperliche Risiken für Leib und Leben des Opfers hervorruft.

9.2 Sexueller Mißbrauch widerstandsunfähiger Personen, § 179 StGB

Der § 179 StGB wurde ebenfalls 1997 neu gefaßt.

> **§ 179 Sexueller Mißbrauch widerstandsunfähiger Personen**
>
> (1) Wer eine andere Person, die
> 1. wegen einer krankhaften seelischen Störung, wegen einer tiefgreifenden Bewußtseinsstörung, wegen Schwachsinns oder einer schweren anderen seelischen Störung oder
> 2. körperlich
>
> zum Widerstand unfähig ist, dadurch mißbraucht, daß er unter Ausnutzung der Widerstandsunfähigkeit sexuelle Handlungen an ihr vornimmt oder an sich von ihr vornehmen läßt, wird mit Freiheitsstrafe bis zu fünf Jahren oder mit Geldstrafe bestraft.
> (2) Der Versuch ist strafbar.
> (3) In besonders schweren Fällen ist die Strafe Freiheitsstrafe von einem Jahr bis zu zehn Jahren.

Auch nach der Reform des § 179 StGB ist festzuhalten: Die diskriminierend geringe Strafandrohung bleibt erhalten. Die Vorschrift ist ein Sondertatbestand, der mildere Strafen für sexuelle Handlungen an geistig und körperlich Behinderten vorsieht (Helmken 1995). Es ist nicht einzusehen und verletzt den Gleichheitsgrundsatz, wenn sexuelle Handlungen mit einer widerstandsunfähigen oder eingeschränkt widerstandsfähigen Person vom Unrechtsgehalt her anders bewertet werden als derartige Taten gegen einen »normalen« Menschen (Helmken 1997). Hinter diesem geringeren Strafrahmen verbirgt sich die Vorstellung:
– »Behinderte Frauen haben keine Sexualität. Sexuelle Selbstbestimmung ist deshalb gar nicht möglich.
– Behinderte Frauen (besonders geistig behinderte) haben eine animalische Sexualität. Ihr Sexualverhalten ist unkontrolliert; sie werfen sich jedem Mann an die Brust.
– Vergewaltigung kommt bei behinderten Frauen nicht vor, weil sie niemals ›Nein‹ sagen würden. Für sie interessiert sich sowieso keiner.
– Sexualisierte Gewalt gegen behinderte Frauen ist nicht so schlimm, weil die wenigsten verstehen, was mit ihnen geschieht« (Degener 1996, 99, 100; zur Sexualität bei geistigbehinderten Erwachsenen Riegel 1995).
Im Gegensatz zu früherem Recht ist dagegen die Beschränkung auf außereheliche sexuelle Handlungen beseitigt worden. Der sexuelle Mißbrauch ist daher jetzt auch strafbar, wenn er in einer Ehe stattfindet.
Es ist davon auszugehen, daß der Anwendungsbereich des § 179 StGB auf relativ wenige Fälle beschränkt bleibt, denn die Vergewaltigung und sexuelle Nötigung behinderter Menschen werden nach der Reform des Vergewaltigungsparagraphen nunmehr durch § 177 StGB erfaßt (Degener 1996; Helmken 1996). Diese Vorschrift bestraft nämlich seit 1997 die Vergewaltigung auch dann, wenn der Täter eine Lage ausnutzt, in der das Opfer der Einwirkung des Täters schutzlos ausgeliefert ist.

§ 179 StGB unterscheidet zwischen der psychischen und der körperlichen Widerstandsunfähigkeit. Der Mißbrauch des Opfers ist regelmäßig schon dann zu bejahen, wenn der Täter die Widerstandsunfähigkeit ausnutzt (Schönke/Schröder 1997, Anm. 11 zu § 179 StGB).

9.3 Sexueller Mißbrauch von Gefangenen, behördlich Verwahrten oder Kranken in Anstalten, § 174 a StGB

Freiheitsentziehung ist eine der einschneidendsten Zwangslagen, in die ein Mensch geraten kann. Die Herabwürdigung des Gefangenen oder des behördlich Verwahrten zu einem Sexualobjekt wird durch § 174 a StGB bestraft.

Ein ganz normaler Fall: Der Bademeister eines Behindertenwohnheims in Süddeutschland steht vor Gericht. Angeklagt wird er wegen sexuellem Mißbrauch von Kranken und Widerstandsunfähigen in Anstalten. Der 61jährige gesteht den mehrmaligen Geschlechtsverkehr mit einer geistig und körperlich schwer behinderten Frau, die er während therapeutischer Maßnahmen betreuen sollte. Eine weitere 35jährige Behinderte wurde ebenfalls vom Bademeister sexuell mißbraucht. Der Bademeister behauptete, die Frau sei einverstanden gewesen, die Initiative sei von ihr ausgegangen. Nach einem psychologischen Gutachten ist die Frau auf der Entwicklungsstufe eines mittleren Kleinkindes (FR vom 29.04.1997).

Der einschlägige § 174 a StGB lautet:

> **§ 174 a Sexueller Mißbrauch von Gefangenen, behördlich Verwahrten oder Kranken in Anstalten**
>
> (1) Wer sexuelle Handlungen
> 1. an einem Gefangenen oder
> 2. an einem auf behördliche Anordnung Verwahrten,
>
> der ihm zur Erziehung, Ausbildung, Beaufsichtigung oder Betreuung anvertraut ist, unter Mißbrauch seiner Stellung vornimmt oder an sich von dem Gefangenen oder Verwahrten vornehmen läßt, wird mit Freiheitsstrafe bis zu fünf Jahren oder mit Geldstrafe bestraft.
> (2) Ebenso wird bestraft, wer den Insassen einer Anstalt für Kranke oder Hilfsbedürftige, der ihm zur Beaufsichtigung oder Betreuung anvertraut ist, dadurch mißbraucht, daß er unter Ausnutzung der Krankheit oder Hilfsbedürftigkeit sexuelle Handlungen an ihm vornimmt oder an sich von dem Insassen vornehmen läßt.
> (3) Der Versuch ist strafbar.

§ 174 a StGB spielt in der sozialen Arbeit eine nicht unbedeutende Rolle. Er bestraft den sexuellen Mißbrauch von Gefangenen, behördlich Verwahrten oder Kranken in Anstalten. Diese Vorschrift hat zum Ziel, die sexuelle Freiheit der Abhängigen zu sichern sowie das reibungslose Funktionieren der Institutionen und das Vertrauen der Allgemeinheit in die Integrität der professionellen Helfer zu gewährleisten (Horn 1996, SK Anm. 2 zu § 174a StGB).

Gefangene i.S. dieser Vorschrift sind Personen, denen durch hoheitliche

Zwangsgewalt die persönliche Freiheit entzogen ist. Dazu gehören in erster Linie Strafgefangene und Untersuchungshäftlinge (Schönke/Schröder 1997, Anm. 3 zu § 120 StGB).
Wer als behördlich in einer Anstalt verwahrt gilt, ist teils unproblematisch, teils umstritten. Unter die Vorschrift fallen u.a. Sicherungsverwahrte nach § 66 StGB und Personen, die nach den §§ 63, 64 StGB in einem psychiatrischen Krankenhaus oder einer Entziehungsanstalt oder die nach § 71 Abs. 2 JGG einstweilen in einem Heim untergebracht sind. Ferner fallen unter diese Bestimmung die nach dem Bundesseuchengesetz bzw. nach dem Geschlechtskrankheitsgesetz oder nach landesrechtlichen Unterbringungs- und sonstigen Polizei- bzw. Ordnungsgesetzen Untergebrachten oder Verwahrten.
§ 174 a StGB setzt jedoch voraus, daß die Verwahrten in der Einrichtung übernachten. Die ambulante und teilstationäre Beratung, Behandlung oder Betreuung geistig oder seelisch Kranker oder behinderter Personen wird durch diese Vorschrift nicht erfaßt (BR-Drs. 295/97, 8). Das hat der Bundesgerichtshof in einer Entscheidung aus dem Jahre 1979 entschieden (BGHSt 29,16).
Streitig ist, ob Kinder und Jugendliche, die Leistungen der Jugendhilfe nach § 34 KJHG in einem Heim in Anspruch nehmen, als in einer »Anstalt behördlich verwahrt gelten«. Die Antwort kann nur lauten: Nein. Das Kinder- und Jugendhilfegesetz hat einen Perspektivenwandel in der Jugendhilfe von staatlichen Eingriffen zu öffentlichen Dienstleistungen vollzogen. Die Jugendhilfe hat ihren eingreifenden polizeilichen Charakter verloren und ist zu einem genuinen sozialstaatlichen Dienstleistungsangebot geworden. Damit verträgt sich unter keinen Umständen, die Empfänger von Jugendhilfeleistungen als behördlich Verwahrte zu erachten (Schönke/Schröder 1997, Anm. 4 zu 120 StGB). Aus diesem Grunde macht sich auch ein Heimleiter nicht nach § 174a StGB strafbar, wenn er mit einem erwachsenen Heimzögling das Bett teilt (BayObIG, NJW 1995, 1623).[1]
Der Täter muß seine Stellung mißbrauchen. Ein Mißbrauch von Gefangenen liegt dann vor, wenn der Täter die Gelegenheit, die seine Stellung bietet, unter Verletzung seiner Dienstpflichten bewußt zu sexuellen Kontakten benutzt. Ein Mißbrauch kann auch dann gegeben sein, wenn der Gefangene einverstanden ist oder gar selbst die Initiative ergriffen hat (Schönke/Schröder 1997, Anm. 6 zu § 174 a StGB). Aber: Echte Liebesbeziehungen – z.B. zwischen Gefängnispsychologin und einem Gefangenen – sollen nicht bestraft werden.

---

[1] Allerdings ist die Wahrscheinlichkeit sehr hoch, daß der Heimleiter grob die professionellen pädagogischen Standards mißachtet hat und er daher mit arbeitsvertraglichen Konsequenzen rechnen muß. Darüber hinaus kann das Verhalten des Heimleiters u.U. auch schadensersatzrechtliche Folgen haben. Das OLG Düsseldorf sprach einer Patientin ein Schmerzensgeld in Höhe von 10.000,– DM zu, weil der Therapeut unverantwortlich und grob fehlerhaft, sei es aus eigenem Antrieb oder aus Verlangen der Patientin, persönliche Beziehungen mit emotionalen Bindungen zu ihr aufgenommen hat (OLG Düsseldorf, NJW 1990, 1543). Adäquate Reaktionen auf solche Verhaltensweisen in Heimen und anderen Einrichtungen der Jugendhilfe sind nicht strafrechtliche Sanktionen, sondern arbeitsrechtliche Maßnahmen und zivilrechtliche Schadensersatzansprüche. In diesem Zusammenhang: Die Bundesregierung hat einen Gesetzentwurf vorgelegt, nach dem sexuelle Übergriffe in Psychotherapieverfahren strafrechtlich geahndet werden können (BR-Drs. 295/97).

Bei auf behördlicher Anordnung Verwahrten besteht der Mißbrauch darin, daß der Täter die Krankheit oder Hilfsbedürftigkeit zu sexuellen Handlungen ausnutzt. Die Zustimmung des Verwahrten schließt die Strafbarkeit nur in absoluten Ausnahmefällen aus, nämlich nur dann, wenn von einem wirklich freiem Entschluß die Rede sein kann.

9.4 Sexueller Mißbrauch unter Ausnutzung einer Amtsstellung, § 174 b StGB

> **§ 174 b Sexueller Mißbrauch unter Ausnutzung einer Amtsstellung**
>
> (1) Wer als Amtsträger, der zur Mitwirkung an einem Strafverfahren oder an einem Verfahren zur Anordnung einer freiheitsentziehenden Maßregel der Besserung und Sicherung oder einer behördlichen Verwahrung berufen ist, unter Mißbrauch der durch das Verfahren begründeten Abhängigkeit sexuelle Handlungen an demjenigen, gegen den sich das Verfahren richtet, vornimmt oder an sich von dem anderen vornehmen läßt, wird mit Freiheitsstrafe bis zu fünf Jahren oder mit Geldstrafe bestraft.
> (2) Der Versuch ist strafbar.

§ 174 b StGB will vor dem sexuellen Mißbrauch unter Ausnutzung einer Amtsstellung schützen. Derjenige, der seine dienstliche Stellung im Strafverfahren zum sexuellen Mißbrauch des Beschuldigten benutzt, macht sich strafbar (Schubarth 1981). Wer als Amtsträger, der zur Mitwirkung an einem Strafverfahren, einschließlich eines Ermittlungsverfahren, an einem Verfahren zur Anordnung einer freiheitsentziehenden Maßregel der Besserung oder Sicherung oder einer behördlichen Verwahrung (z.B. Unterbringung nach dem Bundesseuchengesetz, Verwahrung nach den Polizei- und Ordnungsgesetzen der Länder, Abschiebehaft etc.) berufen ist, sexuelle Handlungen unter Mißbrauch des Abhängigkeitsverhältnisses vornimmt, macht sich strafbar (vgl. OLG Hamburg, NJW 1980, 2592). Im Gegensatz zu § 174 a StGB sind die Opfer noch auf freiem Fuß, also nicht verwahrt oder gefangen.

Nach § 174 b StGB ist es nicht ausreichend, wenn der Täter »lediglich« seine Stellung mißbraucht. Vielmehr muß die Tat unter Mißbrauch der durch das Verfahren begründeten Abhängigkeit begangen werden (Schönke/Schröder 1997, Anm. 7 zu § 174b StGB). Der Täter muß – offen oder verdeckt – bei dem Betroffenen die Befürchtung wecken oder ausnutzen, er werde das Verfahren zu seinem Nachteil beeinflussen.

Literatur

FROMMEL, MONIKA (1993): Die höchstrichterliche Rechtsprechung zur Vergewaltigung und sexuellen Nötigung – unverfroren und unbeirrbar, in: Böllinger/Lautmann, (Hrsg.): Vom Guten, das noch stets das Böse schafft, Frankfurt am Main, 113

DEGENER, THERESIA (1996): Gleichstellung behinderter Opfer bei der strafrechtlichen Verfolgung sexualisierter Gewalttaten, in: Streit, 99

10 STRAFBARKEIT WEGEN FÖRDERUNG SEXUELLER HANDLUNGEN MINDERJÄHRIGER, § 180 STGB

Auf einer Klassenfahrt erlauben die Pädagogen den 15 und 16jährigen Mädchen und Jungen, gemeinsam in einem Raum zu übernachten. Die Eltern sind äußerst empört und zeigen die Lehrer an. Die mögliche Strafbarkeit in solchen und ähnlichen Fällen richtet sich danach, ob die Pädagogen sexuelle Handlungen von Minderjährigen gefördert haben. Die einschlägige Vorschrift aus dem Strafgesetzbuch lautet:

> **§ 180 Förderung sexueller Handlungen Minderjähriger**
>
> (1) Wer sexuellen Handlungen einer Person unter sechzehn Jahren an oder vor einem Dritten oder sexuellen Handlungen eines Dritten an einer Person unter sechzehn Jahren
> 1. durch seine Vermittlung oder
> 2. durch Gewähren oder Verschaffen von Gelegenheit
>
> Vorschub leistet, wird mit Freiheitsstrafe bis zu drei Jahren oder mit Geldstrafe bestraft. Satz 1 Nr. 2 ist nicht anzuwenden, wenn der zur Sorge für die Person Berechtigte handelt; dies gilt nicht, wenn der Sorgeberechtigte durch das Vorschubleisten seine Erziehungspflicht gröblich verletzt.
>
> (2) Wer eine Person unter achtzehn Jahren bestimmt, sexuelle Handlungen gegen Entgelt an oder vor einem Dritten vorzunehmen oder von einem Dritten an sich vornehmen zu lassen, oder wer solchen Handlungen durch seine Vermittlung Vorschub leistet, wird mit Freiheitsstrafe bis zu fünf Jahren oder mit Geldstrafe bestraft.
>
> (3) Wer eine Person unter achtzehn Jahren, die ihm zur Erziehung, zur Ausbildung oder zur Betreuung in der Lebensführung anvertraut oder im Rahmen eines Dienst- oder Arbeitsverhältnisses untergeordnet ist, unter Mißbrauch einer mit dem Erziehungs-, Ausbildungs-, Betreuungs-, Dienst- oder Arbeitsverhältnis verbundenen Abhängigkeit bestimmt, sexuelle Handlungen an oder vor einem Dritten vorzunehmen oder von einem Dritten an sich vornehmen zu lassen, wird mit Freiheitsstrafe bis zu fünf Jahren oder mit Geldstrafe bestraft.
>
> (4) In den Fällen der Absätze 2 und 3 ist der Versuch strafbar.

§ 180 StGB bestraft Verhaltensweisen von Pädagogen, Lehrerinnen, Erziehern aber auch von Eltern, Großeltern, Pflegeeltern etc., die früher als Kuppelei bekannt waren und abgeurteilt wurden.
Wir hatten gesehen, daß noch zu Beginn der 50er Jahre der Bundesgerichtshof in klassischer Manier die Strafbarkeit der Kuppelei mit dem Sittengesetz begründete. Das bedeutete nach dem alten Rechtszustand zunächst, daß jede Form der Unterstützung der Unzucht strafbar war. Nach dem Kuppeleiparagraphen konnte jemand bestraft werden, wenn er zum Beispiel einem erwachsenen Liebespaar Unterkunft gewährte, weil er dadurch die Unzucht förderte.
Die 1973 reformierte Strafvorschrift geht dagegen davon aus, *daß die Förderung sexueller Handlungen für sich genommen kein strafrechtlich rele-*

vantes Unrecht darstellt. Das Strafrecht soll nur gegen solche Förderungshandlungen zur Anwendung kommen, durch die ein schutzwürdiges Rechtsgut verletzt wird. »Dabei ist dem Jugendschutz und der Festlegung eines bestimmten Schutzalters bei den einzelnen Jugendschutztatbeständen besondere Beachtung geschenkt worden. (...) Deshalb verzichtet z.b. der neue § 180 I StGB bei der Förderung sexueller Handlungen Jugendlicher unter 16 Jahren auf die früher die Strafbarkeit einschränkenden Kriterien des Eigennutzes und der Gewohnheitsmäßigkeit. Der Gesetzgeber wollte hierdurch ›die geschlechtliche Entwicklung junger Menschen vor Manipulationen Dritter abschirmen‹, nicht aber Minderjährige vor der Vornahme sexueller Handlungen durch den Täter schützen« (BGH, NJW 1986, 2442).

10.1 Die Förderung sexueller Handlungen bei Jugendlichen unter 16 Jahren

§ 180 Abs. 1 StGB bestraft Förderunghandlungen, wenn sie sich auf den sexuellen Kontakt zwischen mindestens einer geschützten Person und mindestens einem Dritten beziehen; bestraft wird die Förderung fremder Sexualität. § 180 Abs. 1 StGB ist ein sog. *abstraktes Gefährdungsdelikt*, d.h., diese Strafvorschrift ist bereits dann erfüllt, wenn sexuellen Handlungen einer Person unter 16 Jahren
- an oder vor einem Dritten oder
- sexuellen Handlungen eines Dritten an einer Person unter 16 Jahren

Vorschub geleistet wird.

Abstrakte Gefährdungsdelikte zeichnen sich dadurch aus, daß ein »typischerweise gefährliches Verhalten als solches unter Strafe gestellt wird, ohne daß im konkreten Fall ein Gefährdungserfolg eingetreten zu sein braucht« (Roxin 1994, 340). Die Strafbarkeit hängt nicht davon ab, ob es tatsächlich zu sexuellen Handlungen gekommen ist (h.M. vgl. Schönke/ Schröder 1997, Anm. 6 zu § 180 StGB). Insofern ist § 180 Abs.1 StGB mit anderen abstrakten Gefährdungsdelikten vergleichbar. Bei einer jenseits der absoluten Fahruntüchtigkeit durchgeführten Trunkenheitsfahrt kommt es nicht darauf an, ob die Fahrt in einem Unfall geendet hat und Personen- oder Sachschäden entstanden sind. Für die Strafbarkeit nach § 323 a StGB reicht die Gefährdung des Straßenverkehrs, die von dem fahrenden Trunkenbold ausgeht.

Die Förderung sexueller Handlungen von Minderjährigen unter 16 Jahren ist gemäß § 180 Abs. 1 StGB prinzipiell strafbar. Die Tathandlung ist das Vorschubleisten zu sexuellen Handlungen des Minderjährigen an oder vor einem Dritten.

10.1.1 Das Vorschubleisten

Vorschubleisten bedeutet ein auf Förderung der sexuellen Handlung gerichtetes Verhalten. Daß es auf Grund dieser Förderung tatsächlich zu sexuellen Handlungen kommt ist nicht erforderlich (BGHSt, 24, 249; BGH, NJW 1997, 334). »Wird also z.B. Gelegenheit geschaffen, daß Jugendliche miteinander schlafen können, so ist dann bereits Vorschub geleistet, wenn es zu konkreten Handlungen des Jugendlichen in dieser Richtung ge-

kommen ist, ohne daß beide tatsächlich den Geschlechtsverkehr vollzogen haben« (Münder, 1986, 353, 354). Die Tathandlung, das Vorschubleisten, kann in zwei Varianten erfüllt sein:
- Zum einen kommt die *Vermittlung* in Betracht. Vermittlung ist die tatsächliche Herstellung der persönlichen Beziehung zwischen dem Minderjährigen und einem Dritten (Horn 1996, SK Anm. 8 zu 180 StGB) etwa die Veranstaltung von Sex-Partys oder aber auch die Adressenvermittlung bzw. die Beschäftigung von Callgirls.

Eine Vermittlung liegt auch dann vor, wenn ein Bruder seine 15jährige Schwester dazu überredet, mit seinem Freund sexuelle Kontakte aufzunehmen (vgl. im einzelnen Schönke/Schröder 1997, Anm. 8 zu § 180 StGB). In der pädagogischen Praxis ist diese Variante zwar möglich, aber nicht sehr wahrscheinlich.
- Zum anderen kann der Tatbestand auch durch *Gewähren oder Verschaffen von Gelegenheiten* zu sexuellen Kontakten zwischen dem Jugendlichen und einem Dritten erfüllt sein. Dabei kommt es für die Strafbarkeit nicht darauf an, ob günstige Voraussetzungen erst geschaffen werden, z.B. durch Überlassen von Räumen oder durch Beseitigen ungünstiger Bedingungen. Das wäre der Fall, wenn der Pädagoge Personen wegschickt, von denen ein Einschreiten zu erwarten wäre (Horn 1996, SK Anm. 10 zu 180 StGB).

»Für die konkrete Situation z.B. bei Ferienmaßnahmen ergibt sich etwa folgendes: Es ist nicht stets notwendig, Jungen und Mädchen in jeweils voneinander getrennten Schlafbereichen unterzubringen. Benutzen sie gemeinsame Schlafbereiche, muß eine Möglichkeit der Aufsicht bestehen (z.B. Betreuer übernachten mit im Schlafraum). Das bedeutet also, daß für Situationen, in denen es eher zu sexuellen Aktivitäten kommen kann (... wie z.B. gemeinsame Übernachtungen), eine erhöhte Kontrollmöglichkeit geschaffen werden muß. Hinreichend ist aber auch die getrennte Unterbringung in verschiedenen Zimmern. (...) Auch die gemeinsame Benutzung sanitärer Einrichtungen, wie etwa Waschräume, Bäder, Sauna usw., ist nicht von vornherein ausgeschlossen. Abgesehen davon, daß eine Benutzung in einem zeitlich nacheinander gestaffelten Rhytmus unproblematisch wäre, ist davon auszugehen, daß ein Gewähren oder Verschaffen von Gelegenheiten im Sinne von § 180 StGB dann nicht vorliegt, wenn bei einer gemeinsamen Benutzung gleichzeitig durch geeignete Aufsichtsmaßnahmen sichergestellt ist, daß es zu sexuellen Aktivitäten nicht kommen kann« (Münder 1986, 353, 354).

Um nach § 180 Abs. 1 StGB bestraft zu werden, ist es stets erforderlich, daß die geschaffene Gelegenheit zu einer unmittelbaren Gefährdung des Jugendlichen führt (Horn 1996, SK Anm. 11 zu 180 StGB; Schönke/Schröder 1997, Anm. 6 zu § 180 StGB). Das Vorschubleisten muß sich auf Ort und Zeit der sexuellen Handlung konkretisiert haben. Wenn ein Wohnungseigentümer einem Jugendlichen den Haustürschlüssel »nur so« überläßt und vage mit sexuellen Handlungen rechnet, dann ist die erforderliche Konkretisierung nicht gegeben. Gleiches gilt für das Verschaffen von Verhütungsmitteln (Tröndle 1997, Anm. 8 zu § 180 StGB, Häbel 1992 a, einschränkend Horn 1996, SK Anm. 11 zu 180 StGB).

Wenn Pädagogen bei einer Ferienfreizeit dafür sorgen, daß ausreichend Kondome zur Verfügung stehen, dann fehlt noch der konkrete Bezug zu einer sexuellen Handlung. Sie machen sich nicht strafbar.

Diese Auffassung wird auch durch eine Entscheidung des Bayerischen Obersten Landesgerichts bestätigt. Das Gericht hatte sich damit auseinanderzusetzen, wie der Begriff »Verschaffen einer Gelegenheit« – allerdings im Rahmen des Betäubungsmittelgesetzes – auszulegen sei. Es hat entschieden, »daß das Verschaffen einer Gelegenheit eine Tätigkeit beinhalten muß, die günstige äußere Bedingungen für den unbefugten Verbrauch von Betäubungsmitteln (bzw. den Erwerb oder die Abgabe) schafft, die dem Verbrauch unmittelbar förderlich ist.« (BayObLG, NStZ 1991, 496, 497) Da die Verteilung von Verhütungsmitteln nicht unmittelbar sexuelle Handlungen fördert, ist sie unter strafrechtlichen Aspekten nicht relevant.

10.1.2 Vorschubleisten durch Unterlassen

Der neuralgische Punkt im Rahmen des § 180 Abs. 1 StGB ist indessen, daß der Tatbestand eines Deliktes im allgemeinen auch durch Unterlassen begangen werden kann. In § 13 StGB ist etwas umständlich formuliert: »Wer es unterläßt, einen Erfolg abzuwenden, der zum Tatbestand eines Strafgesetzes gehört, ist nach diesem Gesetz nur dann strafbar, wenn er rechtlich dafür einzustehen hat, daß der Erfolg nicht eintritt, und wenn das Unterlassen der Verwirklichung des gesetzlichen Tatbestandes durch ein Tun entspricht.«
Die einleuchtende Grundfeststellung dieser Norm ist, daß es bei bestimmten Delikten keinen Unterschied macht, ob man eine Strafvorschrift durch aktives Tun oder durch Unterlassen erfüllt. Es besteht nämlich im Ergebnis kein Unterschied, ob ein Vater sein Kind mit dem Hammer erschlägt oder es aber durch Nahrungsentzug schlicht verhungern läßt.
Ein Unterlassen ist dann strafbar, wenn der Unterlassende eine sog. *Garantenstellung* besitzt.[1] Das bedeutet, der Täter muß zur Erfolgsabwendung verpflichtet sein, wie z.B. die Eltern, die ihr Kind nicht verhungern lassen dürfen. Wann im Einzelfall eine Garantenstellung besteht, ist nicht schematisch zu beantworten (Tröndle 1997, Anm. 6 ff zu § 13 StGB).[2] Ohne im einzelnen auf die Problematik der Garantenstellung in der sozialen Arbeit einzugehen, besteht beispielsweise in den folgenden Konstellationen eine Pflicht zur Verhinderung des strafrechtlich relevanten »Erfolges.«

■ Eine Rechtspflicht, tätig zu werden, kann aus enger persönlicher Verbundenheit resultieren. Eine moralische Pflicht, wie sie sich aus Liebesver-

---

[1] Diese Art der Unterlassungsdelikte werden als unechte bezeichnet, weil die Verpflichtung zum Tun nicht ausdrücklich im Strafgesetzbuch normiert ist. Das Strafgesetzbuch kennt auch sog. echte Unterlassungsdelikte, wie z.B. die unterlassene Hilfeleistung nach § 323 c StGB.

[2] Es hängt u.a. auch von der Art der sozialpädagogischen oder sozialarbeiterischen Tätigkeit ab. Ein Fall hat in jüngster Zeit für erhebliches Aufsehen gesorgt. Ein Kind wurde in einer vom ASD und von einem freien Träger betreuten Familie tot aufgefunden. Der Tod war Folge einer nicht natürlichen hochgradigen Auszehrung und Austrocknung. Das Amtsgericht hat die zuständige Sozialarbeiterin wegen fahrlässiger Tötung mit Strafvorbehalt verwarnt. In den sich anschließenden Verfahren vor dem LG Osnabrück und dem OLG Oldenburg ging es auch darum, inwieweit sich aus dem Kinder- und Jugendhilfegesetz für die Beschäftigen in den Jugendämtern eine Garantenpflicht ergibt. Das Problem ist umstritten, vgl. LG Osnabrück, ZfJ 1996, 524, mit Anmerkung Cramer 1997; OLG Oldenburg, ZfJ 1997, 56, mit Anmerkung Mörsberger/Restemeier 1997; Oehlmann-Austermann 1997; Bringewat 1997.

hältnissen oder Freundschaften ergeben kann, genügt aber im allgemeinen nicht (Schönke/Schröder 1997, Anm. 17 zu § 13 StGB). Es muß sich um eine rechtlich verfestigte Pflicht handeln. Hauptanwendungsfall ist die Familie (Geilen 1961). Mutter und Vater müssen dafür sorgen, daß ihre Kinder vor körperlichen Schäden bewahrt werden.

■ Eine Pflicht zur Hilfeleistung kann sich aus bestimmten Gemeinschaftsbeziehungen, sog. *Gefahrengemeinschaften* ergeben, so bei Wildwasserfahrten, Bergbesteigungen und gewiß auch bei den Angeboten der Erlebnispädagogik, bei natursportlich orientierten Unternehmungen wie Hochseesegeln, Polarwanderungen etc. (Wiesner u.a. 1995, Anm. 8 zu § 29 KJHG).

■ Eine Garantenpflicht kann auch bestehen, wenn jemand eine Gefahr für den Eintritt von Schäden geschaffen hat. Welche einschränkenden Anforderungen allerdings an das *Vorverhalten* zu stellen sind, ist im einzelnen umstritten (Schönke/Schröder 1997, Anm. 32ff zu § 13 StGB).

■ Eine Pflicht, Schäden zu vermeiden, kann sich schließlich auch aus gewissen *Autoritäts- und Lebensverhältnissen* ergeben (Schönke/Schröder 1997, Anm. 51 ff zu § 13 StGB). Erziehungsberechtigte haben dafür zu sorgen, daß Minderjährige keine Straftaten begehen. Auch ein Lehrer macht sich strafbar, wenn er rechtswidrige Taten seiner Schüler nicht verhindert. Es besteht kein Zweifel, daß diejenigen, denen Jugendliche zur Erziehung, zur Ausbildung oder zur Betreuung in der Lebensführung anvertraut sind, im Rahmen des § 180 Abs. 1 StGB eine Garantenstellung einnehmen. Sozialarbeiter und Pädagoginnen in Ferienfreizeiten, in Heimen oder Wohngemeinschaften haben die Einhaltung des Normzwecks des § 180 Abs. 1 StGB zu gewährleisten (Schönke/Schröder 1997, Anm. 51 ff zu § 13 StGB). »In Fällen der Fremderziehung (z.B. in Heimen und Wohngemeinschaften) ergibt sich für alle in der Erziehung und Betreuung Tätigen eine Garantenstellung gegenüber den ihnen anvertrauten Kindern und Jugendlichen grundsätzlich aus bestehenden Obhuts- und Erziehungspflichten. Sie bestehen darin, das Kindeswohl zu gewährleisten. Zum Kindeswohl gehört auch eine ungestörte sexuelle Entwicklung. Die Erzieherinnen haben damit grundsätzlich alles zu verhindern, was diese Entwicklung beeinträchtigen könnte, insbesondere strafrechtlich mißbilligte sexuelle Handlungen« (Häbel 1992a, 3 sowie 1992b).

Rechtsprechung und Rechtslehre sind sich dahingehend einig, daß die Strafbarkeit des »Nichtstun« davon abhängt, ob ein *normgemäßes Verhalten* überhaupt *zumutbar* ist (BGH, NStZ 1994, 29 m.w.N.). Es ist jeweils im konkreten Fall zu fragen, ob angesichts der Bedeutung des Rechtsgutes und der Lage und Fähigkeiten des Garanten ein Einschreiten zu fordern ist. Nicht zuzumuten ist beispielsweise eine Handlung, mit der der Garant eigene billigenswerte Interessen in erheblichem Umfang gefährden würde (Tröndle 1997, Anm. 16 zu § 13 StGB). Um es an einem Beispiel klar zu machen: Ein Ehemann muß – trotz Garantenstellung – gegen bestimmte Straftaten seiner Ehefrau nicht einschreiten. Er hat weder die Pflicht noch das Recht, die Lebensführung des anderen zu beeinflussen. Würde er in derartigen Fällen wegen eines Unterlassens strafrechtlich zur Verantwortung gezogen, liefe das auf eine Art Sippenhaft hinaus (Schönke/Schröder 1997, Anm. 53 zu § 13 StGB mit Verweisen auf die Rechtsprechung, die eher geneigt ist, den Ehegatten für verpflichtet zu halten, den anderen von Straftaten abzuhalten).

Eine Ehefrau kann sich aber wegen Beihilfe zu sexuellem Mißbrauch von Schutzbefohlenen strafbar machen, wenn sie nicht die Polizei ruft, obwohl ihr Ehemann die Töchter fortgesetzt sexuell mißbraucht. Es ist anerkannt, »daß im allgemeinen eine mit der Gefahr strafrechtlicher Verfolgung verbundene Anzeige nächster Angehöriger bei staatlichen Stellen nicht zumutbar ist. Doch gilt dieser Grundsatz nicht uneingeschränkt; es kommt vielmehr auf die Umstände des Einzelfalles an. Je schwerer die drohende Rechtsgutverletzung wiegt, um so eher ist die Zumutbarkeit der Anzeige zu bejahen« (BGH, NJW FamRZ, 1984, 883; vgl. auch Dallinger 1955). Zwar kann selbstverständlich nicht verlangt werden, daß in ähnlich gelagerten Fällen stets und ohne Prüfung des Einzelfalles die Strafverfolgungsorgane oder das Jugendamt eingeschaltet werden müssen, denn grundsätzlich muß die Möglichkeit eingeräumt werden, mit milderen Mitteln Abhilfe zu schaffen.

In pädagogischen Berufsfeldern ist es rechtlich abwegig, etwa die Polizei alarmieren zu müssen, um nicht in die Gefahr zu geraten, die Vorschrift des § 180 Abs. 1 StGB durch Unterlassen zu erfüllen. Freilich ist es, so die herrschende Meinung, angebracht – z.b. in einer Ferienfreizeit – abends einen Rundgang zu unternehmen, um sich zu überzeugen, daß männliche und weibliche Jugendliche getrennt in ihren Betten liegen.

Dagegen ist es nicht zumutbar, daß die Pädagogen permanent nächtlich wachen müssen, um die Jugendlichen von sexuellen Kontakten abzuhalten. Ein Letztes ist in diesem Zusammenhang bedenkenswert: Zu den eigenen billigenswerten Interessen der Erzieher kann es auch gehören, daß sie die Möglichkeit des sexuellen Kontaktes nicht unterbinden, wenn beispielsweise in einem Heim eine echte Liebesbeziehung zwischen Jugendlichen entsteht. Hier ist die Drohung mit dem Strafrecht völlig verfehlt.

10.1.3 Das Erzieherprivileg

Das Fördern sexueller Handlungen Minderjähriger ist nicht strafbar, wenn die zur Sorge für die Person Berechtigten, also in erster Linie die Eltern handeln, § 180 Abs. 1 S. 2 StGB (*Erzieherprivileg*). Unter diesen privilegierten Personenkreis fallen auch die Pflege- und Adoptiveltern, soweit ihnen das Erziehungsrecht übertragen wurde (Horn 1996, SK Anm. 16 zu 180 StGB). Nach dem Erzieherprivileg machen sich die zur Sorge für die Person Berechtigten dann nicht strafbar, wenn sie durch Gewähren oder Verschaffen von Gelegenheiten sexuelle Handlungen von Jugendlichen im Alter zwischen 14 und 15 Jahren fördern, es sei denn sie verletzten ihre Erziehungspflicht gröblich.[1]

Begründet wird das Erzieherprivileg im wesentlichen mit zwei Argumenten: Zum einen soll den Personensorgeberechtigten ein gewisser Spielraum bei der Sexualerziehung eingeräumt werden; es ist ihnen nicht zuzumuten, einen noch nicht 16 Jahre alten Jugendlichen von der Entfaltung seiner Sexualität abzuhalten. Zum anderen soll das Vertrauensverhältnis zwischen Eltern und Kinder nicht durch allzu strenge Maßstäbe untergraben werden (Horn 1996, SK Anm. 14 zu § 180 StGB); wenn Eltern den heißgeliebten Freund ihrer 15jährigen Tochter jeweils abends um 10.00 vor die Tür set-

---

[1] Nicht vom Erzieherprivileg umfaßt ist das Vorschubleisten in Form der Vermittlung.

zen, dann kann eine gedeihliche Eltern-Tochter-Beziehung sehr leicht in die Brüche gehen. Die pädagogischen Worte, »ach Kind, du bist ja noch so jung«, verfehlen allzu leicht ihr Ziel.
Das Erzieherprivileg gilt indessen nicht unbegrenzt. Bei einer *gröblichen Verletzung der Erziehungspflicht* entfällt die Straflosigkeit. Wann liegt eine derartige Verletzung vor? Ein Spielraum für Eltern ist nicht mehr vorhanden, wenn sie Vorschub leisten:
- zu sexuellen Handlungen, die nach dem Strafrecht selbst bestraft werden, z.B. nach den §§ 174, 176 StGB, wenn sie es zulassen, daß ein Mann mit der 13jährigen Tochter sexuelle Handlungen vornehmen kann;
- zur Ausübung der Prostitution; oder
- wenn sie sich selbst an den sexuellen Kontakten zwischen dem Jugendlichen und dem Dritten beteiligen (Horn 1996, SK Anm. 15 zu § 180 StGB).

Einige wollen weitere Formen des Vorschubleistens vom Erzieherprivileg nicht mehr gedeckt sehen. Nach dieser Auffassung ist es auch eine gröbliche Verletzung der Erziehungspflicht, wenn die Eltern zur lesbischen Liebe oder zu homosexuellen Handlungen Vorschub leisten (Tröndle 1997, Anm. 13 zu § 180 StGB). Diese restriktive Interpretation des Erzieherprivilegs berücksichtigt weder die Vielfältigkeit menschlichen Sexualverhaltens noch die Tatsache, daß eben eindeutige Beurteilungsmaßstäbe nicht zur Verfügung stehen. Nach dieser Normauslegung dürften Jugendliche nichts ausprobieren, sondern letztendlich nur mit ihrem potentiellen Ehepartner Sexualität erfahren.
Gleichgeschlechtliche Liebe? Alles streng untersagt, wenn zwei Freundinnen im selben Bett übernachten dürfen, wäre das schon eine gröbliche Verletzung der Erziehungspflicht, die Eltern müßten einschreiten.

Festzuhalten bleibt:
Die Eltern, die es ihrer 15jährigen Tochter gestatten, mit dem 17 Jahre alten Freund in der Wohnung zu übernachten, machen sich auf keinen Fall in irgendeiner Weise strafbar.

10.1.4 **Das verlängerte Erzieherprivileg**

Für die Berufsfelder der sozialen Arbeit sowie für den Schulbereich stellt sich die Frage, ob Sozialpädagogen, Sozialarbeiter und Lehrerinnen bei Ferienfreizeiten, in Heimen oder anderen Einrichtungen nach dem Kinder- und Jugendhilfegesetz ähnliche Rechte wie die Eltern besitzen. Das im Gesetzgebungsverfahren noch beabsichtigte *verlängerte Erzieherprivileg* sah vor, daß Pädagogen, Lehrerinnen, Sozialarbeiter und Erzieherinnen aus eigenem Recht entscheiden sollten, was an sexuellen Handlungen pädagogisch vertretbar sei oder nicht. Dieses Problem war in dem Gesetzgebungsverfahren umstritten (Barabas/Blanke/Sachße/Stascheit 1975; Schroeder 1976; Häbel 1992a). Das sog. verlängerte Erzieherprivileg, das ursprünglich normiert werden sollte, wurde gestrichen. Es besteht daher die Auffassung, daß es grundsätzlich überhaupt nicht existiert, Erzieher sich keinesfalls auf dieses Privileg berufen können.
Wie aber, wenn die Personensorgeberechtigten einwilligen, also einver-

standen sind, daß ihre Kinder bei einem Schullandheimaufenthalt gemeinsam in einem Raum übernachten? Auch für diesen Fall wird die Anwendung des Erzieherprivilegs verneint (Tröndle 1997, Anm. 14 zu § 180 StGB m.w.N.). Diese Auffassung ist pädagogisch bedenklich; wie kann man einem Jugendlichen klar machen, daß sein Verhalten zu Hause erlaubt, aber in einem Ferienaufenthalt trotz Einwilligung der Eltern und der Pädagogen verboten sein soll. Diese Auffassung ist auch juristisch verfehlt. Es kann nämlich nicht darauf ankommen, ob der Sorgeberechtigte selbsthandelnd seine Entscheidung umsetzt oder ob er sich dabei Dritter bedient. Die im Rahmen des elterlichen Sorgerechts getroffene Entscheidung rechtfertigt auch das Handeln der Pädagogen (Schönke/Schröder 1997, Anm. 17 zu § 180 StGB).

Die *Einwilligung* der Personensorgeberechtigten muß allerdings so *konkret* sein, daß sie genau das – die sexuellen Handlungen fördernde – Verhalten der Erzieher einschließt (Horn 1996, SK Anm. 16 zu § 180 StGB m.w.N). Ein Anwendungsgebiet sind die Sommerlager. Zwischen dem Lagerleiter und den Eltern muß konkret etwa die Frage des gemeinsamen Waschraums und des gemeinsamen Schlafraums diskutiert werden. Die tatsächliche Übertragung der Aufsichtsbefugnisse für die Ferienfreizeit genügt für sich alleine genommen nicht. Durch das Zustimmungserfordernis soll verhindert werden, daß eine Erzieherin ihre sexualpädagogischen Vorstellungen an die Stelle derjenigen der Erziehungsberechtigten setzen kann. Die Achtung des Elternrechts erfordert es, »die Zustimmung der betreffenden Eltern einzuholen. So wird im übrigen nach den Ermittlungen der Disziplinarkammer bei Übernachtungen der Mitglieder von kirchlichen und sonstigen Jugendverbänden in Skihütten und ähnlichen Unterkünften verfahren. Eine solche Zustimmung der Eltern lag hier nicht vor. Sie konnte entgegen der Auffassung der Beschuldigten auch nicht unterstellt oder vermutet werden, weil die Eltern im Vorfeld des Schullandheimaufenthaltes an der Verfügbarkeit nur eines Waschraumes keinen Anstoß genommen hatten. Denn es war (...) ohne weiteres möglich, die getrennte Benutzung dieses Waschraumes durch Jungen und Mädchen organisatorisch sicherzustellen« (VGH Mannhein, NJW 1988, 1750, 1751).
In diesem Fall hatten es eine Lehrerin und ein Lehrer ohne konkrete Einwilligung der Eltern zugelassen, daß Jungen und Mädchen im Alter zwischen 15 und 17 Jahren in einem Raum während dreier Nächte übernachteten und dies mit dem Prädikat »pädagogisch akzeptabel« versehen. Das Disziplinargericht folgte der Argumentation der Pädagogen keineswegs und befand sie eines Dienstvergehens für schuldig. Den Lehrern wurde im übrigen noch eine andere disziplinarrechtliche Verfehlung vorgeworfen. Die unverheiratete Lehrerin hatte die Kühnheit besessen, mit dem verehelichten Kollegen auch in einem Zimmer zu übernachten. Das hat das Gericht dem Paar ernsthaft übel genommen. Das ist nach Ansicht des Verwaltungsgerichtshofes ein schuldhaft begangenes Dienstvergehen: »Denn nach wie vor ist die Pflicht zur ehelichen Treue in der Rechtsordnung verankert und als solche im Bewußtsein eines großen Teil der Bevölkerung fest verwurzelt. Durch das gemeinsame Übernachten der (damals noch unverheirateten) Beschuldigten mit dem verheirateten Studienrat in einem Schlafraum während des gesamten Schullandheimaufenthaltes konnte bei den Schülern der Eindruck entstehen, daß ein derartiges Verhalten nicht ehe-

widrig sei oder aber daß die Beschuldigte die Wertvorstellungen von der Ehe ignoriere oder in Frage stelle« (VGH Mannheim, NJW 1988, 1750 f). Wie allerdings das Gericht sich sachkundig gemacht hat, was die Bevölkerung denkt und wie es mit der ehelichen Treue bestellt ist, bleibt sein Geheimnis. Man mag die Liberalisierung im Bereich der Sexualität beklagen, das ist eine Sache, eine völlig andere dagegen, mit dem scharfen Schwert des Disziplinarrechtes ein bestimmtes Modell des Zusammenlebens von Mann und Frau durchzusetzen.

Es ist nicht zu übersehen, daß die Auseinandersetzung um das strafrechtliche Verbot der Förderung der Sexualität von Minderjährigen anachronistisch anmutet. Angesichts der sexuellen Gepflogenheiten der jungen Generation, die immer früher sexuelle Erfahrungen sammelt, paßt die in § 180 Abs. 1 StGB geforderte Aufpassermentalität nicht mehr in die familiäre, pädagogische und juristische Landschaft. Selbstverständlich sollen diejenigen bestraft werden, die ein Heim für Jugendliche in ein Bordell verwandeln oder Kinder zwingen, auf den Strich zu gehen. Denjenigen jedoch, die es den jungen Menschen erlauben, sexuelle Erfahrungen zu sammeln, die sie ohnehin machen müssen, mit dem Strafrecht zu drohen, weil sie Vorschub leisten, läßt sich kaum mehr vertreten. Wenn im übrigen heutzutage die verantwortlichen Stellen – mit guten Gründen – dazu übergehen, aus medizinischen, pädagogischen und sozialen Gründen, Fixerräume für Drogenabhängige zur Verfügung zu stellen, dann ist nun überhaupt nicht mehr einzusehen, warum derartige pädagogische Strategien nicht auch für die Entfaltung der Sexualität gelten sollten.

> **Fassen wir zusammen:**
> Bislang ist es rechtlich noch so, daß sich Pädagogen ohne konkrete Einwilligung der Personensorgeberechtigten immer noch strafbar machen können, wenn sie z. B. das gemeinsame Übernachten von Jungen und Mädchen unter 16 Jahren dulden.

10.2 Die Förderung sexueller Handlungen bei Jugendlichen unter 18 Jahren

Dem Grundsatz nach ist die Förderung sexueller Handlungen von Jugendlichen über 16 Jahre straffrei. Daher kann ein Gastwirt, der an einen 19jährigen Schüler und dessen 16jährige Freundin ein Zimmer vermietet, nicht mehr wegen »Kuppelei« bestraft werden.

§ 180 Abs. 2 StGB verlängert jedoch die Altersgrenze auf 18 Jahre bei Hinzutreten besonderer Umstände.

Nach dieser Vorschrift macht sich strafbar, wer gegen *Entgelt* Jugendliche dazu bestimmt, sexuelle Handlungen an oder vor einem Dritten vorzunehmen oder von einem Dritten an sich vornehmen zu lassen, oder wer solchen Handlungen durch seine *Vermittlung* Vorschub leistet. Diese Vorschrift will Jugendliche von entgeltlichen sexuellen Handlungen fernhalten, da sie dadurch in die Gefahr geraten, in die Prostitution abzugleiten (Tröndle 1997, Anm. 15 zu § 180 StGB). Gegen Entgelt bedeutet, daß zwischen dem Jugendlichen und dem Dritten zum Zeitpunkt der sexuellen Handlungen klar sein muß, daß sie für einen Vermögensvorteil erbracht wird. Als Entgelt im

Sinne des § 180 Abs. 2 StGB kommt auch die Überlassung von Kokain in Betracht (BGH, NJW 1997, 334). Wer bezahlt, ob der Dritte, der zur sexuellen Handlung auffordert oder ein Unbeteiligter, das ist völlig gleichgültig (Horn 1996, SK Anm. 29 zu § 180 StGB). Schließlich ist es auch unerheblich, ob das Entgelt tatsächlich gezahlt wurde.

In welcher Weise kann ein Jugendlicher *bestimmt* werden? Das ist der Fall, wenn der Täter das Opfer zu den sexuellen Kontakten anstiftet. »Erforderlich ist die Einflußnahme auf den Willen des anderen, die ihn zu einem Verhalten bringt, zu dem er sich ohne die Beeinflussung nicht entschlossen haben würde. Bestimmen ist also Verursachen (Mitverursachen) eines vom Gesetz umschriebenen Verhaltens. In welcher Form und durch welches Mittel die Einflußnahme erfolgt, ist gleich« (BGH, NJW 1985, 924).

Bestraft wird beispielsweise, wenn der Täter das Opfer überredet (vgl. auch BayObLG, NJW 1985, 277) oder wenn ein Vater droht bzw. durch Schläge zu erzwingen sucht, daß die eigene 12jährige Tochter der Straßenprostitution nachgeht. Wenn der Jugendliche allerdings zu den sexuellen Handlungen gegen Entgelt bereits entschlossen ist, liegt ein strafbares Verhalten nach § 180 Abs. 2 StGB nicht mehr vor (Horn 1996, SK Anm. 30 zu § 180 StGB).

§ 180 Abs. 2 StGB bestraft aber auch das Vorschubleisten durch Vermittlung. Der Täter braucht den Jugendlichen nicht unmittelbar zu bestimmen, es reicht z.b., wenn das Opfer auf eine Party mitgenommen wird, um es einem zahlungsfähigen Gast zuzuführen (Tröndle 1997, Anm. 17 zu § 180 StGB). Nicht ausreichend ist aber das Vorschubleisten in Form des Gewährens oder Verschaffens von Gelegenheiten, mit anderen Worten, die Strafbarkeit nach § 180 Abs. 2 StGB liegt nur dann vor, wenn es tatsächlich zu sexuellen Kontakten gekommen ist (BGH, NJW 1997, 334; vgl. auch BGH, NStZ 1996, 599).

Exkurs: Prostitution Minderjähriger in Einrichtungen der Jugendhilfe und rechtliche Handlungspflichten der Betreuerinnen

In einem Rechtsgutachten hat Häbel (1992a) detailliert die Rechtsfragen thematisiert, die sich ergeben, wenn Minderjährige, die bereits der Prostitution nachgehen, auch während der Betreuung in Einrichtungen der Jugendhilfe ihre Körper weiter verkaufen. Wenn Pädagoginnen dagegen nicht vehement einschreiten, sondern die Ausübung der Prostitution dulden, um »überhaupt noch an die Jugendlichen heranzukommen«, um offensiv mit ihnen die Probleme besprechen zu können, dann stellt sich die Frage der Strafbarkeit der Pädagoginnen. Ein ganzes Bündel von Strafvorschriften wartet auf Anwendung. Nicht nur die Strafbarkeit wegen Förderung sexueller Handlungen Minderjähriger, § 180 Abs. 1 StGB, sondern auch wegen des sexuellen Mißbrauchs von Kindern nach § 176 Abs. 2 StGB, der Förderung der Prostitution, § 180a StGB, und der Verletzung der Fürsorge- und Erziehungspflicht, § 170 d StGB, ist zu erwägen.

Häbel arbeitet in dem Rechtsgutachten heraus, daß all die genannten Straftatbestände durch ein Dulden der Prostitution nicht erfüllt werden. Was insbesondere die Strafbarkeit wegen § 180 Abs. 1 StGB angeht, steht den Pädagoginnen das verlängerte Erzieherprivileg zur Seite, wenn die Personensorgeberechtigten eingewilligt haben. Fehlt es an der Einwilligung, sei ein Pädagoge dennoch nicht strafbar, weil ein normgerechtes

Verhalten, also das Verhindern der Prostitution nicht zumutbar sei. »Das Verhindern der Prostitution ist den ErzieherInnen aus pädagogisch konzeptionellen Überlegungen heraus unzumutbar. Die Interessen der ErzieherInnen, wie hier eine sinnvolle pädagogische Arbeit zu leisten, sind als billigenswerte eigene Interessen im Rahmen der Zumutbarkeitsdefinition anzuerkennen« (Häbel 1992 a, 11). Dies gelte ebenso für die mögliche Beihilfe zu anderen Straftaten. Alle anderen in Betracht kommenden Delikte würden durch die Duldung der Prostitution nicht erfüllt.

So pädagogisch sinnvoll diese Rechtsauffassung ist, so groß sind die Zweifel, ob in einem Strafverfahren die Gerichte die Angelegenheit ähnlich pädagogisch interpretieren würden. Gewiß ist zunächst, daß für Erzieherinnen – aus ihrer Garantenstellung heraus – die Pflicht besteht, die Prostitutionsausübung zu verhindern. Allerdings wie? Verbieten, Einsperren, Verprügeln, Polizei? Die Ergebnisse derartiger Steinzeitpädagogik sind bekannt. Ob dagegen das verlängerte Erzieherprivileg zur Anwendung kommen kann, die Sorgeberechtigten selbst in die Prostitution einwilligen können, um damit die Arbeit der Fachkräfte zu sichern, ist sehr ungewiß. Das ginge nämlich nur, wenn die Personensorgeberechtigten bzw. die Fachkräfte ihre Erziehungspflicht nicht gröblich verletzen würden. Bei der Reform des Sexualstrafrechts wurde in dem federführenden Ausschuß des Bundestages formuliert: »Als Ergebnis von Einzelfallerörterungen im Ausschuß sei erwähnt, daß wohl kein Fall denkbar sei, in dem das Gewähren oder Verschaffen von Gelegenheiten zur Prostitutionsausübung unter das tatbestandsausschließende Erzieherprivileg fiele« (BT-Drs. 6/3521, 45). An diese Rechtsauffassung wird sich eine Richterin halten. Sie wird nicht davon ausgehen, daß es den Fachkräften nicht zumutbar sei, die Prostitution zu verhindern. Wenn nicht, um so besser. Allerdings läßt das Strafgesetz noch einen anderen Ausweg offen. § 17 StGB bestimmt, wenn dem Täter bei Begehung der Tat die Einsicht, Unrecht zu tun, fehlt, dann handelt er ohne Schuld, wenn er den Irrtum nicht vermeiden konnte. Dieser sog. Verbotsirrtum könnte die Fachkräften unter Umständen vor Strafe bewahren (vgl. OLG Oldenburg, ZfJ 1997, 56).

§ 180 Abs. 3 StGB bestimmt darüber hinaus, daß bestraft wird, wer eine Person unter 18 Jahren, die ihm zur Erziehung, zur Ausbildung oder zur Betreuung in der Lebensführung anvertraut oder im Rahmen eines Dienst- oder Arbeitsverhältnisses untergeordnet ist, unter Mißbrauch der damit verbundenen Abhängigkeit bestimmt, sexuelle Handlungen an oder vor einem Dritten vorzunehmen oder von einem Dritten an sich vornehmen zu lassen. Was die Rechtsprechung im einzelnen unter derartigen strafbaren Verhältnissen versteht, und in welcher Form der Mißbrauch der Abhängigkeit interpretiert wird, dazu vgl. Kap. 6 und 7.

Literatur

HÄBEL, HANNELORE (1992b): Minderjährigenprostitution, Erziehungshilfe und § 180 StGB, in: ZfJ, 457

MÜNDER, JOHANNES (1986): Sexualstrafrecht bei Fremderziehung und Fremdbetreuung, in: ZfJ, 353

SCHÖNKE/SCHRÖDER (1997): Kommentar zum Strafgesetzbuch, 25. Aufl., München, Berlin

11 DIE STRAFBARKEIT DER SEXUALITÄT VON KINDERN UND JUGENDLICHEN UNTER SICH

Zwei 13jährige befummeln sich ausgiebig; ein dreizehnjähriges Mädchen teilt mit einem 15jährigen Jungen das Bett. Haben sich die Kinder strafbar gemacht? – Bei der Strafbarkeit von Kindern und Jugendlichen muß im einzelnen nach dem Alter differenziert werden. Die Strafmündigkeit richtet sich nach dem Jugendgerichtsgesetz (JGG). Das JGG setzt das allgemeine Strafrecht voraus, d.h., für einen Jugendlichen oder Heranwachsenden, der mordet oder klaut, gilt das Strafgesetzbuch. Ob eine Straftat vorliegt, wie das Verhalten eines Jugendlichen deliktisch einzuordnen ist, richtet sich ausschließlich nach dem allgemeinen Strafrecht § 1 Abs. 1 sowie § 4 JGG. Das JGG modifiziert indessen das für Erwachsene geltende Strafrecht in wichtigen Punkten. Es handelt sich in erster Linie um:
- die strafrechtliche Verantwortlichkeit,
- den Sanktionskatalog sowie
- das gerichtsförmige Verfahren.

Das Jugendgerichtsgesetz regelt die strafrechtliche Verantwortlichkeit von Jugendlichen und Heranwachsenden, beantwortet damit die Frage, ab welchem Alter bestraft werden darf. Gem. § 1 Abs. 2 JGG ist Jugendlicher, wer zur Zeit der Tat vierzehn, aber noch nicht achtzehn, Heranwachsender, wer zur Zeit der Tat achtzehn aber noch nicht einundzwanzig Jahre alt ist.

11.1 Strafbarkeit von Kindern?

Was ist mit der Strafbarkeit von *Kindern, die noch keine 14 Jahre alt sind?* Das regelt das Strafgesetzbuch. Nach § 19 StGB sind Kinder nicht schuldfähig. Das Gesetz geht ohne Ausnahme davon aus, daß Kinder nicht bestraft werden können. Eine Prüfung der Einsichts- und Steuerungsfähigkeit findet bei Kindern nicht statt, auch dann nicht, wenn das Kind im Einzelfall durchaus die erforderliche Reife besessen hat und wußte, daß es Unrecht tut (Schönke/Schröder 1997, Anm. 1 zu § 19 StGB).
Der Grundsatz »Erziehung vor Strafe« wird neuerdings verstärkt in Zweifel gezogen und ein schnelles und konsequentes Vorgehen gegen jugendliche Straftäter gefordert. Da das Empfinden für Recht und Unrecht verloren gegangen sei, müsse die Strafbarkeitsgrenze abgesenkt und in größerem Umfang geschlossene Heimerziehung wieder ermöglicht werden.
Bislang kommen jedoch lediglich Leistungen nach dem KJHG und Maßnahmen durch das Vormundschaftsgericht in Betracht.[1] Folgerichtig können sexuelle Betätigungen der Kinder unter sich auf keinen Fall mit Strafe belegt werden. Alle vorpubertären sexuellen Tastversuche, aber auch alle anderen sexuellen Verhaltensweisen, wenn sie gewaltsam erfolgen sollten, bleiben straflos. Diese Fälle sind mit dem Strafrecht nicht zu lösen oder zu bearbeiten, hier helfen nur pädagogische Interventionsformen.

---

[1] Nach § 1631 b BGB sowie § 42 Abs. 3 KJHG ist eine Unterbringung von Kindern, die mit einer Freiheitsentziehung verbunden ist, dem Grunde nach möglich (Wiesner u.a. 1995, Anm. 18 ff zu § 34 KJHG, Anm. 42 ff zu § 42 KJHG). Sie bedarf der Genehmigung durch das Vormundschaftsgericht.

11.2 Strafrechtliche Verantwortlichkeit von Jugendlichen

Bei Jugendlichen *zwischen 14 und 18 Jahren* stellt sich die Rechtslage anders dar. Die strafrechtliche Verantwortlichkeit hängt nach § 3 JGG davon ab, ob der Jugendliche nach seiner sittlichen und geistigen Entwicklung reif genug ist, das Unrecht der Tat einzusehen (Einsichtsfähigkeit) und fähig ist, nach dieser Einsicht zu handeln (Handlungsfähigkeit), § 3 JGG. Ob die Einsichtsfähigkeit vorliegt, richtet sich jeweils nach den konkreten Rechtsverletzungen. Die Einsichtsfähigkeit kann zum Beispiel für einen Totschlag bejaht werden, während sie für eine zeitgleich begangene Urkundenfälschung verneint werden muß (vgl. Ell 1992b). Mangelnde Einsichtsfähigkeit wird wohl vorliegen, wenn ein 15jähriger mit seiner 13jährigen Freundin Sexualität ausprobiert. Er wird nicht auf den Gedanken kommen, daß dies den Straftatbestand des § 176 StGB (sexueller Mißbrauch von Kindern) erfüllt. Wenn er die erforderliche Einsichtsfähigkeit besitzt, muß zur Strafbarkeit noch die Handlungs- bzw. Steuerungsfähigkeit hinzutreten. Das Verhalten des 15jährigen Jungen – auch bei mangelnder Einsichtsfähigkeit – kann dennoch unter Umständen rechtliche Konsequenzen nach sich ziehen. § 3 JGG sieht nämlich vor, daß zur Erziehung eines Jugendlichen, der mangels Reife strafrechtlich nicht verantwortlich ist, der Richter dieselben Maßnahmen anordnen kann wie der Vormundschaftsrichter.
Wenn indessen die erforderliche Einsichts- und Handlungsfähigkeit bei Jugendlichen vorhanden ist, können sie nach den einschlägigen Vorschriften des Sexualstrafrechts, insbesondere wegen sexuellem Mißbrauch von Kindern, Vergewaltigung, sexueller Nötigung oder wegen sexuellem Mißbrauch von Schutzbefohlenen bestraft werden.[1]
Wie ist es mit § 180 StGB, der Strafbarkeit der Förderung sexueller Handlungen? Wenn Jugendliche in einem Heim, in einer Ferienfreizeit, in der Schule zu sexuellen Handlungen Vorschub leisten, können sie – vorausgesetzt die Einsichts- und Handlungsfähigkeit ist zu bejahen – bestraft werden. Wenn 15jährige Jugendliche z. B. Lehrerinnen mit allerlei Tricks ablenken, um einem Pärchen den Beischlaf zu ermöglichen, dann ist wahrscheinlich die erforderliche Einsichtsfähigkeit nicht gegeben.

11.3 Strafrechtliche Verantwortlichkeit von Heranwachsenden

Heranwachsende werden als schuldfähig angesehen und daher grundsätzlich dem Erwachsenenstrafrecht unterstellt. Nach § 105 JGG ist im Einzelfall zu überprüfen, ob bei Gesamtwürdigung der Persönlichkeit des Heranwachsenden dieser nach seiner sittlichen und geistigen Entwick-

---

[1] In dem beabsichtigten Gesetz zur Harmonisierung von Straftaten sollen die besonders schweren Fälle des sexuellen Mißbrauchs von Kindern als ein Verbrechenstatbestand eingeordnet werden. »Für den Fall des Beischlafs wird jedoch der Kreis möglicher Täter in Absatz 1 Nr. 1 E auf Personen über achtzehn Jahren beschränkt, um geschlechtliche Beziehungen, möglicherweise Liebesverhältnisse, zwischen einem körperlich und geistig-seelisch weit über den altersgemäßen Zustand hinaus entwickelten noch nicht vierzehn Jahre alten Mädchen und einem noch jugendlichen Täter aus dem Anwendungsbereich des Verbrechenstatbestandes herauszunehmen; unberührt bleibt die Möglichkeit einer Ahndung als Vergehen nach dem Grundtatbestand des § 176 Abs. 1« (BR-Drs. 164/1997, 112).

lung noch einem Jugendlichen gleichsteht oder es sich um eine typische Jugendverfehlung handelt. In diesen Fällen kommt nicht das allgemeine Strafrecht, sondern auch für den Heranwachsenden der Sanktionskatalog des Jugendgerichtsgesetzes zur Anwendung.
Im Gegensatz zu Jugendlichen können sich Heranwachsende nach § 182 Abs. 1 StGB wegen sexuellen Mißbrauchs von Jugendlichen strafbar machen. § 182 Abs. 1 StGB setzt nämlich voraus, daß der Täter mindestens 18 Jahre alt ist.

12 REFORMVORHABEN

Auf spektakuläre Sexualverbrechen[1], Kinderschänderprozesse, auf die pornographische Vermarktung und Verwertung von Kindern und Jugendlichen reagieren Medien, Politiker und Experten marktschreierisch mit der Forderung nach Verschärfung der staatlichen Sanktionsmittel. Vorschläge, Kinderschänder lebenslang in speziellen Anstalten wegzuschließen, wenn nicht gar zu kastrieren, erfreuen sich großer Beliebtheit. Gerade im emotional hoch besetzten Bereich der Sexualdelikte gegen Kinder ist es augenscheinlich schwierig, jedenfalls im öffentlichen Raum, eine halbwegs rationale Auseinandersetzung zu führen.
Die »Schwanz-ab-Rhetorik« einiger Medien erschwert – auch und gerade im Bereich des Sexualstrafrechts – die Positionen derjenigen, die ein vernünftiges, modernes und effizienteres Sanktionensystem erreichen wollen. Jedenfalls ist zu konstatieren, daß es im Sexualstrafrecht zu keiner umfassenden Reform aus einem Guß gekommen ist. Veränderungen wurden lediglich in Teilbereichen vorgenommen.
In den vergangenen Jahren sind vorwiegend die folgenden Teilbereiche des Sexualstrafrechts verändert worden:
- 1993 ist die Strafandrohung für die Verbreitung pornographischer Darstellungen, die den sexuellen Mißbrauch von Kindern zeigen, im Rahmen des § 184 c StGB verschärft und auch der Besitz sowie die Besitzverschaffung strafbar geworden (Schönke/Schröder 1997, Anm. 2 zu § 184 StGB; Schroeder 1993).
- 1994 wurde § 182 StGB – unter Aufhebung des berüchtigten § 175 StGB – in eine einheitliche Schutzvorschrift für weibliche und männliche Jugendliche unter 16 Jahren verändert.
- Ebenfalls 1994 ist das Ruhen der Verjährung bei bestimmten Sexualdelikten erweitert worden. § 78 b StGB bestimmt nunmehr, daß die Verjäh-

---

[1] Gerstendörfer bezweifelt, daß die Begriffe »Sexualdelikt«, »sexuelle Handlung«, »Sexualstrafrecht« im Grunde korrekt sind. Sie stellen ihrer Ansicht nach einen falschen Bezug her. Bei Vergewaltigung und sexueller Nötigung geht es keineswegs um Sexualität, sondern um schiere Gewaltausübung. »Ein Beispiel zur Veranschaulichung: Wenn eine Frau ihren zu spät heimkehrenden Mann mit einer Bratpfanne an der Tür empfängt und ihm diese auf den Kopf schlägt, dann würde kein vernünftiger Mensch auf die Idee kommen, dies als ›Kochen‹ zu bezeichnen, denn hier wurde das ›Instrument‹ zum Kochen umfunktioniert in ein Instrument zur Gewaltausübung« (Gerstendörfer 1996, 104).

rung bis zur Vollendung des 18. Lebensjahres des Opfers ruht – bei sexuellem Mißbrauch von Kindern, sexueller Nötigung und Vergewaltigung sowie bei sexuellem Mißbrauch von Widerstandsunfähigen. Dadurch soll erreicht werden, daß einem Opfer sexueller Gewalt zumindestens bis zur Volljährigkeit die Möglichkeit erhalten bleibt, den Täter zu belangen (zur Verjährung von Sexualstraftaten vgl. Bode 1993).

■ 1997 wurden schließlich die Bestimmungen zur Vergewaltigung und sexuellen Nötigung sowie zum sexuellen Mißbrauch widerstandsunfähiger Personen insbesondere dahingehend geändert, daß diese Delikte auch in der Ehe strafbar sind.

1988 konstatierte Monika Frommel das klägliche Ende der Reform sexueller Gewaltdelikte und faßte zusammen:»Langfristig ist eine umfassende Reform der sexuellen Gewaltdelikte unumgänglich. Aber sie scheint kurzfristig am Widerstand innerhalb der Koalition zu scheitern« (Frommel 1988, 233, 238). Eine umfassende Reform steht nach wie vor aus. Zwar liegen zu einigen Problemstellungen Gesetzesentwürfe vor, allerdings ist keine problemangemessene Gesamtkonzeption erkennbar. Alles ist umstritten. Während einige den Reformbedarf schlicht verneinen, dringen andere auf Veränderungen – jedoch mit sehr unterschiedlichen Intentionen und Vorstellungen. Geplant und in der Diskussion sind in erster Linie Vorhaben, die eine Verschärfung der Strafen ins Auge fassen und Strafbarkeitslücken schließen wollen.

12.1 Verjährungsfristen

1992 legten die Grünen einen Gesetzentwurf vor, nach dem die Verjährungsfristen im Sexualstrafrecht kräftig angehoben werden sollten (BT-Drs. 12/3825). Während bislang die Verjährungsfrist bei Straftaten im Zusammenhang mit dem sexuellen Mißbrauch von Kindern oder von Schutzbefohlenen fünf bzw. zehn Jahre beträgt, soll sie künftig auf dreißig Jahre verlängert werden. Außerdem soll die Verjährungsfrist bei Taten gegen die sexuelle Selbstbestimmung nicht vor Vollendung des 21. Lebensjahres des Opfers beginnen. Der Gesetzentwurf wird damit begründet, daß eine Anzeige und der Beginn strafrechtlicher Verfolgung häufig durch das niedrige Alter der Opfer verhindert werde. Wenn es dann, oft nach langem Leiden der Opfer, zu einer Strafanzeige komme, sei das Delikt in vielen Fällen verjährt.

12.2 Harmonisierung der Strafrahmen

In Richtung Verschärfung geht die Debatte um die Harmonisierung der Strafrahmen im deutschen Strafrecht. Es besteht weitgehend Einigkeit darüber, daß die Strafrahmen dringend reformiert werden müssen. Sie stammen aus dem 19. Jahrhundert und zeigen, daß das Bürgertum in erster Linie die Verletzung von Eigentum und Vermögen fürchtete, denn für diese Strafen wurden unverhältnismäßig hohe Strafen angedroht. Heutzutage ist es nicht mehr verständlich, daß die Verletzung der Rechtsgüter Eigentum und Vermögen mit höheren Strafen belegt wird als der Angriff auf die körperliche Integrität (Nelles 1995). Die Strafandrohung für Diebstahl und Betrug ist höher als die für einfache Körperverletzung. Auch die vergleichbaren Delikte Raub und schwerer Raub einerseits sowie sexuelle Nötigung und Vergewaltigung andererseits weisen unterschiedliche Strafrahmen auf. Beide Deliktgruppen sind insofern gut zu vergleichen, da es sich jeweils um die Anwendung von Gewalt mit dem Ziel handelt, einen darüber hinaus gehenden Zweck zu erreichen (Riess 1989). Teilweise kommt es zu grotesken Ergebnissen in der Spruchpraxis deutscher Gerichte. Ein aufschreckendes Beispiel für den widersinnigen Strafrahmen gab das Landgericht Lüneburg. Ein junges Pärchen zeltete und wurde von zwei Männer überfallen. Die Männer fesselten den Mann, vergewaltigten die junge Frau mehrfach und packten anschließend das Zelt ein und nahmen es mit. Das Landgericht verurteilte die Täter für den Raub des Zeltes zu fünf und wegen der Vergewaltigung zu vier Jahren Freiheitsentzug (vgl. Spiegel 14/1995). Der Bundesgerichtshof, als Revisionsinstanz mit der Sache befaßt, erklärte das Urteil für rechtmäßig, das Landgericht habe sich streng an Recht und Gesetz gehalten.[1]

Im März 1997 hat die Bundesregierung einen Gesetzentwurf zur Harmonisierung der Strafrahmen vorgelegt, der u.a. zum Ziel hat, den Wertungswiderspruch zwischen den Strafen für die Verletzung von höchstpersönlichen Rechtsgütern – wie Leben, körperliche Unversehrtheit, Freiheit und sexuelle Selbstbestimmung einerseits und den materiellen Rechtsgütern andererseits – zu beseitigen (BR-Drs. 164/97). Dies soll dadurch erreicht werden, daß die Strafen für schwerwiegende Fälle der Körperverletzung, des sexuellen Mißbrauchs von Kindern und der Verbreitung kinderpornographischer Schriften erhöht werden.

Die Höchststrafe für besonders schwere Fälle von Kindesmißbrauch im Rahmen des § 176 StGB wird von zehn auf fünfzehn Jahre erhöht und damit als ein Verbrechen klassifiziert. Nach Ansicht der Bundesregierung wird die bisherige Einordnung der schweren Fälle des Kindesmißbrauchs lediglich als ein Vergehen dem Unrechts- und Schuldgehalt solcher Taten nicht gerecht.

Daneben wird in dem Entwurf vorgeschlagen, bei körperlich schwerer oder lebensgefährlicher Mißhandlung des kindlichen Opfers das Mindestmaß der Freiheitsstrafe auf fünf Jahre anzuheben und den Täter mit lebenslanger oder Freiheitsstrafe nicht unter zehn Jahren zu bestrafen, wenn er leichtfertig den Tod des Kindes verursacht hat (BR-Drs. 164/97/111).

Der Entwurf sieht ferner vor, daß die Strafen für Vergewaltigung und sexuelle Nötigung mit Todesfolge lebenslang oder Freiheitsstrafe nicht unter zehn Jahre sind (BR-Drs. 164/97/114). Eine weitere Verschärfung ist bei der banden- oder gewerbsmäßigen Verbreitung kinderpornographischer Schriften, die ein tatsächliches Geschehen wiedergeben, geplant (BR-Drs. 164/97/117).

Ob die Strafverschärfungen wirklich greifen oder nicht völlig nutzlos, wenn nicht gar kontraproduktiv sind, ist umstritten. Lediglich die Verschärfung der Strafen, das wissen auch die Hardliner, bringt nichts. Ein Sexualtäter hat nicht das Strafgesetzbuch unter dem Arm und läßt sich von Straftaten abbringen, nur weil die Höchststrafe angehoben wurde. Zu bedenken ist auch,

---

[1] Bereits 1993 brachte die SPD-Fraktion einen Antrag in den deutschen Bundestag mit dem Ziel ein, die Strafrahmen zu harmonisieren (BT-Drs. 12/6164); zur Frage des Strafrahmens bei Sexualdelikten, vgl. Frommel 1995).

daß die Rückfallquoten verurteilter Straftäter mit der Höhe des Strafmaßes steigen (zu Rückfallprognosen bei Sexualdelinquenz vgl. Pfäfflin 1995).

12.3 Gesetzentwurf zur Bekämpfung von Sexualdelikten und anderen gefährlichen Straftaten

Die Bundesregierung hat zeitgleich einen Gesetzentwurf zur Bekämpfung von Sexualdelikten und anderen gefährlichen Straftaten präsentiert (BR-Drs. 163/97).

- Danach sollen die Voraussetzungen für die Strafaussetzung zur Bewährung dahingehend gefaßt werden, daß eine vorzeitige Haftentlassung nur erfolgen darf, wenn »dies unter Berücksichtigung des Sicherheitsinteresses der Allgemeinheit verantwortet werden kann« (BR-Drs. 163/97/1).
- Bei besonders rückfallgefährdeten Tätern ist vor der Strafaussetzung zur Bewährung künftig die Einholung eines Sachverständigengutachtens vorgesehen.
- Bei der Strafaussetzung oder Strafrestaussetzung zur Bewährung kann das Gericht auch ohne Einwilligung des Betroffenen anordnen, daß sich der Verurteilte einer Heilbehandlung unterziehen muß, wenn diese nicht mit einem körperlichen Eingriff verbunden ist. Für solche Weisungen wird in erster Linie eine psychotherapeutische Behandlung in Frage kommen.[1] Kommt der Täter der Weisung nicht nach, kann dies zum Widerruf der Strafaussetzung führen.
- Darüber hinaus ist eine Pflicht zur Therapie auch bei einer Führungsaufsicht nach einer vollen Verbüßung der Straftat vorgesehen.
- Nach den Vorstellungen der Bundesregierung soll es möglich werden, Sexualstraftäter in sozialtherapeutische Anstalten zu verlegen, um die Gefahr von Rückfällen durch intensive therapeutische Betreuung der Täter zu reduzieren.
- Schließlich soll die Sicherungsverwahrung für rückfällige Sexualtäter erleichtert werden.

Diese Änderungen im strafrechtlichen Sanktionensystem und im Strafvollzugsrecht sollen den Schutz der Allgemeinheit vor gefährlichen Sexualtätern gewährleisten und die Gefahr vor Rückfalldelikten vermindern. Ob es gelingt, ist aus mehreren Gründen fraglich.
Zwangstherapie[2] als Voraussetzung für Hafterleichterung, erweiterte Möglichkeiten der Sicherungsverwahrung sowie erhöhte Strafen sind zunächst populistische Reaktionen auf grausame Taten. Effektive Prävention, vermehrte und verbesserte Angebote zur freiwilligen Therapie, Ausbildungsgänge für Sexualtherapeuten, der Ausbau solcher Sanktionen, die den Täter nicht, wie bei einem Gefängnisaufenthalt, noch mehr an den Rand der Gesellschaft drücken, sind vonnöten. Bislang darf jedenfalls entschieden bezweifelt werden, ob aus finanziellen Gründen die notwendige Anzahl von Therapieplätzen überhaupt zur Verfügung stehen werden.

---

[1] Mit der Behandlung von Sexualstraftätern befassen sich Salzgeber/Stadler 1997 sowie Kusch 1997.
[2] Mit der rechtspolitischen Forderung nach Zwangstherapie setzt sich Kusch 1997 auseinander und kommt zu dem Ergebnis, daß die Zwangstherapie von Sexualtätern juristisch nicht lösbare Probleme aufwirft.

12.4 Beratung, Behandlung, Betreuung, Psychotherapie und sexueller Mißbrauch

Durch einen weiteren Gesetzentwurf der Bundesregierung soll der strafrechtliche Schutz geistig oder seelisch beeinträchtigt Menschen vor sexuellen Übergriffen im Rahmen von Beratungs-, Behandlungs- und Betreuungsverhältnissen sowie der Psychotherapie verbessert werden (BR-Drs. 295/97).

Nach einem neuen § 174 c StGB wird die mißbräuchliche Vornahme sexueller Handlungen an einer Person unter Strafe gestellt, die dem Täter wegen einer geistigen oder seelischen Krankheit oder Behinderung – einschließlich einer Suchtkrankheit – zur Beratung, Behandlung oder Betreuung oder zur psychotherapeutischen Behandlung anvertraut ist.

Nach der aktuellen Rechtslage können Täter nicht bestraft werden, wenn:
- die sexuelle Handlung in der ambulanten oder teilstationären Versorgung erfolgt oder
- sich der Einsatz von Nötigungsmitteln nicht nachweisen läßt oder
- die Widerstandsunfähigkeit im Sinne des § 179 StGB nicht vorliegt.

Insoweit besteht eine Strafbarkeitslücke.

Die bekannten Behandlungsverhältnisse werden in der Regel aufgrund ihrer ambulanten Natur nicht durch § 174 a StGB – Sexueller Mißbrauch von Gefangenen, behördlich Verwahrten oder Kranken in Anstalten – erfaßt. Wenn die Anwendung von Nötigungsmitteln im Strafprozeß nicht nachweißbar ist, können die Täter auch nicht wegen Vergewaltigung oder sexueller Nötigung bestraft werden.

»Eine psychische Widerstandsunfähigkeit im Sinne des § 179 Abs. 1 Nr. 1 StGB wird nämlich – auch im Hinblick auf die Besonderheiten des therapeutischen Verhältnisses – nur vorliegen, wenn die während der Therapie entstehende Abhängigkeit ausnahmsweise so hochgradig ist, daß sie als Hörigkeit bezeichnet werden kann (so der Beschluß des OLG Düsseldorf vom 14. November 1990, Aktenzeichen: 4 Ws 184/90) oder der Patient aufgrund seiner seelischen Erkrankung – allein oder in Verbindung mit der Behandlungssituation – nicht in der Lage ist, gegen das Vorgehen des Therapeuten Widerstand zu leisten (Urteil des LG Koblenz vom 23. Juni 1993, Aktenzeichen: 103 Js 11427/86 – 13, ähnlich auch BGHSt 36, 145,147). Zudem muß der Therapeut die Widerstandsunfähigkeit des Patienten erkannt haben.

Häufig liegt auch die in §179 StGB vorausgesetzte Widerstandsunfähigkeit nicht vor. »Auch eine Bestrafung nach § 185 StGB (Beleidigung) ist problematisch: Nach der Rechtsprechung kommt sie bei sexuellen Übergriffen nur in Betracht, wenn das Verhalten des Täters über die mit der sexuellen Handlung regelmäßig verbundene Beeinträchtigung hinaus eine vom Täter gewollte herabsetzende Bewertung des Opfers zum Ausdruck bringt. (...) In der Praxis ist es daher mehrfach zur Einstellung von Ermittlungsverfahren oder zu Freisprüchen gekommen« (BR-Drs. 295/97/10).

Die Anzahl der Straftaten im von Rahmen Beratungs-, Behandlungs- und Betreuungsverhältnissen sowie in der Psychotherapie sind nicht unbeträchtlich. Die Bundesregierung geht beispielsweise davon aus, daß sexuelle Angriffe gegenüber geistig behinderten Personen auch im Rahmen teilstationärer Behandlung »gleichsam zum Alltag gehörten« (BR-Drs. 295/97/7).

In psychotherapeutischen Behandlungsverhältnissen ist mit jährlich etwa 600 Fällen sexueller Übergriffe zu rechnen, so die Ergebnisse eines Forschungsberichtes aus dem Jahre 1995 (BR-Drs. 295/97/8).

12.5 Opferschutz

Zwei weitere Gesetzentwürfe sollen die rechtliche Stellung der Zeugen sowie der Opfer von Straftaten im Strafverfahren verbessern. Durch das zweite Gesetz zur Verbesserung der Stellung der Verletzten im Strafverfahren (2. Opferschutzgesetz) sollen die Beteiligungsrechte der Verletzten verbessert werden (BT-Drs. 13/6899). Der Entwurf des Bundesrates sieht u.a. vor:

- Erweiterung der Nebenklageberechtigung für jugendliche Opfer sexuellen Mißbrauchs;
- erleichterte Beiordnung eines Rechtsanwaltes für die Opfer von Straftaten gegen die sexuelle Selbstbestimmung und von versuchten Tötungsdelikten (Opferanwalt) sowie
- Verbesserung der Möglichkeiten für die Geschädigten, vermögensrechtliche Ansprüche (Schadensersatz und Schmerzensgeld) bereits im Strafverfahren geltend zu machen.

12.6 Zeugenschutz und Unschuldsvermutung

Fast jeder Erwachsene möchte ungern etwas mit dem Gericht zu tun haben. Die Angst vor formalen, ritualisierten Abläufen und die fremde, ungewohnte Juristensprache tragen nicht gerade zur herrschaftsfreien Kommunikation bei. Werden Kinder als Zeugen mit dieser Erwachsenenwelt konfrontiert, haben sie es doppelt schwer. Das Problem wird auf die Spitze getrieben, wenn Kinder als Opfer sexueller Gewalttaten selbst als Zeugen vor Gericht erscheinen und u.U. sogar ihrem Peiniger in der gerichtlichen Hauptverhandlung gegenüberstehen müssen.
Einigkeit herrscht in einem Punkt: Kinder dürfen nicht erneut zu Opfern durch die institutionelle Strafverfolgung werden. Die Befragung durch Polizeibeamte und Staatsanwälte in Ermittlungsverfahren, das lange Warten auf die Hauptverhandlung vor Gericht und die erneute Konfrontation mit Tat und Täter lösen in der Regel sekundäre Traumatisierungsprozesse aus (vgl. Ell 1992a; Albrecht 1995; Frommel 1995; Mildenberger 1995; Volbert/ Busse 1995; Eckhardt 1995; Wegner 1995; Lossen 1995; Laubenthal 1996; Dahs 1996; Böhm 1996; Brocker 1996; Volbert/Erdmann 1996; Zschockelt/ Wegner 1996; Balloff 1997; Pfäfflin 1997).
In einem Verfahren wegen sexuellen Mißbrauches von Kindern hat das LG Mainz 1995 die Vernehmung eines jungen Opferzeugen außerhalb des Gerichtssaales in einem Nebenzimmer durch den vorsitzenden Richter zugelassen. Die Vernehmung wurde live durch eine Videoschaltung zu den anderen Verfahrensbeteiligten übertragen (LG Mainz, NJW 1996, 208).
Ob diese Methode – Vernehmung kindlicher Zeugen nur durch den Vorsitzenden mit Videoübertragung in den Gerichtssaal – wirklich der Königsweg zur Lösung der Probleme ist, wird von einigen bezweifelt (Dahs 1996). Sie

sehen vorwiegend den Grundsatz der Unmittelbarkeit der Beweisaufnahme gefährdet, der die persönliche Vernehmung von Zeugen fordert, wobei nach § 247 StPO die direkte Konfrontation zwischen dem Angeklagten und dem Opfer vermieden werden kann. Durch Videosimultanübertragungen und Videoaufzeichnungen dürfen jedenfalls die Rechte des Angeklagten nicht geschmälert werden. Die Vorstellungen darüber, in welcher Weise die Zeugen geschützt werden können, gehen auseinander. Inzwischen liegen verschiedene Gesetzentwürfe (BT-Drs. 3128; BT-Drs. 13/4983; BT-Drs. 13/7165) vor, die sich mit dem Zeugenschutz befassen.[1]

Sicher scheint, daß die Videotechnik in deutsche Gerichte Einzug halten wird, um kindliche – möglicherweise auch andere gefährdete Zeugen – besser schützen zu können.

Literatur

JÄGER, HERBERT (1987): Entkriminalisierungspolitik im Sexualstrafrecht, in: Jäger/Schorsch (Hrsg.): Sexualwissenschaft und Strafrecht, Stuttgart, 1

NELLES, URSULA (1995): Straftaten gegen die sexuelle Selbstbestimmung, Grundlinien einer Gesamtreform, in: Streit, 91

FROMMEL, MONIKA (1996): Zaghafte Versuche einer Reform der sexuellen Gewaltdelikte, in: KJ, 164

---

[1] Die Entwicklung der Videotechnologie in Verfahren wegen sexuellen Mißbrauches in den USA, in Großbritannien, den Niederlanden, den skandinavischen Staaten sowie in Österreich schildert Laubenthal 1996.

13 DIE GRENZEN DES SEXUALSTRAFRECHTS

Die Diskussion um Entkriminalisierung oder verstärkte strafrechtliche Verfolgung ist – gerade im Bereich des Sexualstrafrechts – äußerst schwierig zu führen. Das Thema ist so komplex, weil verständliche Rachemotive der geschundenen Opfer, ökonomische Interessen der Medien an der Verwertung des Schrecklichen, schlicht Mitleid und Mitgefühl, aber auch strategische Erwägungen bei Politikern und Parteien sowie Sicherheitsinteressen der Bevölkerung hineinspielen. Politiker geraten leicht in Versuchung, aus Anlaß von Kinderschänderprozessen, von Sexualmorden oder anderen schwersten Delikten den starken Staat zu propagieren und ein gesetzliches Instrumentarium mit weitgehenden staatlichen Gewaltbefugnissen zu fordern, »um Sicherheit und Ordnung gewährleisten zu können«.

13.1 Strafrechtsverschärfung versus Hilfe und Vorbeugung

Die Gesetzentwürfe zur Harmonisierung der Strafrahmen – genauer zur Erhöhung der Strafrahmen – sowie zur Bekämpfung von Sexualdelikten und anderen gefährlichen Straftaten (vgl. Kapitel 12) signalisieren der Öffentlichkeit: Hier ist ein handlungsbereiter, entschlossener Staat, der bei Sexualdelikten nicht lange fackelt und kurzen Prozeß macht. Durch höhere Strafen, Zwangstherapie und erleichterte Sicherungsverwahrung soll im Grunde ein Sonderstrafrecht für Sexualstraftäter geschaffen werden. Man kann mit guten Gründen der Auffassung sein, daß der Ruf nach dem Strafrecht letztendlich immer die schlechteste Lösung ist. Die »Kriminalisierungsforderungen« (Scheerer 1986) an den Staat, von welcher Seite sie auch erhoben werden, zeigen nicht gerade professionelle Souveränität bei der Lösung sozialer Probleme (Hund 1994). Jedoch: Die Forderung nach höheren Strafen für Sexualdelikte, für Umweltstraftaten oder für menschengefährdende Angriffe durch Skinheads scheinen legitim. Die verstärkte Kriminalisierung dieser Tätergruppen verspricht Gerechtigkeit und Schadensabwehr. Die vorwiegend in der Kriminologie geführte Auseinandersetzung um den Stellenwert staatlicher Strafen, um Abschreckung und symbolische Gesetzgebung (Scheerer 1986; Hess 1993; Frommel 1996; Stehr 1997, Scheerer 1997; Löschper 1997) ist bedeutsam für die Reformen im Sexualstrafrecht. An dieser Stelle nur so viel: Alle Kriminalisierungsprozesse bergen die Gefahr, zur allgemeinen Verrohung der Gesellschaft beizutragen. Hohe Freiheitsstrafen oder die massenweise Verhängung der Todesstrafe haben niemals zu friedlichen Gesellschaften geführt, im Gegenteil, die Gewaltbereitschaft ist jeweils gewachsen.
Das bedeutet nun keineswegs, daß auf das Strafrecht als Steuerungsinstrument für menschliches Verhalten verzichtet werden kann, aber man muß bedenken: Anders als das rechtliche Normsystem sonst »bekämpft das Sexualstrafrecht nicht nur einzelne strafbare Handlungsweisen, sondern es reguliert und kontrolliert zumindest indirekt komplexe Lebensverhältnisse. Es definiert die Toleranzspielräume einer Gesellschaft, schränkt die Pluralität der Lebensformen und Erlebnismöglichkeiten ein und trifft Entschei-

dungen über die Legitimität unterschiedlicher Moralvorstellungen. Wie auf kaum einem anderen Gebiet wird die Rechtsordnung gerade an dieser Stelle zum Indikator für die in der Gesellschaft herrschende Einstellung gegenüber Minderheiten und die in ihr mögliche Maximierung persönlicher Freiheit. Das emotionale Interesse der Öffentlichkeit findet seine Erklärung daher wohl auch darin, daß es sich hier spürbar um einen besonders neuralgischen Punkt staatlicher Lenkung handelt und daß von den psychosozialen Zwängen, die von diesem Normbereich ausgehen, jeder mehr oder weniger, und sei es nur mittelbar, betroffen ist« (Jäger 1987, 1, 2).

Vor der Verschärfung der Sanktionsnormen gilt es daher alle anderen denkbaren Strategien auszuloten; denn eines ist gewiß: Bei einigen Menschen kann eine gewaltfreie Sexualität durch strafrechtliche Normen nicht erzwungen werden, bei ihnen wirkt die Abschreckungsfunktion hoher Strafen nicht.

Bevor der staatliche Sanktionsapparat ausgebaut wird, sind alle Formen der Hilfe und Vorbeugung konsequent zu nutzen; vgl. auch das 30-Punkte Programm der SPD-Fraktion: Gesamtkonzept zum Schutze unserer Kinder vor sexueller Gewalt (BT-Drs. 13/7092).

- Der Aufklärung in Kindergärten, Schulen, Heimen und Jugendzentren, der Fortbildung von Lehrerinnen, Erziehern und Fachkräften der sozialen Arbeit, der Aufklärung der Eltern etc. kommen eine herausragende Bedeutung zu. Aufklärung und Fortbildung haben sich nicht an dem Bild des »bösen fremden Mannes« zu orientieren, sondern müssen berücksichtigen, daß sexualisierte Gewalt gegen Kinder überwiegend im sozialen Nahbereich stattfindet. Zu Aufklärung und Vorbeugung gehört auch, die traditionellen Rollenbilder aufzubrechen. Besonders in den Medien wird den Mädchen häufig noch die Opferrolle zugewiesen, während die Jungen stets bereite Kämpfer sein müssen. Gewaltausübung hat für männliche Jugendliche nach wie vor identitätsstiftenden Charakter. Hier müssen alle Verantwortlichen um Veränderungen bemüht sein.
- Es ist verpflichtend, eine emanzipatorische Erziehung – einschließlich der Sexualerziehung in Kindergärten, Schulen und in allen Einrichtungen der außerschulischen Jugendbildung – einzuführen.
- Zur Vorbeugung gehört es auch, die europäische Konvention zur Umsetzung von Kinderrechten und die Resolution des Europarates zur sexuellen Ausbeutung von Kindern sowie den Aktionsplan des Weltkongresses gegen sexuelle Ausbeutung umfassend bekannt zu machen und strikt zu realisieren.
- In das Bürgerliche Gesetzbuch muß das Gebot der Erziehung ohne Gewalt und seelische Verletzung aufgenommen werden.
- Wichtig sind auch verbesserte und effektivere Angebote des Systems Jugendhilfe. § 9 Abs. 3 KJHG sieht vor, daß bei der Ausgestaltung der Leistungen der Jugendhilfe und bei der Erfüllung der anderen Aufgaben die unterschiedlichen Lebenslagen von Mädchen und Jungen zu berücksichtigen, Benachteiligungen abzubauen und die Gleichberechtigung von Mädchen und Jungen zu fördern sind. Das ist der Auftrag, die folgenden Forderungen umzusetzen: »Mädchen und Frauen sind insbesondere durch sexuelle Gewalt in ihrer näheren Umgebung bedroht. Es müssen deshalb besondere, für sie geeignete Schutzmaßnahmen gefördert werden; dies schließt auch Hilfe für ausländische Mädchen ein. Neben den notwendigen Schutzräu-

men müssen verstärkt Entwicklungsfreiräume für Mädchen und junge Frauen bereitgestellt werden, in denen sie sich unbeeinflußt von männlichem Dominanz- und Machtanspruch bewegen können, ihre Ideen entwickeln und durchführen können und in denen sie auf den verschiedensten Ebenen gefördert werden« (Wiesner u.a. 1995, Anm. 38 zu § 9 KJHG).

- In diesem Zusammenhang: Es muß auch zur Pflichtaufgabe der Jugendämter gehören, Beratung und Therapie für kindliche und jugendliche Opfer sexualisierter Gewalt anzubieten.
- Der Beseitigung der herrschenden Doppelmoral wäre ein weiterer wichtiger Schritt, um in der Bundesrepublik einen unbefangenen Umgang mit dem »Faktor« Sexualität zu erreichen. Es ist ein Skandal, daß die Prostitution in der BRD von allen staatlichen Institutionen als »sittenwidriges« Gewerbe verurteilt wird, gleichzeit aber Steuern durch die Finanzämter kassiert werden. Die rechtliche Diskriminierung der ca. 500.000 Huren in der BRD, die keine Arbeitsverträge abschließen dürfen, keinen arbeitsrechtlichen Schutz besitzen und nicht sozialversichert sind, schreibt nicht nur die Rechtlosigkeit dieses Berufes fort, sondern macht auch deutlich, daß käufliche Sexualität gesellschaftlich zwar scharf geächtet wird, aber zugleich in Großstädten »auf eine Prostituierte 50 Freier kommen, unbescholtene Männer vom Postboten, Kranführer, Bankangestellten über den Polizisten bis zum Parlamentarier« (Molloy 1992, 42). Hier soll keiner Hurenromantik à la Irma la Douce das Wort geredet werden, aber: Ein gelassener Umgang mit der Prostitution kann dazu beitragen, die Doppelmoral aufzuweichen.
- In den Katalog von vorbeugenden Hilfen gehört auch ein umfangreiches Therapieangebot auf freiwilliger Basis für Sexualstraftäter.

Gegenüber derartigen präventiven Strategien wird eingewendet: Alles Sozialromantik, ein Verbrecher, ein Sexualtäter zumal, der sich an Kindern und Wehrlosen vergreift, versteht nur eine Sprache, Auge um Auge, Zahn um Zahn. Es ist auf den ersten Blick einleuchtend und klingt entschieden, mit dem Strafrecht gegen Verbrecher vorzugehen. Archaische Rachebedürfnisse sind so tief verwurzelt wie leicht nachvollziehbar, daß es vielen schwer fällt, andere Lösungsansätze zu akzeptieren. Weitaus humaner und effektiver ist es, durch umfassende Prävention und durch rechtzeitige fachlich-pädagogische und psychosoziale Beratung – vor allem in Krisensituationen – (Straumann 1996) die Ausübung sexueller Gewalt, wenn nicht auszuschließen, so doch einzuschränken. Es kommt darauf an, ein moderates, im Interesse der Opfer flexibles Handlungsmuster zu entwickeln. Mißverstandene Toleranz und falsche Strafrechtsskepis sind ebenso unangebracht wie blinde Strafrechtsgläubigkeit. »Nicht der einzelne Täter, sondern soziale Faktoren der Normstabilisierung oder Destabilisierung stehen im Vordergrund. Das Ziel ist es, unterschiedliche Reaktionen zu kombinieren und dabei zu lernen, was die konkurrierenden Teilsysteme dessen, was man formelle soziale Kontrolle nennt, leisten können und wo ihre jeweiligen Grenzen sind« (Frommel 1996, 164, 166).
Soweit »abweichendes Sexualverhalten« pönalisiert werden soll, ist eine strikte Grenze zu ziehen. Jeder hat das Recht, Sexualität auszuleben, auszuprobieren, sich zu irren, neugierig zu sein. Dem entspricht, daß sich die Beziehungs- und Lebenformen in den vergangenen Jahrzehnten rasant verändert und ausdifferenziert haben. Die traditionelle Familie erfährt in

ihrem Kernbestand einen erheblichen Wandel. Dieser Prozeß zeigt sich im Verhältnis der Geschlechter und in der neuen Machtbalance zwischen Kindern und Eltern (Barabas/Erler 1994). Neben die Kleinfamilie sind verstärkt durch Ein-Eltern-Familien, nichteheliche Lebensgemeinschaften, kinderlose Paare und Alleinlebende (Erler 1996) getreten. Es geht im Zusammenleben der Geschlechter nicht mehr vorrangig um die Motivation, den generativen Bestand der Familie zu sichern und einen würdigen Erben zu »produzieren«.

Keinem Staat dieser Welt steht das Recht zu, diese individuellen Entscheidungen und Lebensentwürfe mit dem Recht zu korrigieren. Wenn Homosexualität und lesbische Liebe bestraft oder gesellschaftlich diskriminiert und für Jugendliche die sexuellen Entfaltungsmöglichkeiten begrenzt werden sowie die Klagen über den Verfall der guten Sitten und über grenzenlose Libertinage und sexuelle Verwilderung zunehmen, marschiert die Gesellschaft in eine bedrohliche Richtung. Angesichts des im Grundgesetz verfassungsrechtlich verbürgten Rechtes auf freie Entfaltung der Persönlichkeit muß die sexuelle Selbstbestimmung eine Selbstverständlichkeit sein. Wenn der Staat in den Betten schnüffelt und Moralität verordnet, sind die Freiheit und Weltoffenheit einer Gesellschaft in ernster Gefahr.

14 STRAFTATEN GEGEN DIE SEXUELLE SELBSTBESTIMMUNG UND DIE VERSCHWIEGENHEITSPFLICHT NACH DEM STRAFGESETZBUCH UND DEM DATENSCHUTZ – ODER: DARF MAN BEI VERBRECHEN SCHWEIGEN?

Bei Straftaten gegen die sexuelle Selbstbestimmung ergeben sich zahlreiche rechtliche Folgeprobleme, die Gegenstand pädagogischer, psychologischer und juristischer Diskussionen sind.
Ein Konflikt ist offensichtlich. Schon der oberflächliche Blick auf einen Fall sexuellen Mißbrauches läßt unschwer erkennen, welche höchst unterschiedlichen Interessen aufeinanderprallen. So ist es nichts Ungewöhnliches, daß die Polizei oder die Staatsanwaltschaft Daten des Jugendamtes abfragen will, um gezielt gegen einen Mißbraucher vorgehen zu können. Bei einer derartigen Konstellation können die Interessen der Beteiligten weit auseinandergehen. Während das Jugendamt als Erziehungsbehörde die Belange der Kinder und Jugendlichen sowie ihrer Familien zu vertreten hat, ist Aufgabe der Polizei und der Staatsanwaltschaft die Strafverfolgung[1] (vgl. zu diesem Problemkreis Molitor 1985; Walcher 1985; Kaufmann 1990, Klinger/Kunkel 1990; Gross/Fünfsinn 1992; Riekenbrauk 1992; Weichert 1993; Wiesner, u.a. 1995; Wolter 1995; Proksch 1996; Stange 1997; Simitis 1997).
Die Bedeutung und Reichweite des Datenschutzes und der strafrechtlichen Schweigepflicht sind umstritten. Um überzogene, »hysterische« Schützermentalität auf der einen und Datensammelwut auf der anderen Seite werden heftige Auseinandersetzungen geführt. Es geht im Kern um die Effizienzlogik staatlicher wie privater Institutionen und Verbände einerseits und um den Schutz der Würde des Menschen andererseits (Hassemer 1996).
Die »Datensammler« führen im wesentlichen das Argument ins Feld, je mehr Daten vorhanden sind, um so aussichtsreicher kann gearbeitet werden. Der Mißbrauch sozialstaatlicher Leistungen lasse sich mit einem vernetzten Datensystem erfolgreich ausschalten, präventiv könnten gezielt schädliche soziale Verhaltensweisen bekämpft werden.
Dies gelte auch und gerade für die Fahndung nach Sexualtätern. Der ehemalige Präsident des Bundeskriminalamtes hat in einem Interview den Datenschutz für die erfolglose Fahndung nach Sexualtätern mitverantwortlich gemacht (Focus 10/1997, 42). In die gleiche Kerbe hieb ausgerechnet der Bundesbeauftragte für den Datenschutz. Er erklärte, daß die Daten vorbestrafter Sexualtäter künftig nicht mehr so einfach aus dem Strafregister gelöscht werden sollten (Die Welt v. 23.02.1997). In der Tat: Wer wollte ei-

---

[1] Dieser gegensätzliche Berufsauftrag muß nicht immer zu unüberbrückbaren Widersprüchen der beiden staatlichen Behördenzweige führen. Bei Fällen des sexuellen Mißbrauches sind auch Staatsanwälte und Richterinnen inzwischen bemüht, die Prozeßführung daran auszurichten, was dem Opfer zugemutet werden darf. Die intensive Diskussion um die rechtliche Zulässigkeit der Einführung von Videotechniken in die deutsche Gerichtspraxis belegt dies (vgl. auch Stange 1997). Zur Zusammenarbeit von Jugendhilfe und Justiz in Strafverfahren wegen sexuellen Mißbrauches hat eine Arbeitsgruppe Empfehlungen erarbeitet, die alle rechtlichen Aspekte von Beginn des Ermittlungsverfahrens bis zum Ende der Hauptverhandlung enthält (Bölter 1996; vgl. auch Niewerth 1994b).

gentlich ernsthaft dagegen sein, daß Verbrechern das Handwerk gelegt wird, daß staatliche Leistungen nur die wirklich Bedürftigen erhalten und die öffentlichen und privaten Administrationen nach dem letzten Stand der Dinge arbeiten.

Eines ist auch sicher: Die rasanten Entwicklungen im Informations- und Kommunikationssektor, die umwälzenden Veränderungen der Arbeitswelt durch den Einsatz der Mikroelektronik, die Möglichkeit, die Grenzen von Zeit und Raum zu überwinden, sind letztendlich irreversibel. Es gibt kein Zurück zur guten alten Zeit, keine Neuauflage von Tintenfässern oder Schreibmaschinen.

Die Lösung, die bleibt, um eine demokratisch verfaßte Gesellschaft zu erhalten, ist – in welcher Form auch immer – der Schutz der Daten. Das Bundesverfassungsgericht hat dem einzelnen Bürger grundsätzlich die Befugnis eingeräumt, selbst zu entscheiden, wann und innerhalb welcher Grenzen persönliche Lebenssachverhalte offenbart werden dürfen (BVerfGE 65, 1).

Für die soziale Arbeit, die zu den zentralen öffentlichen Aufgaben zählt, ist es von entscheidender Bedeutung, das Vertrauen der Betroffenen zu gewinnen und zu erhalten. Dies kann nur durch eine entsprechend hohe Diskretion erreicht werden. Wer Opfern sexueller Gewalttaten professionell helfen will, kann dies nur, wenn das Verhältnis zu seinen Klienten im Prinzip vor dem Zugriff der Strafverfolgungsbehörden geschützt ist.

Die Ratlosigkeit, was bei einer Straftat gegen die sexuelle Selbstbestimmung in Familien, Schulen oder in Einrichtungen der Jugendhilfe bzw. bei dem Verdacht eines derartigen Deliktes rechtlich veranlaßt werden soll, ist weit verbreitet. Mitarbeiterinnen von Beratungsstellen, von psychosozialen Diensten, staatlich anerkannte Sozialarbeiterinnen oder Sozialpädagogen, Psychologen, Bedienstete von Jugend- und Sozialämtern, Lehrerinnen, Heimerzieher, Kindergärtnerinnen erfahren in ihren Berufsrollen von sexuellen Straftaten gegen Kinder und Jugendliche und sind verunsichert, was zu geschehen hat.

Selbstverständlich haben sie das Wohl der ihnen anvertrauten Kinder und Jugendlichen zu garantieren und zu schützen, aber auch zu bedenken, welches Unheil für alle Beteiligten angerichtet werden kann, wenn fälschlicherweise der Verdacht des sexuellen Mißbrauchs geäußert wird und zu Maßnahmen der Strafverfolgungsbehörden führt. Das Spannungsfeld umfaßt Hilfe für die Opfer und Bestrafung der Täter. Insgesamt: Eine Gratwanderung zwischen unterschiedlichen professionellen Zielvorgaben, dem Vertrauensschutz und den Strafverfolgungsinteressen, eine gewiß nicht leichte Aufgabe.

- Häufig stellt sich die Frage nach der Pflicht zur Anzeige sexueller Straftaten. Sind Lehrer, staatlich anerkannte Sozialarbeiterinnen und Sozialpädagogen aber u.U. auch Privatpersonen verpflichtet, ihnen bekannt gewordene Fälle gegen die sexuelle Selbstbestimmung anzuzeigen.

Ein Fall aus der Praxis: Ein 29jähriger Vater hatte seine 6jährige Tochter mehrfach sexuell mißbraucht. Das Gericht verurteilte ihn zu zweieinhalb Jahren Gefängnis, nachdem die Vermieterin Anzeige erstattet hatte. In dem Gerichtsverfahren stellte sich heraus, daß dem Jugendamt der sexuelle Mißbrauch seit geraumer Zeit bekannt war. Eine Sozialarbeiterin hatte dem Vater angeboten, auf eine Anzeige zu verzichten, wenn er sich freiwillig einer Therapie unterziehen würde (vgl. Umschau, ZfJ 1993,294).

- Eine Jugendliche teilt in einem Beratungsgespräch mit, daß sie durch den Onkel mißbraucht werde. Er mißbrauche auch ihre Schwester. Die Pädagogin solle aber nichts weiter erzählen, sonst würde alles noch viel schlimmer.
- Ein anderes Problem: Eine staatlich anerkannte Sozialpädagogin erfährt in einer Krisenintervenionssitzung von einem sexuellem Mißbrauch und wird in dem Strafverfahren gegen den Mißbraucher als Zeugin geladen. Sie möchte aber nicht aussagen, weil sie befürchtet, restlos den Kontakt zu dem betreuten Opfer zu verlieren.
- Eine ähnliche Fallkonstellation: Ein Sozialpädagoge soll in einem Scheidungsverfahren als Zeuge vernommen werden, weil er bezeugen kann, daß der Vater seine Tochter mißbraucht hat.

Die Geheimhaltungspflichten und die Offenbarungs- bzw. Übermittlungsbefugnisse beruhen in der sozialen Arbeit zum jetzigen Zeitpunkt auf unterschiedlichen und verzahnten Rechtsgrundlagen mit teilweise ungeklärten sowie ungelösten Rechtsproblemen. Die Heterogenität der je verschiedenen Rechtsmaterien sowie die durchaus verschiedenen Normadressaten erschweren den Überblick und die Praktikabilität. Ein Nachteil für die Rechtsentwicklung ist darin zu sehen, daß die Grundnorm der Schweigepflicht im Strafrecht zu finden ist, obwohl »im modernen Rechtsstaat versucht werden sollte, gesellschaftliche Steuerung per Strafrecht nur i.S. einer ultima ratio auszuüben« (Wiesner u.a. 1995, Anm. 3 zu § 65 KJHG).

14.1 Ausgangspunkt: Schweigepflicht, Daten- und Vertrauensschutz in der sozialen Arbeit

Der Vertrauensschutz in der sozialen Arbeit ist recht neuen Datums. Es ist daher nicht verwunderlich, daß sich noch keine rechtliche Sicherheit für alle Beteiligten abzeichnet. Informationskonflikte gehören zur Realität eines demokratisch verfaßten Rechts- und Sozialstaates. Es mangelt jedoch an Berechenbarkeit und Transparenz im Datenschutzrecht, so daß dessen Umsetzung und Anwendbarkeit in der Praxis erhebliche Probleme mit sich bringt. Die Unsicherheit resultiert daraus:
- daß es schwierig ist, im einzelnen Geltung und Reichweite des Vertrauensschutzes zu bestimmen;
- daß sich die einschlägigen juristischen Normen an unterschiedliche Zielgruppen richten;
- daß die Vielfalt der Berufsfelder der sozialen Arbeit nur bedingt generalisierende Aussagen zuläßt; der Vertrauens- und Datenschutz gestaltet sich in der Bewährungshilfe anders als in einer Schuldnerberatungsstelle oder in einem Heim.

Insgesamt ist es nicht einfach, jeweils im konkreten Fall zu entscheiden, welche Norm in Betracht kommt, welches Geheimnis bzw. Sozialdatum durch wen geschützt ist, wann und unter welchen Voraussetzung ein Sozialdatum bzw. ein Geheimnis offenbart oder übermittelt werden darf. Wenig überraschend ist folglich auch, daß bei den unterschiedlichsten Fragestellungen Kontroversen über den Stellenwert des Vertrauensschutz und die »rechte« juristische Interpretation entstanden sind. Zusätzliche Schwierigkeiten entstehen durch das duale Angebot öffentlicher und privater Träger in der sozialen Arbeit.

Die *juristische Absicherung des Vertrauensverhältnisses* basiert auf strafrechtlichen Normen, den §§ 203 ff StGB und datenschutzrechtlichen Vorschriften. Bereits diese Trennung macht die Sache kompliziert.

---

§ 203 Verletzung von Privatgeheimnissen

(1) Wer unbefugt ein fremdes Geheimnis, namentlich ein zum persönlichen Lebensbereich gehörendes Geheimnis oder ein Betriebs- oder Geschäftsgeheimnis, offenbart, das ihm als

1. Arzt, Zahnarzt, Tierarzt, Apotheker oder Angehöriger eines anderen Heilberufs, der für die Berufsausübung oder die Führung der Berufsbezeichnung eine staatlich geregelte Ausbildung erfordert,

2. Berufspsychologen mit staatlich anerkannter wissenschaftlicher Abschlußprüfung,

3. Rechtsanwalt, Patentanwalt, Notar, Verteidiger in einem gesetzlich geordneten Verfahren, Wirtschaftsprüfer, vereidigtem Buchprüfer, Steuerberater, Steuerbevollmächtigten oder Organ oder Mitglied eines Organs einer Wirtschaftsprüfungs-, Buchprüfungs- oder Steuerberatungsgesllschaft,

4. Ehe-, Familien-, Erziehungs- oder Jugendberater sowie Berater für Suchtfragen in einer Beratungsstelle, die von einer Behörde oder Körperschaft, Anstalt oder Stiftung des öffentlichen Rechts anerkannt ist,

4a. Mitglied oder Beauftragten einer anerkannten Beratungsstelle nach den §§ 3 und 8 des Schwangerschaftskonfliktgesetzes,

5. staatlich anerkanntem Sozialarbeiter oder staatlich anerkanntem Sozialpädagogen oder

6. Angehörigen eines Unternehmens der privaten Kranken-, Unfall- oder Lebensversicherung oder einer privatärztlichen Verrechnungsstelle

anvertraut worden oder sonst bekanntgeworden ist, wird mit Freiheitsstrafe bis zu einem Jahr oder mit Geldstrafe bestraft.

---

§ 203 Abs. 1 StGB folgt alten Berufstraditionen, nämlich der strafrechtlichen Absicherung der Vertrauensverhältnisse bestimmter Berufsgruppen. Dieser Flankenschutz für professionelle – im weitesten Sinne beratende Tätigkeit – ist historisch das älteste Mittel, um für Klienten, Patienten, Mandaten die Möglichkeit zu eröffnen, sich vorbehaltlos den Vertretern dieser Berufsgruppen zu offenbaren. Der strafrechtliche Geheimnisschutz richtet sich als *persönliche* Verpflichtung an die Mitglieder der genannten Berufsgruppen. Verletzen sie diese Pflicht, machen sie sich strafbar und sind gegebenenfalls schadensersatzpflichtig.

Der *Sozialdatenschutz* hat einen anderen Bezugspunkt. Der Schutz des Sozialgeheimnisses wird durch § 35 SGB I sowie §§ 67 ff SGB X und für die Jugendhilfe nochmals gesondert durch die §§ 61 ff KJHG geregelt.

> **§ 35 Sozialgeheimnis**
>
> (1) Jeder hat Anspruch darauf, daß die ihn betreffenden Sozialdaten (§ 67 Abs. 1 Zehntes Buch) von den Leistungsträgern nicht unbefugt erhoben, verarbeitet oder genutzt werden (Sozialgeheimnis). Die Wahrung des Sozialgeheimnisses umfaßt die Verpflichtung, auch innerhalb des Leistungsträgers sicherzustellen, daß die Sozialdaten nur Befugten zugänglich sind oder nur an diese weitergegeben werden. Sozialdaten der Beschäftigen und ihrer Angehörigen dürfen Personen, die Personalentscheidungen treffen oder daran mitwirken können, weder zugänglich sein noch von Zugriffsberechtigten weitergegeben werden. Der Anspruch richtet sich auch gegen die Verbände der Leistungsträger, die Arbeitsgemeinschaften der Leistungsträger und ihrer Verbände, die in diesem Gesetzbuch genannten öffentlich-rechtlichen Vereinigungen, die Künstlersozialkasse, die Deutsche Bundespost, soweit sie mit der Berechnung oder Auszahlung von Sozialleistungen betraut ist, die Hauptzollämter, soweit sie Aufgaben nach § 107 Abs. 1 des Vierten Buches, § 66 des Zehnten Buches und § 150 a des Arbeitsförderungsgesetzes durchführen, und die Stellen, die Aufgaben nach § 67 c Abs. 3 des Zehnten Buches wahrnehmen. Die Beschäftigen haben auch nach Beendigung ihrer Tätigkeit bei den genannten Stellen das Sozialgeheimnis zu wahren.
>
> (...)
>
> (3) Soweit eine Übermittlung nicht zulässig ist, besteht keine Auskunftspflicht, keine Zeugnispflicht und keine Pflicht zur Vorlegung oder Auslieferung von Schriftstücken, Akten und Dateien.

Normadressat des § 35 SGB I sind allein die dort genannten Sozialleistungsträger. Sie sind zur Wahrung des Sozialgeheimnisses verpflichtet. § 35 SGB I hat so gesehen eine »*institutionelle Ausrichtung*« (Mrozynski 1995, Anm. 17 zu § 35 SGB I). Das bedeutet, daß die Mitarbeiter der Sozialleistungsträger nicht unmittelbar Adressat dieser Vorschrift sind, sondern sie sind dienstrechtlich zum Geheimnisschutz verpflichtet. Wichtig ist jedoch, daß *alle* Mitarbeiter – unabhängig von ihrer jeweiligen Qualifikation – an den Sozialdatenschutz gebunden sind.
Durch die institutionelle Ausrichtung auf die in § 35 SGB I erwähnten Leistungsträger ergibt sich schließlich, daß private und kirchliche Träger ebenso wie staatliche Institutionen, die nicht gleichzeitig Leistungsträger für soziale Leistungen sind, nicht unter § 35 SGB I fallen. Justizbehörden mit der Aufgabe der Strafverfolgung sowie des Strafvollzuges und der Bewährungshilfe, Schulen mit Aufgaben der Schulsozialarbeit und sonstige Sozialdienste werden von § 35 SGB I nicht berührt.
Betrachten wir nunmehr den *speziellen Datenschutz im Kinder – und Jugendhilfegesetz*. In das KJHG sind erstmals eigenständige Datenschutzregelungen für die Jugendhilfe aufgenommen worden. Diese Regelungen gehen über den Sozialdatenschutz hinaus und erfüllen die Anforderungen des Bundesverfassungsgerichtes, für jeden Eingriff in das informationelle Selbstbestimmungsrecht des Bürgers eine eindeutige Rechtsgrundlage zu schaffen (BVerfGE 65, 1). Durch die §§ 61 ff KJHG ist der Datenschutz nicht

nur als Datenmißbrauchsschutz, sondern als aktiver Persönlichkeitsschutz normiert.

Der besondere *Vertrauensschutz in der persönlichen und erzieherischen Hilfe* ist in § 65 KJHG geregelt. Er lautet:

> **§ 65 Besonderer Vertrauensschutz in der persönlichen und erzieherischen Hilfe**
>
> (1) Sozialdaten, die dem Mitarbeiter eines Trägers der öffentlichen Jugendhilfe zum Zwecke persönlicher und erzieherischer Hilfe anvertraut worden sind, dürfen von diesem nur weitergegeben werden
> 1. mit der Einwilligung dessen, der die Daten anvertraut hat, oder
> 2. dem Vormundschafts- oder dem Familiengericht zur Erfüllung der Aufgaben nach § 50 Abs. 3, wenn angesichts einer Gefährdung des Wohls eines Kindes oder eines Jugendlichen ohne diese Mitteilung eine für die Gewährung von Leistungen notwendige gerichtliche Entscheidung nicht ermöglicht werden könnte,
> 3. unter den Voraussetzungen, unter denen eine der in § 203 Abs. 1 oder 3 des Strafgesetzbuches genannten Personen dazu befugt wäre.
>
> Gibt der Mitarbeiter anvertraute Sozialdaten weiter, so dürfen sie vom Empfänger nur zu dem Zwecke weitergegeben werden, zu dem er diese befugt erhalten hat.
>
> (2) § 35 Abs. 3 des Ersten Buches gilt auch, soweit ein behördeninternes Weitergabeverbot nach Absatz 1 besteht.

§ 65 KJHG sieht vor, daß personenbezogene Daten, die MitarbeiterInnen eines Trägers der öffentliche Jugendhilfe zum Zwecke persönlicher und erzieherischer Hilfe anvertraut worden sind, einem gesteigertem Vertrauensschutz unterworfen sind.

Der Vertrauensschutz des § 65 KJHG ist nicht an eine bestimmte Berufsgruppe gebunden, sondern muß von denjenigen garantiert werden, die in der Jugendhilfe persönliche und erzieherische Hilfe leisten. Bei Sachleistungen gilt dieser erhöhte Vertrauensschutz allerdings nicht. Daraus folgt zugleich, daß nach § 65 KJHG nunmehr jeder Mitarbeiter des Jugendamtes, dem Sozialdaten zum Zwecke persönlicher und erzieherischer Hilfen anvertraut sind, mithin auch die nicht unter § 203 StGB fallenden Mitarbeiterinnen, z.B. Erzieherinnen oder Diplomsozialpädagoginnen ohne staatliche Anerkennung, dem erhöhten Sozialdatenschutz unterworfen sind.

Inzwischen liegen für die unterschiedlichsten Bereiche des Sozialdatenschutzes umfangreiche Publikationen vor, die systematisch den Sozialdatenschutz wie auch den Datenschutz nach dem Kinder- und Jugendhilferecht darstellen (Hager/Sehrig 1992; Giese/Krahmer 1994; Wiesner, u.a. 1995; Mrozynski 1995; Proksch 1996; Kramer 1996; Busch 1997).

14.2 Die strafrechtliche Schweigepflicht nach § 203 StGB

Art. 1 Abs. 1 sowie Art. 2 Abs. 1 GG schützen den Menschen vor Eingriffen in seine Persönlichkeitssphäre. Unter die Schutzgüter dieses verfassungsrechtlich garantierten allgemeinen Persönlichkeitsrechts fallen die Privat- und Intimsphäre, die persönliche Ehre und das verfassungsrechtlich geschützte Recht, grundsätzlich selbst zu entscheiden, wann und in welchen Grenzen persönliche Lebenssachverhalte von einem Dritten offenbart werden dürfen (BVerfGE 65, 1).

Dies ist auch der Grundgedanke des § 203 StGB, der das unbefugte Offenbaren eines fremden Geheimnisses, das dem Täter in seiner professionellen Tätigkeit anvertraut oder sonst bekannt geworden ist, bestraft.

Unter § 203 Abs. 1 StGB, die Strafvorschrift über die Verletzung von Privatgeheimnissen, fallen u.a.:

- Berufspsychologen;
- Ehe-, Familien-, Erziehungs- oder Jugendberater sowie Berater für Suchtfragen;
- Mitglieder oder Beauftragte einer Beratungsstelle nach dem Schwangerschaftskonfliktgesetz;
- staatlich anerkannte Sozialarbeiter und Sozialpädagogen, unabhängig davon, in welchem Berufsfeld sie tätig sind.

Zu den nach § 203 Abs. 1 StGB Schweigepflichtigen gehören aber nicht Diplompädagogen, Erzieher, Kindergärtnerinnen etc., die weder staatlich anerkannte Sozialarbeiter noch Sozialpädagogen sind (Tröndle 1997, Anm. 19 zu § 203 StGB; Schönke/Schröder 1997, Anm. 40 zu § 203 StGB).

Nach § 203 Abs. 3 StGB sind in die Schweigepflicht auch die berufsmäßigen Gehilfen der in Abs. 1 genannten Fachkräfte und die Personen, die bei ihnen zur Vorbereitung auf den Beruf tätig sind, eingebunden. Hierzu zählen insbesondere die Schreib- und Teilzeitkräfte. Nicht darunter fallen indessen das Reinigungspersonal oder – für die Standortbestimmung der sozialen Arbeit von einiger Erheblichkeit – die ehrenamtlich Tätigen, da sie nicht berufsmäßig arbeiten (Wiesner, u.a. 1995, Anm. 6 § 65 KJHG). Studentinnen und Studenten der Sozialarbeit und Sozialpädagogik sind während ihres berufsbegleitenden Praktikums und im Anerkennungsjahr schweigepflichtig, da sie zwingend einer staatlich anerkannten Sozialarbeiterin oder Sozialpädagogin zugeordnet sind (Proksch 1996, 161).

Durch die Ausdehnung der Schweigepflicht sollte das »allgemeine Vertrauen in die Verschwiegenheit der Angehörigen bestimmter Berufe, der Verwaltung usw. als Voraussetzung dafür, daß diese ihre im Interesse der Allgemeinheit liegenden Aufgaben erfüllen können« (Schönke/Schröder 1997, Anm. 3 zu § 203 StGB), hergestellt bzw. erhöht werden. Die strafrechtlich gebotene Verpflichtung das Vertrauensverhältnis zwischen Klienten und Beratern zu schützen, galt bislang für die klassischen Professionen, die Ärzte, Rechtsanwälte und die wirtschafts- und steuerberatenden Berufen. Sie ist auf diejenigen ausgedehnt worden, die in materielle Not oder psychische Konfliktsituationen geratene Menschen auf unterschiedlichste Art und Weise betreuen und beraten (Barabas 1992). Anders formuliert: Die selbstverständliche Respektierung der Sphären Gesundheit und Eigentum durch das ärztliche und anwaltliche Berufsgeheimnis ist durch den Schutz der »sozialen und psychischen Sphäre« ergänzt worden.

Nach § 203 Abs. 2 StGB werden auch *Amtsträger oder für den öffentlichen Dienst besonders Verpflichtete u.a.* bestraft, wenn sie ein Geheimnis unbefugt offenbaren. § 203 Abs. 2 Satz 2 StGB privilegiert die für den öffentlichen Dienst besonders Verpflichteten insofern, daß sie straffrei bleiben, wenn sie Geheimnisse oder Einzelangaben über persönliche oder sachliche Verhältnisse anderen Behörden oder sonstigen Stellen für Aufgaben der öffentlichen Verwaltung bekanntgeben und das Gesetz dies nicht untersagt. Ob nun staatlich anerkannte Sozialarbeiter und Sozialpädagogen, die zugleich im öffentlichen Dienst – z.B. im Jugendamt oder Sozialamt – arbeiten, auch unter diese Privilegierung fallen, war anfangs durchaus kontrovers. Nach heute überwiegender Auffassung gilt die nach § 203 Abs. 2 StGB erlaubte Weitergabe von Einzelangaben über persönliche und sachliche Verhältnisse an andere Behörden nicht für die behördliche Sozialarbeit. Anderenfalls käme man zu dem grotesken Ergebnis, daß der Vertrauensschutz der Klienten bei den staatlich anerkannten Sozialarbeitern und Sozialpädagogen im öffentlichen Dienst geringer zu bewerten sei, als in der freien Wohlfahrtspflege (Frommann 1985, Mörsberger 1985, Maas 1988; Kaufmann 1990, Wiesner u.a. 1995, Anm. 2, Anhang § 65 KJHG; Proksch 1996, 159 ff).

Diese Auffassung ist auch durch das Bundesarbeitsgericht bestätigt worden. Das Gericht mußte entscheiden, ob einer bei einem Landkreis angestellter Psychologe verpflichtet ist, Auskünfte darüber zu geben, mit wem er beruflich ein Telefongespräch führt. »Schon die Tatsache, daß jemand die Beratung oder Behandlung des Klägers in seiner Eigenschaft als Berufspsychologe in Anspruch nimmt, ist ein solches Geheimnis im Sinne von § 203 StGB und nicht erst das Problem oder die Krankheit, die Anlaß für die Inanspruchnahme des Berufspsychologen ist« (BAG, NDV 1987, 333 mit Anm. Mörsberger 1987). Der Arbeitgeber darf sich durch die Erfassung der Telefonnummern der Ratsuchenden keine Kenntnisse verschaffen.[1] Damit hat das Bundesarbeitsgericht aber auch geklärt, daß § 203 Abs. 1 StGB für solche Personen zu gelten hat, die zugleich amtsnahe Personen im Sinne von § 203 Abs. 2 StGB sind (vgl. auch BGH, NStZ 1993, 405 für einen Anstaltszahnarzt). Diese Ansicht wird im übrigen durch die Entwicklung im Datenschutzrecht bestätigt.

Der Begriff *Geheimnis* ist weit auszulegen. Nach der Rechtsprechung sind Geheimnisse solche Tatsachen, die nur einem beschränktem Personenkreis bekannt sind und nach dem verständlichen Interesse des Geheimnisträgers nicht weiter bekannt werden sollen (Rogall 1983; Tröndle 1997, Anm. 4 zu § 203 StGB). Das Geheimnis muß zum persönlichen Lebensbereich gehören und umfaßt z.B. die wirtschaftlichen und beruflichen Verhältnisse, Charaktermerkmale, psychische Auffälligkeiten, körperliche Besonderheiten und familiäre Verhältnisse des Klienten (Langkeit 1994). Aber auch schon der Name eines Klienten oder allein der Umstand des Besuchs einer Beratungsstelle unterfallen dem Geheimnisbegriff (BAG, NDV 1987,333; vgl. auch KG Berlin, NDV 1985, 52 mit Anm. Molitor; BVerwG, NJW 1995, 410). Die in Klientenakten oder Dateien enthaltenen Fakten, Berichte oder Wertungen sind klassische fremde Geheimnisse.

---

[1] Dagegen beeinträchtigt eine Telefonanlage mit automatischer Gesprächserfassung in einem Gericht nicht die richterliche Unabhängigkeit (BGH, NJW 1995,731).

Ein *Geheimnis ist offenbart*, wenn es in irgendeiner Weise an einen anderen gelangt ist. Unerheblich ist dabei, ob der Dritte selbst schweigepflichtig ist oder ob es sich um einen Angehörigen handelt. Bestraft werden kann auch grundsätzlich die Informationsvermittlung an andere Geheimnisträger (BGH, NJW 1991, 2955). Eine Ausdehnung der Offenbarungsbefugnisse gegenüber allen Schweigepflichtigen würde einen großen Kreis von »Wissenden« schaffen, unter denen relativ problemlos die fremden Geheimnisse zirkulieren dürften: vom Tierarzt zum Psychologen, von der Anwältin zur Sozialarbeiterin. Das darf nicht sein. Aufschlußreich ist eine Entscheidung des Bayerischen Obersten Landesgerichts. Weil dieser Beschluß gerade für die soziale Arbeit so weitreichende Konsequenzen hat, wird der gerichtliche Tatbestand ausführlich mitgeteilt.

Der Angeklagte, von Beruf Diplom-Psychologe, war als Therapeut in einem Heim angestellt, zuletzt als Erziehungsleiter. In dem Heim wurden psychisch gestörte, schwer erziehbare Jugendliche betreut. Im April 1991 übernahm er die Therapie der »inzwischen« 21 Jahre alten Zeugin. Diese wies Borderline-Persönlichkeitsstörungen, geringe Belastbarkeit und starke affektive Impulsivität auf. Unter Druck und Spannungen kam es zu autoaggressiven Handlungen, z.B. brachte sie sich Ritze oder Schnitte im Bereich der Unterarme bei, äußerste auch Selbstmordgedanken, denen im Jahre 1991 einmal entsprechende Handlungen folgten. Der Angeklagte kam zu der Ansicht, Ursache dieser psychischen Störung seien »sexuelle Mißbrauchserfahrungen«, wenngleich diese Symptome gelegentlich auch andere Ursachen hätten. Etwa im Juli 1991 verließ die Zeugin das Heim und wechselte in das sogenannte außenbetreute Wohnen. Sie wurde aber weiterhin als Patientin des Angeklagten psychotherapeutisch und pädagogisch durch das Heim betreut.

Am 2.2. 1993 eröffnete die Zeugin dem Angeklagten bei einer von ihm erbetenen außerplanmäßigen Unterredung – nachdem sie ihn zuvor gefragt hatte, ob er zur Verschwiegenheit verpflichtet sei –, daß sie in der Zeit seines Urlaubes sexuelle Beziehungen zum Heimleiter, der sie in dieser Zeit betreut hatte, aufgenommen habe. Der Angeklagte war der Meinung, diese Beziehungen könnten schwerste psychische Störungen zur Folge haben, auch Suizidgefahr hielt er für nicht auszuschließen. Zudem erschien es ihm unerträglich, daß dem Heim ein Leiter vorstand, der selbst sexuelle Kontakte zu den Schutzbefohlenen aufnahm. Am 9.2.1993 trug der Angeklagte den Fall der Supervision vor, einem Gremium von Therapeuten des Heimes, dem er selbst und zwei Diplom-Pädagogen angehörten, die ebenso wie er selbst zur Verschwiegenheit verpflichtet waren.

Das Amtsgericht verurteilte den Psychologen wegen Verletzung von Privatgeheimnissen nach § 203 Abs. 1 StGB zu einer Geldstrafe von 75 Tagessätzen zu je 50 DM. Das Landgericht sprach ihn frei, und auf die Revision der Staatsanwaltschaft, die den Freispruch nicht akzeptierte, hob das Bayerische Oberste Landesgericht den Freispruch des Landgerichts auf.

Dieser Fall ist deswegen von Bedeutung, weil für die soziale Arbeit der Schutz des Berufsgeheimnisses präzisiert wurde. Das Bayerische Oberste Landesgericht stellt zunächst fest, daß der Psychologe ein fremdes Geheimnis offenbarte, obwohl er das Geheimnis »nur« in einer internen Supervision an andere Geheimnisträger weitergegeben habe. »Es versteht sich von selbst, daß (...) auch die Weitergabe des Geheimnisses an einen Schweigepflichtigen« den Tatbestand des § 203 StGB erfüllt. »Angesichts der nicht eingrenzbaren Vielzahl von Personen, die einer Schweigepflicht unterworfen sind, wäre im übrigen der Schutz des § 203 StGB illusorisch, wollte man die Mitteilung an jede von ihnen als nicht tatbestandsmäßig ansehen« (BayObLG, NJW 1995, 1623).

Die Art und Weise der Offenbarung ist im übrigen gleichgültig. Offenbart ist ein Geheimnis, wenn es in irgendeiner Weise an einen anderen gelangt (Schönke/Schröder 1997, Anm. 19 zu § 203 StGB). Jedes Mitteilen – durch schlüssiges Verhalten, aber auch durch Unterlassen (Tröndle 1997, Anm. 26 zu § 203 StGB) – ist daher ein Offenbaren. Es kann auch darin bestehen, daß man Dokumente, Akten und ähnliches auf seinem Schreibtisch herumliegen läßt, sie nicht verschließt und damit die Möglichkeit eröffnet, daß sie Nichtbefugte zu Gesicht bekommen (Langkeit 1994; a.A. Schönke/Schröder 1997, Anm. 20 zu § 203 StGB).

14.3 Die Offenbarungsbefugnisse

Ganz erhebliche Probleme stellen sich im Zusammenhang mit der befugten Offenbarung: Unter welchen Bedingungen und Voraussetzungen dürfen Informationen weitergegeben werden? Wann ist es gerechtfertigt, die Schweigepflicht zu brechen, wo liegt die Grenze des pflichtgemäßen Schweigens?

§ 203 StGB selbst legt nicht fest, wann eine Offenbarung befugt ist, vielmehr ergeben sich unterschiedlichste Fallgruppen, nach denen eine Offenbarung zulässig bzw. gesetzlich vorgeschrieben ist.

14.3.1 Die Pflicht zur Anzeige: Ein verbreitetes Mißverständnis

Die Pflicht zur Anzeige ist in den §§ 138, 139 StGB geregelt. In sozialpädagogischen und sozialarbeiterischen Berufsfeldern stellt sich zuweilen das Problem, ob gesetzliche Verpflichtungen bestehen, bestimmte Sachverhalte gegenüber der Polizei oder der Staatsanwaltschaft zur Anzeige zu bringen. Zu denken ist an sexuellen Mißbrauch, aber auch an andere Straftatbestände wie z.B. Raub, Mord oder Totschlag. Es bestehen erhebliche Unsicherheiten über die Reichweite der Anzeigepflichten. Das bundesrepublikanische Recht kennt nur in äußerst begrenztem Umfang die Pflicht, Straftaten den Behörden oder dem Bedrohten anzuzeigen.

§ 138 StGB bestimmt, daß lediglich bei den dort genannten Delikten die Nichtanzeige geplanter Straftaten bestraft wird. Nur wer von dem Vorhaben oder der Ausführung eines Angriffskrieges, eines Hochverrates, eines Menschenhandels, Mordes, Totschlages, Völkermordes, Raubes, einer räuberischen Erpressung etc., also einer schwersten Straftat erfährt, muß der Behörde oder dem Bedrohten Anzeige machen, allerdings auch nicht immer:

- Man ist nur dann zur Anzeige gezwungen, wenn man von der geplanten Tat zu einem Zeitpunkt Kenntnis erlangt, zu dem die Ausführung oder der Erfolg noch abgewendet werden können. Es genügt zur Anzeigepfl icht auch nicht, wenn man nur einen vagen V erdacht hat. Es sind glaubhafte Kenntnisse erforderlich. Darüber hinaus ist es nach dem Zweck dieser Norm nicht notwendig, immer unverzüglich Anzeige zu erstatten (BGH, StV 1997, 244).

- Schließlich bleibt straffrei, wer die Ausführung oder den Erfolg der Tat anders abwendet als durch Anzeige. Unterbleiben die Ausführung oder der Erfolg der Tat ohne Zutun des zur Anzeige Verpflichteten, so genügt zu seiner Straflosigkeit sein ernsthaftes Bemühen, den Erfolg abzuwenden. Nur unter diesen sehr eingeschränkten Voraussetzungen ist jemand zur Anzeige verpflichtet. Wichtig in diesem Zusammenhang ist, daß § 138 StGB nicht die Strafverfolgung zum Ziel hat; die Vorschrift soll helfen, daß geplante Straftaten nicht ausgeführt werden.

§ 138 StGB erfaßt nicht das Sexualstrafrecht, so daß bei allen Straftaten gegen die sexuelle Selbstbestimmung nach dem Strafgesetzbuch keine Pflicht zur Anzeige existiert. Bei drohendem sexuellem Mißbrauch, aber auch bei Kindesmißhandlungen besteht weder für Privatpersonen noch für die in pädagogischen Berufsfeldern arbeitenden Fachkräfte nach dem StGB die Pflicht, die Strafverfolgungsorgane einzuschalten.[1] Dies ist auch die herrschende Meinung in der Rechtswissenschaft (Kaufmann 1990; DIV-Gutachten 1992; Menne 1993; Ollmann 1994; Niewerth 1994a; Fieseler/Herborth 1996; Kessler 1997). Dickmeis weist allerdings für die Ärzte darauf hin, daß z.B. bei schwerwiegendem sexuellem Mißbrauch der Grenzbereich zur Anzeigepflicht gegenüber den Strafverfolgungsbehörden tangiert sein kann, »so daß ein trotz der Gefahrenlage fortbestehendes Schweigen des Arztes unter Umständen ein strafrechtlich relevantes Unterlassen darstellen kann, mit möglicherweise sogar berufsrechtlichen Folgen« (Dickmeis 1995, 474, 479).

In diese Richtung geht auch eine Entscheidung des Bundesgerichtshofes bei Privatpersonen. Das Gericht bestätigte die Bestrafung einer Ehefrau wegen Beihilfe zum sexuellen Mißbrauch von Schutzbefohlenen. Sie hatte es unterlassen, ihren Ehemann bei dem Jugendamt oder der Polizei anzuzeigen, weil er mit den Töchtern geschlechtlich verkehrte (BGH, FamRZ 1984, 883). Abgesehen von solchen Grenzfällen mit Ausnahmecharakter besteht keine Pflicht zur Anzeige. Das kann auch nicht anders sein, denn sonst wären jede Frau und jeder Mann Hilfsorgan der Staatsanwaltschaft.

Inwieweit für die im öffentlichen Dienst Beschäftigten eine *Anzeigepflicht für abgeschlossene Straftaten* besteht, richtet sich nach der Funktion der Behörde. Dabei liegt auf der Hand, daß Polizei und Staatsanwaltschaft Straftaten, die ihnen dienstlich bekannt geworden sind, zu erforschen und zu verfolgen haben, §§ 160, 163 StPO (vgl. auch BGH, NStZ 1993, 383). Die Strafprozeßordnung trifft keine Aussage, ob andere öffentliche Bedienstete gehalten sind, den Strafverfolgungsbehörden Mitteilungen über ein ihnen amtlich bekannt gewordenes Delikt zu machen. Es ist aber unbestritten, daß der öffentliche Dienst in diesem Zusammenhang nicht anders zu behandeln ist als Privatpersonen. Es besteht daher im allgemeinen auch für vollendete Delikte keine behördliche oder dienstliche Anzeigepflicht.

Eine Dienstvorschrift, die vorschreibt, daß einschlägige Erkenntnisse des Jugendamtes den Strafverfolgungsbehörden zu übermitteln sind, ist schlicht und ergreifend rechtswidrig. Ergebnis wäre nämlich, daß alle Mitglieder des Jugendamtes Aufgaben der Staatsanwaltschaft wahrnehmen

---

[1] Zur Garantenstellung und sich daraus ergebenden Handlungspflichten (vgl. auch BGH, NStZ 1993, 383). Zur Notwendigkeit der Verbesserung der Rechtsstellung der nach § 138 StGB Anzeigepflichtigen (siehe Schomberg/Korte 1990).

müßten. Auf diesem Wege würde der je eigene Behördenauftrag – z.B. die Realisierung der Ziele des KJHG – untergraben. Nicht ausreichend für eine Offenbarung sind daher die dienst- und fachaufsichtlichen Befugnisse des Arbeitgebers und des Dienstherren. In diese Richtung weist auch eine Entscheidung des LAG Hamm: »Das Direktionsrecht des Arbeitsgebers kann sich nicht auf die Art und Weise der Handhabung der dem Arbeitnehmer auferlegten Schweigepflicht erstrecken. Er darf dem Arbeitnehmer nicht ein bestimmtes Verhalten in bezug auf die Schweigepflicht aufzwingen. Die Verantwortung für die sachgerechte Wahrnehmung seiner Schweigepflicht trägt allein der Arbeitnehmer, so daß der Arbeitgeber ihm auch die Handhabung dieser seiner Verpflichtung selbst überlassen muß« (LAG Hamm, zit. nach Mörsberger 1987; vgl. auch Urteil des BAG NDV 1987, 333; Schönke/Schröder 1997, Anm. 53 c zu § 203 StGB).

Den staatlich anerkannten Sozialpädagogen und Sozialarbeiterinnen des Jugendamtes sind aber auf Grund der strafrechtlichen Schweigepflicht keineswegs bei Straftaten gegen die sexuelle Selbstbestimmung die Hände gebunden. Sie müssen bei Straftaten gegen die Jugendlichen selbstverständlich nicht immer und unter allen Umständen schweigen. Die entscheidende Frage ist: Erfährt das Jugendamt von einer Kindeswohlgefährdung, muß es dann zwingend das Vormundschafts- bzw. Familiengericht informieren, z.B. daß Eltern ihre Kinder übermäßig züchtigen, die Wohnverhältnisse völlig desolat sind, die Kinder zum Betteln angehalten oder sexuell mißbraucht werden? Eine Antwort auf diese Frage ergibt sich aus § 50 Abs. 3 KJHG.

Aufgabe des Jugendamtes und des Vormundschaftsgerichtes ist es, zum Wohle der Kinder und Jugendlichen das staatliche Wächteramt auszuüben, allerdings aus unterschiedlichen Perspektiven. Während das Vormundschaftsgericht streitentscheidend tätig wird, ist das Jugendamt sozialpädagogische Fachbehörde. An den Verfahren vor dem Vormundschaftsgericht nimmt das Jugendamt gleichsam als Anwalt des Kindes teil, im Vordergrund steht die Sicherung des Kindeswohls.

Nach § 50 Abs. 3 KJHG ist das Jugendamt verpflichtet, das Gericht anzurufen, wenn es das Tätigwerden des Gerichtes zur Abwendung einer Gefährdung des Kindes oder Jugendlichen für erforderlich hält. Es ist unbestritten, daß das Jugendamt ein eigenständiges Prüfungsrecht und einen Beurteilungsspielraum besitzt, ob es das Gericht einschaltet. Dabei ist der Grundsatz zu beachten, daß auch im Rahmen des § 50 Abs. 3 KJHG das sozialpädagogische Leistungsangebot Vorrang gegenüber dem gerichtlichen Eingriff hat (Wiesner u.a. 1995, Anm. 79 zu § 50 KJHG). Konkret: Mitarbeiter des Jugendamtes erfahren von einer Kindesmißbrauch in einer Familie und sind aus fachlichen und pädagogischen Überlegungen der Auffassung, daß ein Einschalten des Vormundschaftsgerichtes noch nicht geboten ist, um überhaupt einen Zugang zu der Familie zu finden. Sie sind *keineswegs* verpflichtet, das Vormundschaftsgericht zu informieren. »So ist die Anrufungspflicht nicht zugleich eine Verpflichtung zu einer Durchbrechung der Schweigepflicht, auch nicht bei den Mitarbeitern einer Beratungsstelle des JAmts i.S. des § 203 Abs. 1 Nr. 4 StGB« (Wiesner u.a. 1995, Anm. 88 zu § 50 KJHG).

Exkurs: Das Recht zur Anzeige

Abgesehen von den Pflichten des Jugendamtes gegebenenfalls das Familien- oder Vormundschaftsgericht einzuschalten, kann es zwingend notwendig werden, den Täter bei einer Kindesmißhandlung, bei sexuellem Mißbrauch bei den Strafverfolgungsbehörden anzuzeigen, um das Kind vor weiteren Übergriffen zu schützen.
Rechtlich stellt sich die Lage folgendermaßen dar: Eine Strafanzeige kann von jedem erstattet werden, der von einem Straftatbestand Kenntnis erlangt hat, auch von Kindern und Handlungsunfähigen. [1] Sie ist an keine besondere Form gebunden, kann schriftlich, mündlich oder telefonisch – im Regelfall gegenüber den Beamten des Polizeidienstes und den Amtsgerichten erklärt werden, § 158 Abs. 1 StPO. Die Anzeige kann vertraulich erfolgen.
Anders ist die Rechtslage bei den nach § 203 StGB Verpflichteten zu beantworten. Durch die Weitergabe von anvertrauten oder sonst bekanntgewordenen Geheimnissen an die Strafverfolgungsbehörden kann sich der Verpflichtete strafbar machen. Nach § 34 StGB, dem rechtfertigenden Notstand, ist aber eine Offenbarung vor allem dann gerechtfertigt, wenn es um die Abwendung ernstlicher Gefahren für Leib und Leben geht. In derartigen Fällen hat der Verpflichtete im Wege der Güterabwägung zu entscheiden.
Zu beachten ist indessen: Haben die Behörden erst einmal Kenntnis von einem Straftatbestand, müssen sie von Amts wegen weiter ermitteln. Eine einmal erstatte Anzeige kann nicht zurückgezogen werden. Das Ermittlungs- und gegebenenfalls das Strafverfahren wird unabhängig vom Willen des Anzeigenden durchgeführt.

Als Zwischenergebnis ist festzuhalten:
Berichtet beispielsweise eine jugendliche Klientin einer Sozialpädagogin von sexuellen Mißhandlungen durch einen Familienangehörigen, so ist die Fachkraft nicht verpflichtet eine Anzeige zu erstatten. Das ist völlig unbestritten. Etwas wurstig hat dies ein Jugendamtsleiter folgendermaßen zum Ausdruck gebracht:»Ob der Täter vor Gericht kommt, ist nicht unser Bier« (vgl. Umschau, in: ZfJ 1993, 294, 295). Die Fachkraft ist indessen bei Vorliegen der Voraussetzungen des § 50 Abs. 3 KJHG gehalten, die Zivilgerichte anzurufen. Diese spezielle Verpflichtung gilt aber nur für die Mitarbeiterinnen und Mitarbeiter des Jugendamtes. Für alle anderen im sozialen Bereich Tätigen, die zugleich schweigepflichtig im Sinne des Strafgesetzbuches sind, kommen andere Offenbarungstatbestände in Betracht, die das »Reden« befugt machen. Die wichtigsten sind:
- die Einwilligung sowie
- der übergesetzliche Notstand nach § 34 StGB.

---

[1] Etwas anderes gilt für den Strafantrag. Das Strafgesetzbuch kennt bestimmte Delikte, die nur verfolgt werden, wenn ein Strafantrag vorliegt, so z.B. die Entführungstatbestände nach §§ 235 ff StGB sowie die Verletzung der Schweigepflicht. Voraussetzung einen Strafantrag stellen zu können, ist die Volljährigkeit, § 77 StGB. Ein von einer Minderjährigen gestellter Strafantrag ist daher unwirksam (vgl. auch BGH, NJW 1994, 1165).

14.3.2 Die Einwilligung

Die Einwilligung des Betroffenen erlaubt die Offenbarung durch den Schweigepflichtigen. Die Einwilligung ist kein Rechtsgeschäft, sondern eine geschäftsähnliche Handlung. Eine rechtsgültige Einwilligung muß freiwillig erfolgen, darf also nicht auf Drohung, Zwang oder Täuschung beruhen. Die ausdrückliche Einwilligung kann grundsätzlich nur von dem Verfügungsberechtigten ausgesprochen werden. Die Verfügungsberechtigten sind darüber aufzuklären, was die Einwilligung bedeutet und an wen die Informationen weitergegeben werden sollen. Die rechtliche Fähigkeit zur Einwilligung besitzt jede geschäftsfähige Person.

Die Einwilligung kann auch stillschweigend erfolgen. Von einer *stillschweigenden Einwilligung* ist auszugehen, wenn für den Verfügungsberechtigten erkennbar ist, daß seine Geheimnisse/Daten an weitere Personen übermittelt werden sollen und er damit ersichtlich einverstanden ist. Allerdings hat der Bundesgerichtshof an die rechtlichen Voraussetzungen einer stillschweigenden Einwilligung erhebliche Anforderungen gestellt.

Das Gericht (BGH, NJW 1991, 2955; BGH, NJW 1992, 737; vgl. auch BGH, NJW 1993, 2795; BGH, NJW 1993, 1638) hat die Reichweite und die Qualität der Schweigepflicht angesichts der enormen Möglichkeiten der modernen Kommunikationsmittel präzisiert. Eingriffe in das Recht der informationellen Selbstbestimmung dürfen danach nur auf der Grundlage klar definierter, überschaubarer Eingriffsnormen erfolgen. Eine stillschweigende Einwilligung kann nur noch angenommen werden, wenn der Verfügungsberechtigte zweifelsfrei und erkennbar kein Interesse daran hat, daß sein Geheimnis gewahrt wird oder aber, daß er nicht rechtzeitig befragt werden kann. Die Notwendigkeit einer Einwilligung darf nicht mehr unter dem Aspekt der Praktikabilität unterlaufen werden. Weder höhere Kosten noch Gründe der Arbeitsorganisation dürfen herhalten, eine fehlende Einwilligung zu ersetzen.

Es liegt auf der Hand, daß diese Rechtsprechung unmittelbar Konsequenzen für die Schweigepflicht in der sozialen Arbeit hat. Die zuweilen anzutreffende Neigung, den Datenfluß über stillschweigende Einwilligungen der Klienten zu ermöglichen, ist rechtlich nicht mehr vertretbar.

Wenn Kinder und Jugendliche Opfer eines sexuellen Mißbrauchs sind, stellt sich das Problem, ab welchem Alter sie selbst in die Offenbarung einwilligen können. Zwar sind bei Minderjährigen zunächst die Personensorgeberechtigten rechtlich befugt, die Einwilligung für eine Offenbarung zu geben. Sobald sie aber selbst als Täter, Hilfeleistende oder Mitwissende in Betracht kommen, werden sie schwerlich durch die Einwilligung dazu beitragen, sich selbst zu belasten.

Es kommt daher darauf an, unter welchen Voraussetzungen Minderjährige in die Offenbarung einwilligen dürfen. Bei der Einwilligung Minderjähriger wird im Strafrecht auf deren Einsichts- und Urteilsfähigkeiten abgestellt (Belling 1990; Reiserer 1991; Roxin 1994; Ollmann 1994; Dickmeis 1995; Scherer 1997). Dem Minderjährigen werden bei Vorliegen der Einsichtsfähigkeit entgegen den allgemeinen Altersregelungen Rechte eingeräumt. Dies gilt u.a. für ärztliche Heilbehandlungen unter Einbezug des Schwangerschaftsabbruches, der Wahrnehmung prozessualer Verweigerungsrechte und bei der Einwilligung im Strafrecht.

Für die Einwilligung in die Offenbarung von Geheimnissen im Rahmen des § 203 StGB reicht es aus, wenn ein Minderjähriger fähig ist, die Bedeutung und Folgen der Rechtshandlung zu erkennen und nach dieser Einsicht zu handeln (Weichert 1993; Dickmeis 1995; Scherer 1997; Stange 1997). Die Einsicht wird in aller Regel bei 15jährigen zu bejahen sein, da die Minderjährigen in diesem Alter nach § 36 Abs. 1 SGB I auch eigenständig Anträge auf Sozialleistungen stellen können. Berichtet ein 15jähriges Mädchen ihrer Beraterin vom inzestuösen Handeln ihres Stiefvaters, so ist ihre Einwilligung für die Offenbarung bzw. Übermittlung dieser Daten rechtlich ausreichend. Wenn allerdings die erforderliche Einsicht noch nicht vorhanden ist, kommt es auf die Einwilligung der Personensorgeberechtigten an.

Im Zusammenhang mit dem befugten Offenbaren und der ausdrücklichen oder stillschweigenden Einwilligung stellt sich das Problem der *innerbehördlichen Schweigepflicht* – oder von einer anderen Warte aus betrachtet die Frage, wer gehört in einer Behörde zum Kreis, der von einem fremden Geheimnis wissen darf. Bei einem Arzt ist es z.b. die Sprechstundenhilfe, allgemein das ärztliche Hilfspersonal (Langkeit 1994). Bei einem im Strafvollzug tätigen Anstaltszahnarzt wirkt sich die Schweigepflicht nicht nur im Verhältnis gegenüber unbeteiligten Außenstehenden aus, sondern erstreckt sich auch auf die Beziehungen zur Anstaltsleitung und zur übergeordneten Behörde. »Die das ärztliche Schweigegebot unter strafrechtlichen Schutz stellende Vorschrift des § 203 I Nr. 1 StGB wird nicht dadurch außer Kraft gesetzt, daß ein beamteter oder für den öffentlichen Dienst besonders verpflichteter Arzt (§ 203 II Nr. 1 und 2 StGB) im Rahmen der gesundheitlichen Fürsorgepflicht der Vollzugsbehörde gegenüber einem Strafgefangenen tätig wird. Auch im innerbehördlichen Verkehr besteht die ärztliche Schweigepflicht weiter. Eine unbefugte Geheimnisoffenbarung ist nicht schon durch das spezielle dienstrechtliche Verhältnis gedeckt« (OLG Karlsruhe, NStZ 1993, 405, 406).

Schwieriger ist ganz sicherlich die Situation in den Sozialbehörden, da häufig an einer Fallbearbeitung mehrere Fachkräfte beteiligt sind. Da ergibt sich zunächst die Frage, wer alles in einer Behörde von Klienteninformationen wissen darf. Offenbart eine staatlich anerkannte Sozialpädagogin befugt ein Geheimnis, wenn sie sich ihrer Behördenleiterin anvertraut? Ferner: Wie ist die rechtliche Lage zu beurteilen, wenn in Teambesprechungen Einzelfälle erörtert werden oder was gilt für interne Supervisionen? Angesichts der enormen Bedeutung des informationellen Selbstbestimmungsrechtes kann es letztendlich nur einen Weg geben: Die staatlich anerkannten Sozialarbeiterinnen und Sozialpädagogen, die in Behörden tätig sind, müssen die Einwilligung des Betroffenen für die Weitergabe »seiner« Daten einholen (Fromman 1985; Proksch 1996). Dies gilt auf jeden Fall für alle Daten, die anläßlich persönlicher oder erzieherischer Hilfen bei beraterischen, erzieherischen und therapeutischen Leistungen anvertraut werden (Schönke/Schröder 1997, Anm. 13 zu § 203 StGB). Der Betroffene ist auf die Konsequenzen fehlender Einwilligung hinzuweisen. Ihm ist deutlich vor Augen zu führen, daß dann unter Umständen eine Anzeige wegen sexuellen Mißbrauches nicht erfolgen kann.

Diese konsequent an den Grundsätzen des Datenschutzes, der Schweigepflicht sowie des informationellen Selbstbestimmungsrechtes der Klienten ausgerichtete Handhabung des Umganges mit Klientendaten zwingt die

Fachkräfte, die Klienten darüber zu informieren, was mit ihren Daten geschieht. Das beinhaltet die Chance, sich jeweils über das eigene professionelle Vorgehen selbst zu vergewissern und auf diese Weise unnötige Arbeitsschritte zu vermeiden

Nichts anderes gilt für *Teamkonferenzen und Supervisionen*. Bei Teamkonferenzen ist zunächst an den Hilfeplan nach § 36 KJHG zu denken. Die Entwicklung eines Hilfeplans gemäß § 36 gehört mit zu den anspruchsvollsten Aufgaben, die von den Jugendämtern unter Mitwirkung der betroffenen Kinder, Jugendlichen, jungen Volljährigen, Personensorgeberechtigten, Fachkräfte und Institutionen, die die Erziehungshilfe durchführen, geleistet werden müssen. Es geht darum, sozialpädagogische Fachlichkeit zu garantieren und in rechtsstaatliches Verwaltungshandeln umzusetzen. Für eine effektive sowie methodisch fundierte Hilfeplanung sind vielfältige Daten und Informationen unterschiedlichster Art erforderlich. Sie reichen von hochsensiblen Daten aus therapeutischen Prozessen bis zu Daten, die zum Zwecke der Leistungsgewährung erforderlich sind. Zu den rechtsstaatlichen Strukturen gehört es, daß der Schutz der Sozialdaten im Prozeß der Hilfe gewährleistet wird. Das bedeutet, daß Daten im Sinne von § 65 KJHG nur unter den dort genannten Voraussetzungen verwendet werden dürfen, im wesentlichen mit Einwilligung der Betroffenen (Wiesner u.a. 1995, Anm. 51ff zu § 36 KJHG).

Die Offenbarung der Daten innerhalb der Teamkonferenz nach § 36 Abs. 2 KJHG unterliegt ebenfalls strengen Anforderungen. So ist der Einzelfall grundsätzlich anonymisiert zu behandeln oder mit Einwilligung der Betroffenen, wenn eine Anonymisierung nicht möglich ist (Deutscher Verein 1994). Der Hinweis, daß die Fachkräfte, die an der Teamkonferenz teilnehmen, ebenfalls schweigepflichtig sind, geht fehl. Da der Kreis der Schweigepflichtigen sehr groß ist, wäre die Anzahl der »Wissenden« nicht mehr überschaubar. Diese Grundsätze gelten auch für interne wie für externe Supervisionen.

14.3.3 Der rechtfertigende Notstand nach § 34 StGB

Die Offenbarung eines Geheimnisses ist rechtlich erlaubt, wenn ein sog. Notstand gegeben ist. Dieser rechtfertigende Notstand ist in § 34 StGB geregelt.

> **§ 34 Rechtfertigender Notstand**
>
> Wer in einer gegenwärtigen, nicht anders abwendbaren Gefahr für Leben, Leib, Freiheit, Ehre, Eigentum oder ein anderes Rechtsgut eine Tat begeht, um die Gefahr von sich oder einem anderen abzuwenden, handelt nicht rechtswidrig, wenn bei Abwägung der widerstreitenden Interessen, namentlich der betroffenen Rechtsgüter und des Grades der ihnen drohenden Gefahren, das geschützte Interesse das beeinträchtigte wesentlich überwiegt. Dies gilt jedoch nur, soweit die Tat ein angemessenes Mittel ist, die Gefahr abzuwenden.

Nach § 34 StGB ist eine Offenbarung gerechtfertigt, wenn die Verletzung der Schweigepflicht erforderlich und angemessen ist, um eine gegenwärti-

ge Gefahr für ein höherrangiges Rechtsgut abzuwenden (Neumann 1988; Bergmann 1989; Pelz 1995). Das wäre der Fall, wenn ein Autofahrer die Geschwindigkeitsregeln übertritt, um einen Verletzten in ein Krankenhaus zu schaffen. Im Hinblick auf unsere Fragestellung müssen daher die Rechtsgüter des § 203 StGB und die möglicherweise gefährdeten Rechtsgüter, wie zum Beispiel die körperliche Unversehrtheit und die sexuelle Selbstbestimmung eines Kindes abgewogen werden.
Nochmals: Man könnte der Auffassung sein, daß es an diesem Punkt überhaupt keine Diskussion geben dürfe. Bei der Gefährdung des Kindeswohls müsse die Schweigepflicht immer und unter allen Umständen zurückstehen. Straftaten dürften nicht ungesühnt bleiben, bei Verbrechen dürfe man nicht schweigen. Das ist in dieser Allgemeinheit falsch. Erfährt eine Psychologin von einer Kindesmißhandlung, so ist sie keinesfalls verpflichtet, umstandslos anzuzeigen – im Gegenteil: Die Schweigepflichtigen müssen vielmehr, bevor sie ihre Schweigepflicht verletzen, eine Rechtsgüterabwägung vornehmen.
§ 34 StGB setzt eine *Notstandslage* voraus. Sie besteht in einer gegenwärtigen Gefahr für Leben, Leib, Freiheit, Ehre, Eigentum oder ein anderes Rechtsgut, die nicht anders als durch Beschädigung anderer rechtlich geschützter Interessen abgewendet werden kann. Unter Gefahr ist eine Sachlage zu verstehen, deren Hinnahme den Eintritt oder die Intensivierung eines Schadens ernstlich befürchten läßt, falls nicht Abwehrmaßnahmen ergriffen werden. Gefahr kann auch Dauergefahr sein, z.B. weiterer sexueller Mißbrauch in einer Familie (Schönke/Schröder 1997, Anm. 17 zu § 34 StGB). Sie ist gegenwärtig, wenn sie nur durch unverzügliches Handeln wirksam abgewendet werden kann.
Die *Notstandshandlung* als Mittel der Gefahrenabwendung muß erforderlich und subjektiv vom Rettungswillen gekennzeichnet sein. Ob die Gefahr von sich selbst oder einem Dritten abgewendet werden soll, ist belanglos.
Nach § 34 StGB kann die Offenbarung vor allem dann gerechtfertigt sein, wenn es um die Abwendung ernster Gefahren für Leib und Leben geht. Allerdings rechtfertigen Strafverfolgungsinteressen im Hinblick auf bereits begangene Delikte die Verletzung der Schweigepflicht grundsätzlich nicht. Wenn jedoch die Gefahr weiterer erheblicher Straftaten droht, kann eine Offenbarungsbefugnis gegeben sein. »Beruht die Kenntnis des Schweigepflichtigen von der Tat freilich gerade darauf, daß der Täter sein Patient, Mandant usw. ist, so besteht eine Offenbarungsbefugnis nur bei hochgradiger Gefährlichkeit für die Zukunft, und auch dies nicht, wenn sich der Täter wegen dieser Tat an einen Anwalt (Übernahme der Verteidigung) oder Arzt (z.B. zur Behandlung einer die Gefährlichkeit begründenden Triebanomalie) gewandt hat« (Schönke/Schröder 1997, Anm. 32 zu § 203 StGB).
Was bedeutet dies für die Straftaten gegen die sexuelle Selbstbestimmung? Nach der rechtswissenschaftlichen Literatur bietet § 34 StGB eine Rechtsgrundlage zur Offenbarung, wenn sie das einzige Mittel ist, die konkreten Gefahren für Leib und Leben oder die sexuelle Integrität zu beseitigen (Weichert 1993; Wiesner u.a. 1995, Anm. 88 ff zu § 50 KJHG; Stange 1997). Ein rechtfertigender Notstand ist anzunehmen, wenn ein Arzt bei einer Untersuchung feststellt, daß ein Kind Verletzungen an dem äußeren Genital oder dem Anus aufweist, geschlechtskrank ist oder Spermien nachzuweisen sind (Dickmeis 1995).

Allerdings ist Vorsicht geboten. Der rechtfertigende Notstand kann nur unter engen Voraussetzungen zur Anwendung kommen. Dies hat auch das Bayerische Oberste Landesgericht in der bereits zitierten Entscheidung zum Bruch der Schweigepflicht durch einen Diplompsychologen deutlich hervorgehoben. Das Gericht untersuchte zunächst, ob die sexuellen Kontakte des Heimleiters mit einer erwachsenen jungen Frau, die in einer außenbetreuten Wohngruppe wohnt, eine gegenwärtige Gefahr i. S. des § 34 StGB darstellen.»Eine Gefahr ist gegenwärtig, wenn bei natürlicher Weiterentwicklung der Dinge der Eintritt eines Schadens sicher oder doch höchstwahrscheinlich ist, falls nicht alsbald Abwehrmaßnahmen ergriffen werden, oder wenn der ungewöhnliche Zustand nach menschlicher Erfahrung und natürlicher Weiterentwicklung der gegebenen Sachlage jederzeit in einen Schaden umschlagen kann« (BayObIG, NJW 1995, 1623, 1624). Darüber hinaus müsse stets geprüft werden, ob die Gefahr durch ein milderes Mittel – als den Bruch der Schweigepflicht – abgewendet werden könne. In dem konkreten Fall liege es nahe, daß mit therapeutischen Mitteln der Gefahr begegnet werden könne.»Es ist deshalb nicht von vornherein auszuschließen, daß der Angeklagten aufgrund seiner eigenen therapeutischen Fähigkeiten die von ihm angenommene Gefahr, nach seiner Ansicht begründet durch sexuellen Mißbrauch der Zeugin, hätte abwenden können. In erster Linie hätte sich dem Angeklagten aufdrängen müssen, zu explorieren, ob tatsächlich Anhaltspunkte für die von ihm angenommene Gefährdung der Zeugin zu finden waren« (BayObIG, NJW 1995, 1624, 1625). Als ein milderes Mittel komme eine *externe Supervision* in Betracht, weil dadurch die Anonymität der Zeugin gewahrt werden könnte. Die Frage, ob ein milderes Mittel hätte angewendet werden können, ist jeweils im Rahmen der Rechtsgüterabwägung genauestens zu prüfen. Handlungsalternativen, die einen weniger schwerwiegenden Eingriff in das Rechtsgut des § 203 Abs. 1 StGB beinhalten, sind jeweils in Erwägung zu ziehen, im konkreten Fall eben die Möglichkeit, selbst therapeutisch zu helfen.

Dieses Urteil zeigt, daß die Schweigepflicht in den Berufsfeldern der sozialen Arbeit eine immer bedeutsamere Rolle spielt (Kessler 1997; Longino 1997). Zwar handelt es sich im konkreten Fall um einen Psychologen, aber es ist nochmals mit Nachdruck darauf hinzuweisen, daß diese Rechtslage für alle nach § 203 Abs. 1 StGB Schweigepflichtigen gilt.

In ähnlicher Weise hat das Bundesverfassungsgericht bereits 1982 die besondere Schweigepflicht von Schulberatern gegenüber Eltern für verfassungsgemäß gerechtfertigt. Bei mangelnden Vertrauensverhältnissen zwischen Eltern und Kindern oder bei Alkohol- und Drogensucht könne es durchaus im Interesse der Kinder liegen, daß die Berater auch gegenüber den Eltern ein Schweigerecht besitzen (BVerfGE 59, 360).

Die Verletzung der Schweigepflicht kann mit einer Geldstrafe, aber auch mit einer Freiheitsstrafe bis zu einem Jahr geahndet werden. Wenn der Täter das fremde Geheimnis verwertet, d.h. das fremde Geheimnis wirtschaftlich ausnutzt, um Gewinn zu erzielen, kann eine Gefängnisstrafe bis zu zwei Jahren oder eine Geldstrafe verhängt werden, § 204 StGB. Nach § 205 StGB ist die Verletzung fremder Geheimnisse – mit Ausnahme von § 201 Abs. 3 StGB – ein *Antragsdelikt*. Das bedeutet, die Tat wird nur auf Antrag verfolgt. Der Geheimnisträger muß, wenn er will, daß der Täter bestraft wird, einen Strafantrag stellen.

Die Verletzung der Schweigepflicht kann aber auch zivilrechtliche Konsequenzen haben. Der Geheimnisträger hat unter Umständen gegen den Täter einen Schadensersatzanspruch nach § 823 BGB, wenn ihm durch das Ausplaudern ein Schaden entstanden ist. Nach § 847 BGB steht ihm gegebenenfalls auch ein Schmerzensgeldanspruch zu.
Schließlich kann eine Verletzung der Schweigepflicht auch dienstrechtliche bzw. arbeitsrechtliche Folgen nach sich ziehen, die bis zur Kündigung des Dienstverhältnisses gehen können.
Die nach § 203 Abs. 1 StGB Schweigepflichtigen dürfen »Reden«, wenn sie die Einwilligung des Verfügungsberechtigten besitzen oder ein Fall des rechtfertigenden Notstandes gegeben ist. Für die Schweigepflichtigen, die zugleich im Jugendamt tätig sind, gilt zusätzlich § 50 Abs. 3 KJHG.
Ansonsten: Man darf auch bei Verbrechen schweigen.

14.4 Der Sozialdatenschutz im Strafverfahren

Kaum in einem anderen Bereich der öffentlichen Verwaltung werden so viele sensible Daten gespeichert und bearbeitet wie bei den Jugend- und Sozialämtern. Die Verlockung für die Strafverfolgungsbehörden ist daher groß, auf diesen Datensatz zuzugreifen, um ihre Aufgaben optimal zu erfüllen (Kaufmann 1990; Wolter 1995; Hassemer 1996; Simitis 1997; Stange 1997). Die Strafjustiz hat einen Informationsanspruch nach § 161 StPO. So kann die Staatsanwaltschaft von allen öffentlichen Behörden Auskunft verlangen und Ermittlungen jeder Art entweder selbst vornehmen oder durch die Behörden und Beamten des Polizeidienstes durchführen lassen.
Diesem umfassenden Auskunftsanspruch steht im Sozialbereich zunächst als *Zugriffsbarriere* der § 35 SGB I entgegen. Durch diese Vorschrift hat der Informations- und Amtshilfeanspruch der Ermittlungsbehörden eine Einschränkung erfahren.
Mit § 35 SGB I wurde für den Sozialbereich eine Vorschrift geschaffen, die das Sozialgeheimnis in ähnlicher Weise absichert wie das Steuer-, Bank-, Post- und Fernmeldegeheimnis. § 35 Abs. 1 SGB I entspricht den Grundsätzen des Volkszählungsurteils des Bundesverfassungsgerichts. Die Zulässigkeit jeder Informationsverarbeitung unterliegt einem *Begründungsvorbehalt*. So gesehen gibt es im sozialen Bereich prinzipiell keine »freien« Daten mehr.
Sofern Sozialdaten vorliegen, sind die Leistungsträger nicht nur zur Geheimhaltung, sondern nach § 35 Abs. 1 SGB I auch verpflichtet, aktiv durch technische und organisatorische Maßnahmen sicherzustellen, daß auch innerhalb des Leistungsträgers Sozialdaten nur Befugten zugänglich sind.
§ 78 a SGB X enthält eine Fülle von Maßnahmen, die erforderlich sind, um den Sozialdatenschutz zu garantieren. Das Gebot des Wahrens des Sozialgeheimnisses tritt neben das Verbot der Übermittlung. Es schützt das Sozialgeheimnis gegen Verletzungen durch Unterlassen von Sicherungsmaßnahmen. Erwähnt seien die Maßnahmen zur Datensicherung in EDV- Anlagen (z.B. Zugangs-, Datenträger,- Benutzer- und Zugriffskontrolle). § 78a Ziff. 10 SGB X bestimmt auch, daß die innerbehördliche oder innerbetriebliche Organisation so zu gestalten ist, daß sie den besonderen Anforderungen des Datenschutzes (Organisationskontrolle) gerecht wird. Von daher ist es

selbstverständlich, daß Einzelberatungsgespräche, wenn erforderlich, in einem besonderen Dienstraum stattfinden (Mrozynski 1995, Anm. 25 zu 35 § SGB I) und Akten vor dem Zugriff durch Unbefugte gesichert werden müssen. Durch § 35 SGB I wird der Sozialbereich datenschutzrechtlich von anderen gesellschaftlichen Systemen, der Finanz- und Steuerverwaltung, den Ordnungs- und Strafverfolgungsbehörden getrennt.

§ 35 SGB I und noch weitergehend § 65 KJHG (erhöhter Geheimnisschutz der in Beratungen anvertrauten Sozialdaten) haben nun auch gewichtige Konsequenzen für die strafrechtlichen Ermittlungen. Soweit eine Übermittlung von Daten nicht zulässig ist, besteht auch keine Auskunftspflicht, keine Zeugnispflicht und keine Pflicht zur Vorlegung oder Auslieferung von Schriftstücken, Akten und Dateien.

§ 73 SGB X schränkt den weiten Zugriff der Justiz auf Daten anderer öffentlicher Behörden für den Sozialbereich nochmals ein. Nach § 73 Abs. 1 SGB X ist die Übermittlung nur zulässig, soweit sie *wegen eines Verbrechens oder einer Straftat von erheblicher Bedeutung* erforderlich ist. Die Übermittlungsbefugnis des § 73 SGB X dient den staatlichen Strafverfolgungsinteressen (Mrozynski 1995, Anm. 36 zu § 35 SGB I; Kröger 1993). Nach § 12 Abs. 1 StGB liegt ein Verbrechen vor, wenn es sich um eine Tat handelt, die mindestens mit einem Jahr Freiheitsstrafe bedroht ist. Was unter einer sonstigen Straftat von erheblicher Bedeutung nach dem Willen des Gesetzgebers zu verstehen ist, ergibt sich aus den Gesetzesmaterialien. Danach ist auch bei Straftaten, die nicht Verbrechen sind, insbesondere bei der Wirtschaftskriminalität und den Straftaten gegen die sexuelle Selbstbestimmung eine umfassende Übermittlung von Sozialdaten möglich, weil der Umfang der übermittelten Daten nach den Erfahrungen der Praxis häufig nicht ausreicht (vgl. BT-Drs. 12/6334).

Nach § 73 Abs. 2 SGB X besteht bei anderen Straftaten – *bei Vergehen* – nur ein eingeschränkter Zugriff der Justizbehörden. Vergehen sind Taten, die im Mindestmaß mit einer kürzeren Freiheitsstrafe als ein Jahr oder mit Geldstrafe bestraft werden. Hierzu zählen Diebstahl, Betrug, aber auch fast alle Straftaten gegen die sexuelle Selbstbestimmung. Die Übermittlung ist auf den Namen, Vornamen sowie den früher geführten Namen, Geburtsdatum, Geburtsort, derzeitige und frühere Anschriften des Betroffenen, Namen und Anschriften seiner derzeitigen und früheren Arbeitgeber sowie auf erbrachte und demnächst zu erbringende Geldleistungen beschränkt. Diese Informationsrechte der Strafverfolgungsbehörden stehen jedoch nach § 73 Abs. 3 SGB X unter dem *Vorbehalt* einer richterlichen Anordnung. Dem Übermittlungsersuchen müssen daher sowohl im polizeilichen als auch im staatsanwaltschaftlichen Ermittlungsverfahren eine richterliche Prüfung und Anordnung vorausgehen. Richterlicher Kontrolle unterliegt es, ob ein Verbrechenstatbestand oder eine sonstige Straftat von erheblicher Bedeutung vorliegt. Dabei hat auch der Richter das Erforderlichkeitskriterium, insbesondere den verfassungsrechtlichen Grundsatz der Verhältnismäßigkeit zu beachten. Er hat auch das Interesse der Betroffenen an der Geheimhaltung intimer Daten zu berücksichtigen. Ein pauschales Ausforschungsersuchen ist jedenfalls unzulässig (Kramer 1996, Anm. 8 zu § 73 SGB X).

Die Übermittlung von Informationen für die Durchführung eines Strafverfahrens steht noch unter dem Vorbehalt, daß es sich nicht um Daten nach § 76 SGB X handelt. Alle Übermittlungsbefugnisse des Sozialgesetzbuches X

stehen unter der Einschränkung des § 76 SGB X. Diese Norm regelt den Umgang mit besonders schutzwürdigen personenbezogenen Daten. Der Schutzbereich dieser Vorschrift umfaßt die Sozialdaten, die einer in § 35 SGB I genannten Stelle von einem Arzt oder einer anderen, in § 203 Abs. 1 und 3 StGB genannten Person, z.b. von staatlich anerkannten Sozialarbeiterinnen und Sozialpädagogen, Psychologen etc., zugänglich gemacht wurden. § 76 SGB X bestimmt, daß eine weitere Übermittlung nur unter den in § 203 StGB genannnten Voraussetzung zulässig ist.
Leitet z.B. eine Sozialarbeiterin des Jugendamtes Daten eines Klienten an das Sozialamt weiter, so darf dieses die Daten einem Dritten nur dann übermitteln, wenn es auch die Sozialarbeiterin dürfte. Dies richtet sich bei der Sozialarbeiterin insbesondere nach § 203 StGB. Die Übermittlungsbefugnisse bei besonders schutzwürdigen Daten sind auf diese Weise an die strafrechtlichen Begrenzungen gebunden. Die Schweigepflicht wird insoweit auf die Sozialleistungsträger übertragen. Ergänzende Regelungen für die Kinder- und Jugendhilfe trifft § 65 KJHG.

14.5 Der Datenschutz nach dem Kinder- und Jugendhilfegesetz

§ 65 KJHG regelt, daß personenbezogene Daten, die Mitarbeitern eines Trägers der öffentliche Jugendhilfe zum Zwecke persönlicher und erzieherischer Hilfe anvertraut werden, einem gesteigertem Vertrauensschutz unterworfen sind (zu den Einzelheiten vgl. Mörsberger 1990; Kunkel 1993; Wiesner u.a. 1995, §§ 61 ff KJHG; Kunkel 1995; Proksch 1996; Busch 1997). Die anvertrauten Sozialdaten dürfen nur unter den engen Voraussetzungen des § 65 KJHG übermittelt werden, sind mithin praktisch unter den gleichen Voraussetzungen, wie die fremden Geheimnisse nach § 203 StGB, geschützt. Diese Tatsache ist besonders folgenreich für die Beratungsangebote nach dem KJHG.
Soweit Beratung im Rahmen der persönlichen und erzieherischen Hilfen erfolgt, also vertrauensvolle Beziehungen von Klienten zu den Beratenen hergestellt werden müssen, haben die Mitarbeiter des Jugendamtes im Prinzip – abgesehen vom Zeugnisverweigerungsrecht in Strafprozessen und den Mitwirkungsverpflichtungen nach § 50 Abs. 3 KJHG – eine berufsrechtliche Stellung, wie Anwälte oder Ärzte.
Die anvertrauten Informationen dürfen im Grunde nur mit Einwilligung dessen, der die Daten anvertraut hat, übermittelt werden. Darüber hinaus dürfen sie nur weitergegeben werden, wenn zur Abwendung einer Gefährdung des Wohles eines Kindes- oder Jugendlichen eine Entscheidung des Familien- oder Vormundschaftsgerichts erforderlich ist. Schließlich kommen noch die im Rahmen des § 203 StGB geltenden Offenbarungsbefugnisse zur Anwendung, insbesondere § 34 StGB, der eine Offenbarung – bei Vornahme einer entsprechenden Güterabwägung – an die Strafverfolgungsbehörden zuläßt.
Selbst wenn die Weitergabe von Informationen zulässig sein sollte, müssen die Mitarbeiterinnen des Jugendamtes noch § 64 Abs. 2 KJHG berücksichtigen. Danach darf durch die Übermittlung von Daten der Erfolg einer zu gewährenden Leistung nicht in Frage gestellt werden.

Literatur

HAGER/SEHRIG (1992): Vertrauensschutz in der sozialen Arbeit, Heidelberg
WIESNER/KAUFMANN/MÖRSBERGER/OBERLOSKAMP/STRUCK (1995): Kommentar zum SGB VIII, Kinder und Jugendhilfe, München
KRAHMER, UTZ (1996): Sozialdatenschutz nach SGB I und X, Einführung mit Schaubildern, Köln, Berlin, Bonn, München
PROKSCH, ROLAND (1996): Sozialdatenschutz in der Jugendhilfe, Münster

15 DIE ZEUGNISVERWEIGERUNGSRECHTE UND DIE BESCHLAGNAHMEVERBOTE IN DER SOZIALEN ARBEIT

Haben wir bislang das Problem der Schweigepflicht im wesentlichen unter dem Gesichtspunkt betrachtet, ob Schweigepflichtige gegenüber Kolleginnen, Vorgesetzten und anderen Behörden schweigen können oder müssen, ist die Konstellation bei den Zeugnisverweigerungsrechten eine andere. Bei den Zeugnisverweigerungsrechten geht es darum, daß Gerichte von den sozialen Fachkräften Informationen, die mit ihrer Berufsausübung in Zusammenhang stehen, im Wege der Zeugenaussage erhalten wollen, um einen Straftäter zu verurteilen oder um zivilrechtliche Streitigkeiten zu entscheiden.

Seit langem wird kontrovers diskutiert, in welchem Umfang Sozialarbeiterinnen, Sozialpädagogen und andere Fachkräfte in der sozialen Arbeit Zeugnis verweigern dürfen. Die Auseinandersetzung dreht sich letztendlich, ganz ähnlich wie bei der Schweigepflicht, um die Effizienz staatlicher Institutionen – hier der Justiz – und den Vertrauensschutz in der sozialen Arbeit. Die Justiz benötigt, um einen Straftäter überführen zu können, beispielsweise die Aussage einer Sozialpädagogin, die in einem Jugendzentrum arbeitet und als einzige bezeugen kann, daß der verdächtigte Jugendliche X an einer Vergewaltigung beteiligt war.

Diese Interessenkollision war auch Ausgangspunkt einer für die soziale Arbeit bedeutsamen Entscheidung des Bundesverfassungsgerichtes aus dem Jahre 1972. In einem Ermittlungsverfahren gegen einen Hilfsarbeiter wegen Verdachts der »Unzucht« mit seinem minderjährigen Sohn sollte eine Sozialarbeiterin als Zeugin vernommen werden. Dem Bundesverfassungsgericht wurde die Frage vorgelegt, ob § 53 Abs. 1 Nr. 3 StPO verfassungswidrig sei, weil zwar den Ärzten und Hebammen, nicht aber den Psychologen, Sozialpädagogen und Sozialarbeitern, Eheberatern und anderen auf psychotherapeutischem Gebiet tätigen Personen ein Zeugnisverweigerungsrecht eingeräumt werde. Das Bundesverfassungsgericht entschied, daß es nicht gegen die Verfassung verstoße, wenn die Strafprozeßordnung Sozialarbeitern und Sozialpädagogen kein Zeugnisverweigerungsrecht zugesteht (BVerfGE 33, 367).

25 Jahre nach dieser grundlegenden Entscheidung des Bundesverfassungsgerichts zum Zeugnisverweigerungsrecht für Sozialarbeiter/Sozialpädagoginnen ist die Rechtslage durch

- die Einführung der strafrechtlichen Schweigepflicht für staatlich anerkannte Sozialpädagogen und Sozialarbeiterinnen;
- die Entscheidung des Bundesverfassungsgerichts zum Volkszählungsgesetz 1983,
- die Einführung umfangreicher datenschutzrechtlicher Regelungen,
- die Einführung des Zeugnisverweigerungsrechts für Drogenberater,

nicht zuletzt durch

- die zunehmende Anerkennung der Notwendigkeit des Vertrauensschutzes in der Beziehung zwischen Fachkräften in der sozialen Arbeit und den Klienten durch die Rechtsprechung

komplexer geworden.

Es ist zu bezweifeln, ob das höchste deutsche Gericht mit der gleichen Unbefangenheit – jedenfalls den beratenden Fachkräften in der sozialen Arbeit bei aller notwendigen Differenzierung im einzelnen – das strafprozessuale Zeugnisverweigerungsrecht verwehren würde.

> Nach § 203 Abs.1 StGB sind Psychologen, Sozialarbeiterinnen, Sozialpädagogen, Ehe-, Familien-, Erziehungs- und Jugendberater sowie Berater für Suchtfragen nach dem Strafrecht schweigepflichtig. Aus dieser strafrechtlich gebotenen Schweigepflicht ergibt sich aber keineswegs automatisch das Recht, vor Gerichten das Zeugnis zu verweigern. Ein solches Recht muß vielmehr ausdrücklich in den jeweiligen Prozeßordnungen verankert sein.

In § 35 Abs. 3 SGB I ist im Hinblick auf das Sozialgeheimnis geregelt: Soweit eine Übermittlung von Sozialdaten nicht zulässig ist, besteht keine Auskunftspflicht, keine Zeugnispflicht und keine Pflicht zur Vorlegung oder Auslieferung von Schriftstücken, Akten und Dateien. Wollte der Gesetzgeber durch diese Vorschrift für die soziale Arbeit ein allgemeines Zeugnisverweigerungsrecht einführen? Nach der herrschenden juristischen Meinung war dies keineswegs beabsichtigt. Normadressat des § 35 Abs. 3 SGB I sind die Institutionen, nicht die Einzelpersonen (Wiesner u.a. 1995, Anm. 15 zu § 35 SGB I, Anhang § 61 KJHG).
Da aus § 35 SGB I kein allgemeines Zeugnisverweigerungsrecht für die nach § 203 Abs. 1 StGB Schweigepflichtigen abgeleitet werden kann, stellt sich nunmehr die Frage, inwieweit die Prozeßordnungen den sozialen Fachkräften ein Zeugnisverweigerungsrecht einräumen. Hierbei ist es notwendig, die verschiedenen gerichtlichen Verfahrensarten getrennt zu betrachten, da sie zum Teil abweichende Regelungen enthalten.

15.1 Das Zeugnisverweigerungsrecht im Zivilprozeß

Vor den Zivilgerichten werden Prozesse geführt, in denen soziale Fachkräfte als Zeugen auftreten und aussagen sollen, was sie in ihrer dienstlichen Eigenschaft erfahren haben. Es handelt sich um Verfahren, in denen es um den Entzug der elterlichen Sorge, um Scheidung, Unterhalt, elterliches Umgangsrecht aber auch um Mietstreitigkeiten, Schmerzensgeldansprüche und ähnliches geht. Nach § 383 Abs. 1 Nr. 6 ZPO sind diejenigen zur Zeugnisverweigerung berechtigt, denen kraft ihres Amtes, Standes oder Gewerbes Tatsachen anvertraut sind, deren Geheimhaltung durch ihre Natur oder durch gesetzliche Vorschriften geboten ist, in betreff der Tatsachen, auf welche die Verpflichtung zur Verschwiegenheit sich bezieht. Ob sich aus dieser Vorschrift ein generelles Zeugnisverweigerungsrecht für staatlich anerkannte Sozialarbeiter und Sozialpädagogen ergibt, ist bislang noch umstritten. Das OLG Köln sowie das Bayerische Oberste Landesgericht haben entschieden, daß für diese Berufsgruppe sich ein Zeugnisverweigerungsrecht aus § 383 ZPO nicht ableiten lasse (OLG Köln[1], FamRZ

---

[1] Allerdings hat auch das OLG Köln hervorgehoben, daß jedenfalls dann ein Zeugnisverweigerungsrecht anzunehmen ist, wenn sich jemand aus schutzwürdigen Individualinteressen dem Sozialarbeiter als Berater anvertraut.

1986, 708; BayObLG, FamRZ 1990, 1857). Ebenso ist ein Teil der juristischen Kommentarliteratur dieser Auffassung (Baumbach/Lauterbach/Albers/Hartmann 1995, Anm. 10 zu § 383 ZPO). Es beginnt sich jedoch mehr und mehr die Auffassung durchzusetzen, die ein Zeugnisverweigerungsrecht für Sozialarbeiter und Sozialpädagogen im Zivilprozeß bejaht und dies mit überzeugenden Gründen.[1]
Schon 1966 hat das Landgericht Berlin in einer Familienrechtssache klar gestellt, daß eine Sozialarbeiterin nicht zu Lasten ihrer Klienten aussagen muß: »Als Sozialinspektorin muß sie, um ihren Aufgaben gerecht werden zu können, ein Vertrauensverhältnis zu den Eltern der von ihr betreuten Kinder schaffen. Es liegt auf der Hand, daß auf Grund ihrer dienstlichen Stellung und ihrer Aufgaben ihr auch intime Tatsachen in der Erwartung anvertraut werden, sie werde diese auf jeden Fall geheimhalten. Ihre Tätigkeit gleicht insoweit der der Geistlichen, Ärzte und Rechtsanwälte. Die Beteiligten müssen sich darauf verlassen können, daß sie einer Sozialinspektorin in dienstlicher Eigenschaft auch geheime persönliche Dinge offenbaren können, ohne daß ihnen daraus später Nachteile entstehen können« (LG Berlin, RdJB 1966, 159, 160).
Die Auffassung, daß ein Zeugnisverweigerungsrecht für Sozialarbeiter und Sozialpädagogen besteht, wird nunmehr auch in der Kommentarliteratur vertreten (Mrozynski 1995, Anm. 24 zu § 35 SGB I; Zöller/Greger 1995, Anm. 18 zu § 383 ZPO)[2]. 1991 hatte das OLG Hamm folgenden Fall zu entscheiden: In einem Verfahren der freiwilligen Gerichtsbarkeit ging es im Rahmen der §§ 1666 und 1666a BGB um die Frage, ob rechtlich ein Erziehungsversagen der Eltern anzunehmen sei, wenn sie sich gegenüber ihren Kindern ausgesprochen roh verhielten und die Bedürfnisse der Kinder völlig mißachteten. Von der Beantwortung dieser Frage hingen vormundschaftsgerichtliche Maßnahmen ab. Die die Familie beratenden Sozialpädagoginnen verweigerten die Aussage.
Das OLG Hamm hat die Frage, ob sich ein Zeugnisverweigerungsrecht aus der Zivilprozeßordnung ergibt, letztendlich nicht abschließend entschieden, weil im konkreten Fall sich ein solches Recht bereits unmittelbar aus der Verfassung ableiten ließ. Das Oberlandesgericht hat aber alle Argumente zusammengetragen, die plausibel machen, warum § 383 Abs. 1 Nr. 6 ZPO ein Zeugnisverweigerungsrecht für Sozialarbeiter und Sozialpädagogen enthält.
Zunächst geht es – so das Oberlandesgericht – in den Verfahren vor den Zivilgerichten nicht um das staatliche Strafverfolgungsinteresse, um das staatliche Gemeinschaftsinteresse an einer effektiven Strafverfolgung. Der Ausgangspunkt eines Zivilprozesses »ist demgegenüber ein anderer, da die durch eine berufliche Tätigkeit begründete Vertrauenssphäre uneingeschränkt ohne Eingrenzung auf bestimmte Berufsgruppen geschützt wird. Dementsprechend ist einhellig anerkannt, daß das Zeugnisverweigerungsrecht über § 53 I StPO hinaus den Angehörigen auch sonstiger Berufe zusteht, deren Ausübung die Kenntnis schutzwürdiger Geheimnisse Dritter bedingt, u.a. den Mitarbeitern von Banken.

---

[1] Für Diplompsychologen hat dies bereits frühzeitig Kaiser vertreten (Kaiser 1971).
[2] Zöller/Greger halten jedoch eigentümlicherweise Sozialpädagogen nicht für berechtigt, das Zeugnis zu verweigern, Zöller/Greger 1995, Anm. 20 zu § 383 ZPO.

Hat aber im Rahmen des § 383 I Nr. 6 ZPO der Schutz der Vertrauenssphäre uneingeschränkt Vorrang, bestehen keine überzeugenden Gründe dafür, das zu einem Sozialarbeiter bzw. Sozialpädagogen begründete Vertrauensverhältnis generell von dem Schutz durch das Zeugnisverweigerungsrecht auszunehmen. Ein Wertungswiderspruch zwischen dem Schutz des Bankgeheimnisses einerseits und dem im Regelfall vorwiegend die private Lebensführung und die Intimsphäre betreffenden Vertrauensbereich zwischen einem Sozialarbeiter bzw. Sozialpädagogen und dem jeweiligen Klienten, der ohne Schutz durch das Zeugnisverweigerungsrecht bliebe, wäre unverkennbar. Hinzu kommt, daß § 203 I Nr. 5 StGB die unbefugte Offenbarung eines zum persönlichen Lebensbereich gehörenden Geheimnisses durch einen staatlich anerkannten Sozialarbeiter oder staatlich anerkannten Sozialpädagogen unter Strafe stellt. Die strafbewehrte Geheimhaltungspflicht und das Zeugnisverweigerungsrecht sind zwar nicht in allen Bereichen deckungsgleich. Für die Auslegung der zivilprozessualen Vorschrift im Lichte dieser strafrechtlichen Bestimmung bestehen jedoch keine Hinderungsgründe. § 383 I Nr. 6 ZPO räumt gerade den Angehörigen derjenigen Berufe ein uneingeschränktes Zeugnisverweigerungsrecht ein, denen durch gesetzliche Vorschrift die Geheimhaltung der ihnen im Rahmen ihrer beruflichen Tätigkeit anvertrauten Tatsachen geboten ist« (OLG Hamm, FamRZ 1992, 201, 202).

Selbst wenn man der Auffassung wäre, daß staatlich anerkannte Sozialpädagogen und Sozialarbeiter nicht unter § 383 ZPO fallen, dann bedürfen sie jedoch zu einer Aussage, soweit sie im öffentlichen Dienst tätig sind, der Genehmigung durch den Dienstherrn. Dies gilt auch für eine bei einer Diözese als Eheberaterin tätige Diplom-Psychologin, die zu den anderen Personen des öffentlichen Dienstes gehört und daher für eine Aussage über Umstände, welche ihrer Verschwiegenheitspflicht unterliegen, die Genehmigung des Dienstherren benötigt (OLG Zweibrücken, FamRZ 1995, 679).

Die Verfahrensordnungen anderer Gerichtszweige beziehen sich häufig auf die Zivilprozeßordnung. Das Zeugnisverweigerungsrecht, das die ZPO den staatlich anerkannten Sozialpädagogen und Sozialarbeitern einräumt, gilt daher auch für andere Verfahrensarten. Für die Verwaltungsgerichtsbarkeit regelt dies § 98 VwGO, für die Sozialgerichtsbarkeit § 118 SGG, für die freiwillige Gerichtsbarkeit § 15 FGG und für die Arbeitsgerichtsbarkeit § 46 ArbGG. Das bedeutet, daß staatlich anerkannte Sozialpädagoginnen und Sozialarbeiter in Zivilprozessen, Ehe- und Kindschaftssachen, Sozial- und Arbeitsgerichtsverfahren sowie Verwaltungsprozessen ein Zeugnisverweigerungsrecht haben, soweit von ihnen Informationen, die mit ihrer Berufsausübung im Zusammenhang stehen, erfragt werden sollen.

15.2 Das Zeugnisverweigerungsrecht im Strafprozeß

Das Recht, in einem Strafverfahren die Aussage zu verweigern, räumt § 53 StPO im wesentlichen den Geistlichen, den Ärztinnen, den Anwältinnen sowie den Mitgliedern der steuerberatenden Berufe ein. § 53 Abs. 1 StPO enthält eine abschließende Aufzählung der Berufsgeheimnisträger, deren Schweigerecht der Pflicht zur Zeugenaussage vor den Strafgerichten vorgeht. Staatlich anerkannte Sozialpädagoginnen und Sozialarbeiter, Psy-

chologen und Beraterinnen fallen nicht darunter. *Aus diesem Grunde gibt es Personen, die schweigepflichtig nach dem Strafgesetzbuch sind und gleichwohl einem Aussagezwang unterliegen.* Diese Eingrenzung des Kreises der Zeugnisverweigerungsberechtigten, vor allen Dingen der Ausschluß derjenigen, die nach § 203 StGB Schweigepflichtige sind, wird kritisiert (Schilling 1976; Damian 1981; Hager 1990; Freund 1993; Arbeitskreis 1996; Eisenberg 1997). Vorschläge, eine Übereinstimmung des Strafgesetzbuches mit der Strafprozeßordnung durch die Zuerkennung eines Zeugnisverweigerungsrechtes für *alle* Schweigepflichtigen herzustellen, wurden nicht realisiert. Der Gesetzgeber hat insofern die Interessen an der Strafverfolgung höher eingestuft, als den Schutz der Vertrauensverhältnisse. Zwar ist unbestreitbar, daß in einem – an rechtsstaatliche Grundsätze gebundenen – Strafprozeß keine Wahrheitsforschung um jeden Preis erfolgen muß. Aber die Effektivität der staatlichen Strafverfolgung gebietet nach der herrschenden Meinung, daß der Kreis der Zeugnisverweigerungsberechtigten im Wege der richterlichen Interpretation nicht erweitert werden darf.
Weigert sich ein Zeuge, ohne ein Zeugnisverweigerungsrecht zu besitzen, auszusagen, so werden ihm nach § 70 Abs. 1 StPO die durch die Nichtaussage verursachten Kosten auferlegt. Gegen ihn kann darüber hinaus ein Ordnungsgeld festgesetzt, und falls dies nicht beizutreiben ist, Ordnungshaft angeordnet werden. Nach § 70 Abs. 2 StPO kann ferner, um das Zeugnis zu erzwingen, bis zu sechs Monaten Beugehaft verhängt werden. Man sieht: Der Strafjustiz stehen Instrumente zur Verfügung, renitente Zeugen, auch wenn sie triftige inhaltliche Gründe zur Zeugnisverweigerung haben, zur Aussage zu zwingen.
Dieser Rechtszustand hatte gerade in der Drogenarbeit, aber auch in anderen Beratungsstellen der sozialen Arbeit zu unerträglichen Ergebnissen geführt (Kreuzer 1983; Endriß 1989; Kreuzer 1993). Immer wieder wurde gegen Berater ein Ordnungsgeld festgesetzt, die die Aussage über personenbezogene Daten von Klienten ihrer Beratungsstellen verweigerten. 1977 befaßte sich das Bundesverfassungsgericht mit dieser Problematik und hat entschieden, daß sich für Drogenberater ein Zeugnisverweigerungsrecht unmittelbar aus der Verfassung ergeben kann (BVerfGE 44, 353). Auf dieser Linie entschied auch das Landgericht Hamburg 1983. Eine Drogenberaterin sollte als Zeugin von der Staatsanwaltschaft vernommen werden. Sie hatte sich lediglich bereit erklärt, allgemeine Angaben über die Arbeitsweise ihres Anstellungsträgers zu machen, nicht jedoch über den Ablauf und Erfolg der von ihr durchgeführten Therapie. Das Landgericht war der Auffassung: Mitarbeitern von Drogenberatungsstellen kann im Einzelfall ein Zeugnisverweigerungsrecht aus verfassungsrechtlichen Gesichtspunkten zustehen (LG Hamburg, NStZ 1983, 182 mit Anm. Dahs). Ein aus der Verfassung abgeleitetes Zeugnisverweigerungsrecht kommt jedoch nur in Ausnahmefällen und inhaltlich eingeschränkt zur Geltung. Das läßt eine weitere Entscheidung des Bundesverfassungsgericht erkennen. Das Gericht hat betont, daß die Strafgerichte bei Fällen alltäglicher Eigentumskriminalität Drogenberater als Zeugen gegen ihre eigenen Klienten aufrufen dürfen (BVerfG, NJW 1988, 2945).[1]

---

[1] Zur Entwicklung der rechtlichen Klärung des Zeugnisverweigerungsrechts für Drogenberater im Spannungsfeld von Sozialarbeit und Strafjustiz vgl. Kreuzer 1993.

Diese unbefriedigende und für die Drogenberatung kontraproduktive Rechtslage hat der Gesetzgeber geändert. Seit 1992 ist die Strafprozeßordnung um das Zeugnisverweigerungsrecht für Drogenberatungsstellen erweitert worden. Nach § 53 Abs. 1 Ziff. 3b StPO haben Berater für Fragen der Betäubungsmittelabhängigkeit in einer Drogenberatungsstelle, die eine Behörde oder eine Körperschaft, Anstalt oder Stiftung des öffentlichen Rechtes anerkannt oder bei sich eingerichtet hat, ein Zeugnisverweigerungsrecht über das, was ihnen in dieser Eigenschaft anvertraut wurde oder bekannt geworden ist. Ein strafrechtliches Zeugnisverweigerungsrecht aus beruflichen Gründen nach § 53 Abs. 1 Ziff. 3a StPO haben ebenfalls Mitglieder oder Beauftragte einer anerkannten Beratungsstelle nach dem Schwangerschaftskonfliktgesetz.

Nur Schwangerschaftsberaterinnen und Berater für Fragen der Betäubungsmittelabhängigkeit besitzen daher ein Zeugnisverweigerungsrecht nach der Strafprozeßordnung. Dieses Zeugnisverweigerungsrecht können all die für sich in Anspruch nehmen, die in den bezeichneten Beratungsstellen arbeiten, mithin selbstverständlich auch die dort tätigen Sozialarbeiter, Sozialpädagogen sowie Psychologen. Allerdings ist es verfassungsrechtlich nicht geboten, das für Drogenberater bestehende Zeugnisverweigerungsrecht auf ehrenamtliche Berater in einer Selbsthilfegruppe von Eltern drogenabhängiger Kinder zu erstrecken (BVerfG, NJW 1996, 1587).

Steht den Beratern ein Zeugnisverweigerungsrecht zu, so liegt es in ihrem freien Ermessen, ob sie aussagen oder das Zeugnis verweigern. Weder der Angeklagte noch etwa ein an der Geheimhaltung interessierter Zeuge können dem Zeugnisverweigerungsberechtigten vorschreiben, ob er von seinem Verweigerungsrecht Gebrauch macht (Kleinknecht/Meyer-Goßner 1997, Anm. 5 zu § 53 StPO; BGH, NStZ 1996, 348 für einen Arzt). Der Klient ist aber insofern »Herr seiner eigenen Daten«, als er den Zeugnisverweigerungsberechtigten von seiner Schweigepflicht entbinden kann. In diesem Fall muß der behandelnde Arzt, die Rechtsanwältin oder der Drogenberater – nicht jedoch der Geistliche – vor den Strafgerichten aussagen, § 53 Abs. 2 StPO.

Bislang ist die Rechtslage so, daß nur ausnahmsweise Beraterinnen ein Zeugnisverweigerungsrecht in strafrechtlichen Verfahren besitzen. Dieser Umstand ist für viele Berufsfelder in der sozialen Arbeit bedrohlich, da er doch geeignet ist, das Vertrauensverhältnis zu den Klienten zu untergraben. In vielfältigen Beratungssituationen ist der Schutz des Vertrauensverhältnisses geradezu konstitutiv für den Erfolg der Beratung (so bereits Barabas u.a. 1975; Schilling 1976).

Der Ausschluß der Psychologen, der beratenden Berufe sowie der staatlich anerkannten Sozialarbeiter und Sozialpädagogen aus dem Kreis der Zeugnisverweigerungsberechtigten ist aus mehreren Gründen nicht mehr zu vertreten:

- Zum einen ist durch die Ausweitung der Schweigepflicht und durch die Einführung umfangreicher datenschutzrechtlicher Regelungen die Bedeutung des allgemeinen Persönlichkeitsrechts in der globalen Informationsgesellschaft gestärkt worden. Der Schutz anvertrauter Daten ist durch diese rechtliche Entwicklung erheblich aufgewertet.
- Zum anderen haben sich die technischen Möglichkeiten der Strafverfolger entschieden verbessert und erweitert. Ihnen steht inzwischen ein

beeindruckendes technisches Arsenal zur Verfügung. Der Zeugenaussage kommt nicht mehr die Bedeutung zu wie noch in früheren Zeiten.
- Ein weiteres ist zu bedenken: Die Aussagepflicht von Fachkräften in der sozialen Arbeit wird zwangsläufig begrenzt durch deren Wissenstand. Was Ratsuchende Ihnen nicht anvertrauen, können sie nicht wissen. In einem Beratungsgespräch werden sie – das gebietet die professionelle Kompetenz – auf ihre Aussagepflicht hinweisen müssen. Der Ratsuchende wird ihnen daher nichts Verfängliches mitteilen, so daß der »Wert« der Berater als Zeugen ohnehin geschmälert ist.

Das hat auch das LG Freiburg erkannt. Ganz ähnlich wie das Bundesverfassungsgericht in den 70er Jahren ein Zeugnisverweigerungsrecht für Drogenberater unmittelbar aus der Verfassung herleitete, hat 1996 das Landgericht einer Psychologin, die in einer Anlaufstelle für sexuell mißbrauchte Frauen tätig ist, ein solches Recht eingeräumt. Auch bei Anlaufstellen für die Opfer von Sexualdelikten besteht »ein – im Sozialstaatsprinzip angelegtes – Interesse der Allgemeinheit an ihrer wirksamen Arbeit. Die Diskussion über die oft lebenslangen einschneidenden psychischen und psychosomatischen Folgen von Sexualstraftaten, insbesondere wenn sie an Kindern begangen wurden, für die Opfer zeigt die Notwendigkeit therapeutischer Beratungsstellen im Rahmen der allgemeinen Gesundheitsfürsorge. Auch wenn die Opfer von Sexualstraftaten nicht wie die Betäubungsmittelabhängigen Gefahr laufen, im therapeutischen Gespräch über eigene Straftaten berichten zu müssen, so steht auch bei diesen Einrichtungen die Vertraulichkeit und deren Zusicherung als unabdingbare Voraussetzung für die therapeutische Arbeit jedenfalls solange außer Frage, als sich das Opfer nicht selbst zu einem strafgerichtlichen Vorgehen gegen den Täter entschließt« (LG Freiburg, NJW 1997, 813, 814).

Diese Entscheidung könnte weitreichende Konsequenzen haben. Hat sie doch deutlich gemacht, wie überfällig ein Zeignisverweigerungsrecht für beratende Berufe auch im Strafverfahren ist. Der Gesetzgeber sollte endlich tätig werden und das Zeugnisverweigerungsrecht für die beratenden Berufe absichern. Möglicherweise könnten dann einige mit dem Strafgesetz in Konflikt Geratene nicht abgeurteilt werden. Demgegenüber würde in der sozialen Arbeit ein Gewinn an Vertrauen stehen und könnten so langfristig größere Erfolgschancen und ein erhöhtes Maß an Professionalität garantiert werden.[1] Allerdings ist bislang die Gesetzeslage noch eindeutig: Die Strafprozeßordnung verwehrt Fachkräften der sozialen Arbeit die Möglichkeit, im Strafprozeß *selbstentscheidend* das Zeugnis zu verweigern. Gleichwohl kennt die Strafprozeßordnung Formen eines abgeleiteten Zeugnisverweigerungsrechtes, das in konkreten Konfliktfällen dazu beitragen kann, das Vertrauensverhältnis zu schützen.

- Für Angehörige des öffentlichen Dienstes bedarf es zu einer Zeugenaussage nach § 54 StPO der *Aussagegenehmigung* durch den Dienstherren. Nach den Beamtengesetzen, § 61 Abs. 1 BBG sowie § 39 Abs. 2 BRRG, muß die Genehmigung versagt werden, wenn die Aussage für das Wohl des Bun-

---

[1] Ein Arbeitskreis von Strafrechtslehrern hat einen Alternativentwurf zu den Zeugnisverweigerungsrechten und zur Beschlagnahmefreiheit vorgelegt. Danach soll Ehe-, Familien- und Jugendberatern ein Zeugnisverweigerungsrecht zustehen, obwohl dadurch u.U. auch Verteidigungs- und Beschuldigteninteressen verkürzt werden könnten (Arbeitskreis 1996).

des oder eines deutschen Landes nachteilig wäre oder wenn sie die Erfüllung öffentlicher Aufgaben ernstlich gefährden oder erheblich erschweren würde.

Die Verwaltungsbehörde darf jedoch nicht ausschließlich ihre eigenen Belange berücksichtigen, sondern muß auch die Interessen des Beschuldigten im Auge haben.»Die Bedeutung der gerichtlichen Wahrheitsfindung für die Sicherung der Gerechtigkeit und das Gewicht des Freiheitsanspruchs des Beschuldigten gebieten es vielmehr, daß die Exekutive in Anerkennung des Gewaltenteilungsgrundsatzes diese Belange bei ihrer Entscheidung mitberücksichtigt und ihnen genügendes Gewicht beimißt« (BGHSt 32, 115, 124; vgl. auch BVerwGE 66,39).

Im sozialen Bereich sind aber auch die Vorschriften des Datenschutzes zu berücksichtigen. Der Dienstvorgesetzte darf eine Aussagegenehmigung im Hinblick auf § 35 Abs. 3 SGB I in aller Regel nicht erteilen. Die Prüfung durch den Vorgesetzten erfordert insbesondere in den Sozial- und Jugendämtern die strenge Beachtung der Kriterien der §§ 76 SGB X und 65 KJHG, weil die Angaben der Rat- und Hilfesuchenden überwiegend anvertraut sind (Wiesner u.a. 1995, Anm. 15 zu Anhang § 61 KJHG; Kramer 1996, Anm. 8 zu § 73 SGB X; LG Berlin, NDV 1992, 417; vgl. auch OLG Zweibrükken, FamRZ 1995, 679 im Hinblick auf die Notwendigkeit der Aussagegenehmigung des Dienstherren im Zivilprozeß).[1] Der verstärkte Schutz der Persönlichkeitsrechte durch die Rechtsprechung und die Datenschutzgesetze lassen den Schluß zu, daß eine Aussagegenehmigung nur in Ausnahmefällen zu erteilen ist.

Die Vorschrift des § 54 StPO ist dennoch nicht hinreichend geeignet, die Verschwiegenheitspflicht der Fachkräfte der sozialen Arbeit im Strafprozeß und den Schutz der Vertrauensverhältnisse zu garantieren. Es ist nämlich nicht die Fachkraft selbst, die über die Aussagegenehmigung entscheidet. Zuständig für die Aussagegenehmigung des Zeugen ist der gegenwärtige Dienstvorgesetzte (Kleinknecht/Meyer-Gossner 1997, Anm. 19 zu § 54 StPO), der nun gerade die Inhalte der Beratung nicht kennt, ja nicht kennen darf.

Ist die behördliche Entscheidung ergangen, daß einer Fachkraft die Aussagenehmigung nicht erteilt wird, dann ist sie bindend für alle Beteiligten, die Vernehmung des Zeugen verboten, selbst wenn das Gericht die Versagensgründe für rechtswidrig hält, mithin der Auffassung ist, die Behörde hätte eine Aussagegenehmigung erteilen müssen (Kleinknecht/Meyer-Gossner 1997, Anm. 24 zu § 54 StPO).

- Unter bestimmten Voraussetzungen kann sich ein Recht, im Strafprozeß zu schweigen, auch aus § 53 a StPO ableiten lassen. Diese Vorschrift dehnt das Zeugnisverweigerungsrecht auf die Personen aus, die als Gehilfen oder als Auszubildende an der beruflichen Tätigkeit des Zeugnisverweigerungsberechtigten teilnehmen. Damit sind z.B. die für den Arzt tätige Arzthelferin und Sekretärin gemeint. Der Zweck dieser Vorschrift ist einleuchtend: Stände nur dem Arzt das Zeugnisverweigerungsrecht zu, könnte durch eine

---

[1] Das BayObIG hat dagegen entschieden, daß Angestellte im öffentlichen Dienst keiner Aussagegenehmigung ihres Dienstherren bedürfen, wenn sie im vormundschaftsgerichtlichen Verfahren als Auskunftspersonen oder Zeugen gehört werden sollen (BayObIG, NJW 1990, 1857).

Zeugenvernehmung der Gehilfen sein Zeugnisverweigerungsrecht unterlaufen und ausgehebelt werden. Wenn in einer Beratungsstelle für sexuell mißbrauchte Kinder eine Ärztin oder eine Anwältin tätig sind, sind dann die anderen beratenden Fachkräfte als »Gehilfen« zu betrachten, denen zumindest ein abgeleitetes Zeugnisverweigerungsrecht zusteht? Dies hängt davon ab, in welcher Weise der Begriff »berufsmäßige Tätigkeit« ausgelegt wird. Bei einer Ärztin, die hauptberuflich in einer Beratungsstelle tätig ist, besteht kein Zweifel an der berufsmäßigen Tätigkeit, so daß in derartigen Fällen allen Gehilfen die Rechte nach § 53 a StPO zustehen. Damit ist allerdings auch nicht viel gewonnen, denn sie können nicht eigenständig über das Zeugnisverweigerungsrecht entscheiden, sondern Entscheidungsträger sind die Ärztin oder die Anwältin, § 53 Abs. 1 StPO (zum Zeugnisverweigerungsrecht der Berufshelfer vgl. Schliwiensky 1988).

Halten wir fest:
Den staatlich anerkannten Sozialpädagogen, Sozialarbeiterinnen, den Psychologen sowie allen anderen Schweigepflichtigen nach § 203 StGB steht das zivilprozessuale Zeugnisverweigerungsrecht zu, während ein strafprozessuales Zeugnisverweigerungsrecht nur für die in § 53 StPO genannten Berufsgruppen besteht. Aus der Verfassung kann nur ausnahmsweise ein derartiges Recht abgeleitet werden kann.

15.3 Beschlagnahmeverbote

Die strafrechtlich gebotenen Verschwiegenheitspflichten, die datenschutzrechtlichen Bestimmungen sowie die Zeugnisverweigerungsrechte in der sozialen Arbeit garantieren inzwischen einen geschützten Raum, der vertrauensvolle Verhältnisse zwischen der Fachkraft und dem Ratsuchenden zuläßt. Wie aber, wenn Staatsanwaltschaft oder Gericht Akten und Unterlagen beschlagnahmen lassen und auf diese Weise die Vertraulichkeit empfindlich stören?
Jugendämter werden nicht selten mit der Ankündigung konfrontiert, daß Akten beschlagnahmt würden, falls sie nicht freiwillig herausgegeben werden (Wiesner u.a. 1995, Anm. 14 zu § 35 SGB I, Anhang 61 KJHG).
Nach § 94 StPO können Beweisgegenstände im Rahmen eines Strafverfahrens bzw. Ermittlungsverfahrens sichergestellt, d.h. beschlagnahmt werden, wenn sich die Gegenstände im Gewahrsam einer Person befinden, die sie nicht freiwillig herausgeben will. Nehmen wir den Fall einer Erziehungsberatungsstelle, die von einem privaten Träger betrieben wird. Die Beratungsstelle besitzt Unterlagen, aus denen hervorgeht, daß in einer Familie Kinder sexuell mißhandelt und gequält werden. Die Staatsanwaltschaft möchte diese Unterlagen erhalten, um ein Strafverfahren einleiten und erfolgreich abschließen zu können. Die Beschlagnahme ist ein Eingriff in das durch das Grundgesetz geschützte Eigentumsrecht und muß daher grundsätzlich durch den Richter angeordnet werden. Die Staatsanwaltschaft oder die Polizei kann bei Gefahr im Verzuge die Gegenstände in Ver-

wahrung nehmen, § 98 Abs. 1 StPO. Widerspricht der Betroffene ausdrücklich der Beschlagnahme durch die Polizei, so ist die Polizei gezwungen, innerhalb von drei Tagen nach der Beschlagnahme eine Bestätigung durch den zuständigen Amtsrichter einzuholen, § 98 Abs. 2 StPO.
§ 97 StPO regelt die Beschlagnahmeverbote. Danach dürfen – für die soziale Arbeit bedeutsame – schriftliche Mitteilungen, Aufzeichnungen und andere Gegenstände nicht beschlagnahmt werden, soweit den Betroffenen ein Zeugnisverweigerungsrecht eingeräumt wird.
Nach § 53 Abs. 1 Ziff. 3b StPO haben ein Zeugnisverweigerungsrecht Berater für Fragen der Betäubungsmittelabhängigkeit sowie nach § 53 Abs. 1 Ziff. 3 a StPO Mitglieder oder Beauftragte einer anerkannten Schwangerschaftsberatungsstelle über das, was ihnen in dieser Eigenschaft bekannt geworden ist. Insoweit ist rechtlich klargestellt, daß in diesen Beratungsstellen eine Beschlagnahme nicht in Betracht kommt. Das gilt im übrigen auch für schriftliche Mitteilungen, Aufzeichnungen und andere Gegenstände der Berufshelfer nach § 53 a StPO, also insbesondere für die Berufspraktikanten etc. (Kleinknecht/Meyer-Gossner 1997, Anm. 44 zu § 97 StPO; Hager/Sehrig 1992, 64). Darüber hinaus, so ein Kommentar zur Strafprozeßordnung, gäbe es keinerlei Beschlagnahmeverbote. »Die entsprechende Anwendung der Vorschrift auf Personen, denen das Gesetz kein Zeugnisverweigerungsrecht einräumt, kommt nicht in Betracht« (KleinknechT/Meyer-Gossner 1997, Anm. 2 zu § 97 StPO). Das ist in dieser Allgemeinheit verkürzt. Für den sozialen Bereich ist im einzelnen zu differenzieren.
Für die Sozialleistungsträger ergibt sich ein Beschlagnahmeverbot unter den Voraussetzungen des § 35 Abs. 3 SGB I. Diese Vorschrift bestimmt, soweit eine Übermittlung nicht zulässig ist, besteht keine Auskunftspflicht, keine Zeugnispflicht und keine Pflicht zur Vorlegung oder Auslieferung von Schriftstücken, Akten und Dateien. Der Gesetzgeber hat aber durch diese Vorschrift für die soziale Arbeit kein allgemeines Zeugnisverweigerungsrecht normieren wollen, denn Normadressat des § 35 Abs. 3 SGB I sind die Institutionen, nicht die Einzelpersonen (Mrozynski 1995, Anm. 17 zu § 35 SGB I). Es fragt sich daher, ob die Sozialleistungsträger eine Beschlagnahme abwehren können?
Nach § 35 Abs. 3 SGB I besteht ein Beschlagnahmeverbot, soweit sich keine Übermittlungsbefugnisse aus den §§ 67 ff SGB X ergeben. Für die Jugendämter haben Rechtsprechung und kommentierende Literatur zunehmend anerkannt, daß Vertrauensverhältnisse nicht durch Beschlagnahmeaktionen zerstört werden dürfen (LG Braunschweig, NJW 1986, 258; LG Stuttgart, NStZ 1993, 552; LG Siegen, DVJJ 1996, 84; Wiesner u.a. 1995, Anm. 13 ff zu § 35 SGB I, Anhang 61 KJHG).
Einem Fall, der vom Landgericht Berlin entschieden wurde, lag folgender Sachverhalt zu Grunde: Ein Jugendamt führt über ein 15 Jahre altes Mädchen und über ihre Eltern eine Akte. Darin befinden sich nach Angaben des Jugendamtes Aufzeichnungen über Beratungsgespräche, die die zuständige Sozialarbeiterin mit der 15jährigen geführt hat. Die strafrechtlich Beschuldigten sind der Vater und Bruder des geschädigten Mädchens. Wiederum geht es um das Verhältnis von Vertrauensschutz und Effektivität der staatlichen Strafverfolgung. Das LG Berlin untersagte die Beschlagnahme mit dem Hinweis auf den Sozialdatenschutz. »Eine Offenbarungspflicht nach den Vorschriften des Sozialgesetzbuches ist damit derzeit nicht gege-

ben. Das mag für die Strafverfolgungsbehörde unbefriedigend sein, entspricht aber dem hohen Stellenwert des Sozialgeheimnisses im SGB« (LG Berlin, NDV 1992, 417 mit zustimmender Anmerkung von Pirani 1992).[1] Ebenso äußerte sich das LG Hamburg. Danach verstößt die Beschlagnahme einer Jugendamtsakte mit einem ärztlichen Krankenbericht gegen das verfassungsrechtlich garantierte Recht des Betroffenen auf informationelle Selbstbestimmung und ist deshalb rechtswidrig, wenn nicht die Voraussetzungen vorliegen, unter denen der Arzt selbst offenbarungsbefugt wäre (LG Hamburg, NStZ 1993, 401 mit zustimmender Anmerkung von Dölling 1993; für ein Beschlagnahmeverbot von Krankenunterlagen LG Hamburg, NJW 1990, 780).[2]

Für private Verbände, die nicht Sozialleistungsträger im Sinne des Sozialgesetzbuches I sind, gilt die Privilegierung des § 35 SGB nicht, so daß zunächst auf den verfassungsmäßigen Grundsatz der Verhältnismäßigkeit zurückgegriffen werden muß (Proksch 1996, 202; Hager/Sehrig 1991). So entschied auch das Bundesverfassungsgerichts 1977 im Hinblick auf die Beschlagnahme von Klientenakten einer Drogenberatungsstelle der Caritas. Bei Abwägung des staatlichen Strafverfolgungsinteresses mit dem staatlichen Interesse an einer effektiven Gesundheitsvorsorge muß der Verhältnismäßigkeitsgrundsatz berücksichtigt werden. Dieser ist dann verletzt, wenn der verursachte Schaden in der Drogenberatungsstelle, nämlich der Verlust an Vertrauen, außer Verhältnis steht zu dem mit der Beschlagnahme angestrebten und erreichten Erfolg (BVerfGE 44, 353). Allerdings ist nur in Ausnahmefällen damit zu rechnen, daß ein Beschlagnahmeverbot bei privatenVerbänden rechtswidrig und daher unzulässig ist. Das ergibt sich ebenfalls aus einem Beschluß des Bundesverfassungsgerichts (BVerfG, Beschluß vom 31.05.1988, 2 BvR 367/88). Das Gericht bestätigte einen Beschluß des Landgerichtes Mainz (LG Mainz, NJW 1988, 1744), daß eine – in einem Förderverein für Jugendliche – beschäftige Drogenberaterin kein Aussageverweigerungsrecht hat.

In diesem Zusammenhang ist jedoch zu bedenken: Wenn in Beratungsstellen der privaten Träger Geistliche, Ärzte oder Anwältinnen tätig sind, denen das Zeugnisverweigerungsrecht zusteht, dann unterliegen schriftliche Mitteilungen, Aufzeichnungen und andere Gegenstände dem Beschlagnahmeverbot. Berufshelfer sind wiederum gleichgestellt.

Literatur

ARBEITSKREIS DEUTSCHER, SCHWEIZERISCHER UND ÖSTERREICHISCHER STRAF-
RECHTSLEHRER (1996): Alternativ-Entwurf Zeugnisverweigerungsrechte
und Beschlagnahmefreiheit, München

---

[1] Bei den Akten der Sozial- und Jugendämter sind die strengen Kriterien der §§ 76 SGB X und 65 KJHG zu beachten, weil die Informationen überwiegend anvertraut sind.
[2] In einem Beschluß hat das LG Offenburg dagegen der Beschlagnahme einer Sozialakte des Jugendamtes zugestimmt. Der Fall lag jedoch anders als bei der Entscheidung des LG Berlins, weil der Beschuldigte – ein Erziehungsbeistand – ein Mitarbeiter des Jugendamtes und kein Verwandter der Geschädigten war und darüber hinaus die Klientin in die Übermittlung ihrer Daten eingewilligt hatte. Dem Beschuldigten wurde sexueller Mißbrauch von Schutzbefohlenen vorgeworfen (LG Offenburg, NDV 1994, 199 mit zustimmender Anmerkung Kunkel 1994).

ABKÜRZUNGEN

a.A.	anderer Ansicht
a.F.	alte Fassung
Abs.	Absatz
AG	Amtsgericht
ALR	Allgemeines Landrecht für die preußischen Staaten von 1794
Anm.	Anmerkung
ArbG	Arbeitsgericht
ArbGG	Arbeitsgerichtsgesetz
Art.	Artikel
ASD	Allgemeiner Sozialdienst
Aufl.	Auflage
BAG	Bundesarbeitsgericht
BayObIG	Bayerisches Oberstes Landesgericht
BB	Der Betriebs-Berater
Bd.	Band
Begr.	Begründung
BeschSG	Beschäftigungsschutzgesetz
BGB	Bürgerliches Gesetzbuch
BGBl	Bundesgesetzblatt
BGH	Bundesgerichtshof
BGHR	BGH-Rechtsprechung – Strafsachen, hrsg. von den Richtern des Bundesgerichtshofes (seit 1987), zitiert nach §, abgekürztem Stichwort und lfd. Nr.
BGHSt	Bundesgerichtshof, Entscheidungen in Strafsachen
BR-Drs.	Drucksache des Bundesrates
BRD	Bundesrepublik Deutschland
BSG	Bundessozialgericht
BT-Drs.	Drucksache des Bundestages
BVerfG	Bundesverfassungsgericht
BVerfGE	Entscheidungen des Bundesverfassungsgerichts
BVerwG	Bundesverwaltungsgericht
bzw.	beziehungsweise
ca.	zirka
d.h.	das heißt
DAVorm	Der Amtsvormund
DB	Der Betrieb
DRiZ	Deutsche Richterzeitung
DVJJ	Zeitschrift für Jugendkriminalität und Jugendhilfe
EGMR	Europäischer Gerichtshof für Menschenrechte
etc.	et cetera
EuGH	Gerichtshof der Europäischen Gemeinschaften
FamRZ	Zeitschrift für das gesamte Familienrecht
ff	folgende
FGG	Gesetz über Angelegenheiten der freiwilligen Gerichtsbarkeit
FR	Frankfurter Rundschau
FuR	Familie und Recht
GA	Golddammer's Archiv für Strafrecht
GG	Grundgesetz für die Bundesrepublik Deutschland
h.M.	herrschende Meinung
Hrsg.	Herausgeber
i.S.	im Sinne
JA	Juristische Arbeitsblätter

JGG	Jugendgerichtsgesetz
JR	Juristische Rundschau
JuS	Juristische Schulung
JZ	Juristenzeitung
KG	Kammergericht
KJ	Kritische Justiz
KJHG	Kinder- und Jugendhilfegesetz
KrimJournal	Kriminologisches Journal
LAG	Landesarbeitsgericht
LG	Landgericht
m.w.N.	mit weiteren Nachweisen
MDR	Monatsschrift für Deutsches Recht
MschrKrim	Monatsschrift für Kriminologie und Strafrechtsreform
n.F.	neue Fassung
NDV	Nachrichtendienst des Deutschen Vereins
NJW	Neue Juristische Wochenschrift
np	Neue Praxis
NStZ	Neue Zeitschrift für Strafrecht
NZA	Neue Zeitschrift für Arbeitsrecht
OEG	Opferentschädigungsgesetz
OLG	Oberlandesgericht
R&P	Recht und Psychiatrie
RdJB	Recht der Jugend und des Bildungswesens
s.	siehe
SGB I	Sozialgesetzbuch, Erstes Buch – Allgemeiner Teil –
SGB VIII	Sozialgesetzbuch, Achtes Buch – Kinder- und Jugendhilfe –
SGBX	Sozialgesetzbuch, Zehntes Buch – Verwaltungsverfahren –
SGG	Sozialgerichtsgesetz
SK	Systematischer Kommentar zum Strafgesetzbuch
StGB	Strafgesetzbuch
StPO	Strafprozeßordnung
StV	Strafverteidiger
u.a.	unter anderem
u.U.	unter Umständen
usw.	und so weiter
VersR	Versicherungsrecht
VGH	Verwaltungsgerichtshof
vgl.	vergleiche
VwGO	Verwaltungsgerichtsordnung
z.B.	zum Beispiel
ZfA	Zeitschrift für Arbeitsrecht
ZfJ	Zentralblatt für Jugendrecht
ZfSH	Zeitschrift für Sozialhilfe und Sozialgesetzbuch
Ziff.	Ziffer
ZPO	Zivilprozeßordnung
ZRP	Zeitschrift für Rechtspolitik
ZStW	Zeitschrift für die gesamte Strafrechtswissenschaft

LITERATUR

ALBRECHT, HANS-JÖRG (1995): Kindliche Opferzeugen im Strafverfahren, in: Salgo, Ludwig, Hrsg.: Vom Umgang der Justiz mit Minderjährigen, Neuwied, Kriftel, Berlin, 3

ALTECK, THOMAS (1994): Der Mißbrauch des Mißbrauchs, Freiburg, Basel, Wien

AMELANG/KRÜGER (1995): Mißhandlung von Kindern, Darmstadt

ARBEITSKREIS deutscher, schweizerischer und österreichischer Strafrechtslehrer (1996): Alternativ-Entwurf Zeugnisverweigerungsrechte und Beschlagnahmefreiheit, München

ARIÈS, PHILIPPE (1975): Geschichte der Kindheit, 2. Aufl., München, Wien

BALDENIUS, INGEBORG (1996): Gelogene Liebe, Diskursanalyse des sexuellen Mißbrauchs, Lebenswelten von Tätern und ihre Deutungsmuster für die Tat, Regensburg

BALLOFF, RAINER (1997): Kindlicher Opferschutz aus rechtspsychologischer Sicht, in: ZfJ, 65

BANGE, DIRK (1992): Die dunkle Seite der Kindheit, Sexueller Mißbrauch an Mädchen und Jungen, Köln

BARABAS, FRIEDRICH (1992): Recht und Krisenintervention, in: Straumann, Ursula, Hrsg.: Beratung und Krisenintervention, Köln, 29

BARABAS/BLANKE/SACHSSE/STASCHEIT (1975): Jahrbuch der Sozialarbeit 1976, Reinbek bei Hamburg

BARABAS/ERLER (1994): Die Familie, Einführung in Soziologie und Recht, Weinheim, München

BARTH, KLAUS (1992): Sexueller Mißbrauch von Kindern – eine Literaturübersicht, in: ZfJ, 465

BARTLING, JUTTA (1995): »Rechtliche Reaktionen auf sexuelle Gewalt«, in: Streit, 37

BAUER, FRITZ u.a., Hrsg. (1963): Sexualität und Verbrechen, Hamburg

BAUMBACH/LAUTERBACH/ALBERS/HARTMANN (1995): Kommentar zur Zivilprozeßordnung, 53. Aufl., München

BAURMANN, MICHAEL (1983): Sexualität, Gewalt und die psychischen Folgen, Eine Längsschnittuntersuchung bei Opfern sexueller Gewalt und sexueller Normverletzung anhand von angezeigten Sexualkontakten, Wiesbaden

BAURMANN, MICHAEL (1992): Straftaten gegen die sexuelle Selbstbestimmung, Zur Phänomenologie sowie zu Problemen der Prävention und Intervention, in: Schuh/Killias, Hrsg.: Sexualdelinquenz, Chur, Zürich, 77

BELLAY, THOMAS (1995): Anmerkung zum Beschluß des BGH vom 21.4.1995, in: NStZ, 496

BELLING, DETLEV (1990): Die Entscheidungskompetenz für ärztliche Eingriffe bei Minderjährigen, in: FuR, 68

BERGMANN, ALFRED (1989): Die Grundstruktur des rechtfertigenden Notstandes, in: JuS, 109

BLASIUS, DIRK (1992): Ehescheidung in Deutschland im 19. und 20. Jahrhundert, Frankfurt am Main

BODE, MALIN (1993): Betr.: Strafrechtsänderungsgesetz – Verjährung von Sexualstraftaten an Kindern und Jugendlichen, in: Streit, 23

BÖHM, KLAUS (1996): Kindliche Opferzeugen vor den Amtsgerichten, in: ZRP, 259

BÖLTER, HERBERT (1996): Handreichung für die Bearbeitung von Strafverfahren wegen sexueller Straftaten an Kindern, in: DRiZ, 273

BRACKEN, RUDOLF VON (1991): Anmerkung zum Urteil des LG Hamburg vom 18.7.1990, in: FamRZ, 433

BRINGEWAT, PETER (1997): Anmerkung zum Urteil des OLG Oldenburg vom 2.9.1996, in: StV, 135

BROCKER, LARS (1996): Der Schutz kindlicher Opferzeugen, in: MschrKrim, 406

BROCKHAUS/KOLSHORN (1993): Sexuelle Gewalt gegen Mädchen und Jungen, Mythen, Fakten, Theorien, Frankfurt am Main, New York

BROECK, JOS VAN DEN (1993): Verschwiegene Not, Zürich

BRÜCKNER, MARGRIT (1998): Wege aus der Gewalt gegen Frauen und Mädchen, Eine Einführung, Frankfurt am Main

BRUNS, MANFRED (1993): Schutz der Moral unter dem Vorwand des Jugendschutzes, in: ZRP, 232

BURKETT/FRANK (1995): Das Buch der Schande, Kinder, sexueller Mißbrauch und die katholische Kirche, Wien

BUSCH, VON (1997): Der Schutz von Sozialdaten in der Jugendhilfe, §§ 61 – 68 SGB VIII, Stuttgart
CARL, EBERHARD (1995): Die Aufklärung des Verdachts eines sexuellen Mißbrauchs in familien- und vormundschaftsgerichtlichen Verfahren, in: FamRZ, 1183
CLAUSSEN/JANZEN (1992): Bundesdisziplinarordnung, Handkommentar unter Berücksichtigung des materiellen Disziplinarrechts, 7. Aufl., Köln, Berlin, Bonn, München
CRAMER, STEFFEN (1997): Anmerkung zum Urteil des LG Osnabrück vom 6.3.1996, in: NStZ, 238
DAHS, HANS (1983): Anmerkung zum Beschluß des LG Hamburg v. 15.2.1982, in: NStZ, 183
DAHS, HANS (1996): Die gespaltene Hauptverhandlung, in: NJW, 178
DALLINGER, WILHELM (1955): Aus der Rechtsprechung des Bundesgerichtshofs in Strafsachen, in: MDR, 269
DAMIAN, HANSPETER (1981): Geheimhaltungspflicht und Zeugnisverweigerung der Sozialarbeiter/Sozialpädagogen – Versuch einer Bestandsaufnahme, in: NDV, 202
DEGENER, THERESIA (1996): Gleichstellung behinderter Opfer bei der strafrechtlichen Verfolgung sexualisierter Gewalttaten, in: Streit, 99
DENGER, BURKHART (1991): Kinder und Jugendliche als Zeugen im Strafverfahren wegen sexuellen Mißbrauchs in der Familie und deren Umfeld, in: ZRP, 48
DEUTSCHE GESELLSCHAFT FÜR SEXUALFORSCHUNG (1992): Stellungnahme zur beabsichtigten Einführung eines Straftatbestandes »Sexueller Mißbrauch von Jugendlichen«, in: MschrKrim, 225
DEUTSCHER VEREIN (1994): Empfehlungen des Deutschen Vereins zur Hilfeplanung nach § 36 KJHG, in: NDV, 317
DICKMEIS, FRANZ (1995): Keine Schweigepflicht der Ärzteschaft bei Gewalttaten an Frauen und Kindern, in: ZfJ, 474
DILLING/MOMBOUR/SCHMIDT, Hrsg. (1991): Internationale Klassifikation psychischer Störungen – ICD – 10 Kapitel V (F)
DIVERSAL-GUTACHTEN (1992): Sexueller Mißbrauch von Kindern: Veranlassung der Strafverfolgung durch das Jugendamt, in ZfJ, 641
DÖLLING, DIETER (1993): Anmerkung zum Beschluß des LG Hamburg vom 03.03.1992, in: NStZ, 402
DREHER/TRÖNDLE (1993): Kommentar zum Strafgesetzbuch und Nebengesetze, 46. Aufl., München
ECKHARDT, KARIN (1995): 3 Jahre Sonderdezernat »Sexualstraftaten sowie Gewalt in der Familie«, in: Salgo, Ludwig (Hrsg.), Vom Umgang der Justiz mit Minderjährigen, Neuwied, Kriftel, Berlin, 95
EISENBERG, ULRICH (1997): Rezension des Alternativ-Entwurfes Zeugnisverweigerungsrechte und Beschlagnahmefreiheit, in: StV, 331
ELIAS, NORBERT (1977): Über den Prozeß der Zivilisation, Wandlungen des Verhaltens in den weltlichen Oberschichten des Abendlandes, Bd. 1, 3. Aufl., Frankfurt am Main
ELIAS, NORBERT (1977): Über den Prozeß der Zivilisation, Wandlungen der Gesellschaft, Entwurf zu einer Theorie der Zivilisation, Bd. 2, 2. Aufl., Frankfurt am Main
ELIAS, NORBERT (1989): Studien über die Deutschen, Frankfurt am Main
ELL, ERNST (1992A): Kinder als Opfer bei Polizei und vor Gericht, 1. Teil, in: ZfJ, 142 sowie 2. Teil, in: ZfJ, 189
ELL, ERNST (1992B): Kinder als Täter, in: ZfJ, 632
ENDERS, URSULA, Hrsg. (1990): Zart war ich, bitter war's, Köln
ENDERS/STUMPF (1991): Mütter melden sich zu Wort, Sexueller Mißbrauch an Mädchen und Jungen, Köln
ENDRES/SCHOLZ (1994): Sexueller Kindesmißbrauch aus psychologischer Sicht, in: NStZ, 466
ENDRISS, RAINER (1989): Zeugnisverweigerungsrecht für Drogenberater, in: ZRP, 45
ERLER, MICHAEL (1996): Die Dynamik der modernen Familie, Empirische Untersuchungen zum Wandel der Familienformen in Deutschland, Weinheim, München
FEGERT, JÖRG (1993): Sexuell mißbrauchte Kinder und das Recht, Köln
FEGERT/BERGER/BREUER u.a. (1996): Das Dilemma zwischen familienbezogener Hilfe und staatlichem Wächteramt – Teil I –, in: ZfJ, 448

FIESELER/HERBORTH (1996): Recht der Familie und Jugendhilfe, 4. Aufl., Neuwied, Kriftel, Berlin
FREUND, GEORG (1993): Verurteilung und Freispruch bei Verletzung der Schweigepflicht eines Zeugen, in: GA, 49
FRICKE, ASTRID (1992): Die Beteiligung der Personensorgeberechtigen sowie der Kinder und Jugendlichen bei der Hilfe zur Erziehung (Heimunterbringung, Vollzeitpflege) nach dem KJHG, in: ZfJ, 509
FROMMANN, MATTHIAS (1985): Schweigepflicht und Berufsauftrag des Sozialarbeiters, in: Fromman/Mörsberger/Schellhorn, Hrsg.: Sozialdatenschutz, 159
FROMMEL, MONIKA (1988): Das klägliche Ende der Reform der sexuellen Gewaltdelikte, in: ZRP, 233
FROMMEL, MONIKA (1992): Zur Aufhebung von § 175 StGB und § 182 StGB und der Einführung einer einheitlichen Jugendschutzvorschrift für sexuelle Handlungen, in: KJ, 80
FROMMEL, MONIKA (1993): Die höchstrichterliche Rechtsprechung zur Vergewaltigung und sexuellen Nötigung – unverfroren und unbeirrbar, in: Böllinger/Lautmann, Hrsg.: Vom Guten, das noch stets das Böse schafft, Frankfurt am Main, 113
FROMMEL, MONIKA (1995): Möglichkeit und Grenzen des Schutzes kindlicher Opferzeugen im Strafverfahren, in: Salgo, Ludwig, Hrsg.: Vom Umgang der Justiz mit Minderjährigen, Neuwied, Kriftel, Berlin, 31
FROMMEL, MONIKA (1996): Zaghafte Versuche einer Reform der sexuellen Gewaltdelikte, in: KJ, 164
GEILEN, GERD (1961): Garantenpflichten aus ehelicher und eheähnlicher Gemeinschaft, in: FamRZ, 147
GERHARD, MARIA (1996): Empfehlungen zur Intervention bei sexuellem Mißbrauch, Eine Handreichung für die sozialpädagogische Praxis, Hamburg
GERNHUBER/COESTER-WALTJEN (1994): Lehrbuch des Familienrechts, 4. Aufl., München
GERSDORF-WESSIG (1993): Vormundschaftsgerichtliche Aspekte bei sexuellem Mißbrauch, in: ZfJ, 582
GERSTENDÖRFER, MONIKA (1996): Die Reform des »Sexual«strafrechts aus psychologischer Sicht, in: Streit, 104
GÖSSEL, K.H. (1986): Anmerkung zum Urteil des BGH vom 5.11.1985, in: JR, 516
GROSS/FÜNFSINN (1992): Datenweitergabe im strafrechtlichen Ermittlungsverfahren, in: NStZ, 105
HÄBEL, HANNELORE (1992A): Erziehungshilfe und Prostitution Minderjähriger, in: Materialien zur Heimerziehung der Internationalen Gesellschaft für Heimerziehung, Frankfurt am Main
HÄBEL, HANNELORE (1992B): Minderjährigenprostitution, Erziehungshilfe und § 180 StGB, in: ZfJ, 457
HAENSCH, DIETRICH (1969): Repressive Familienpolitik, Sexualunterdrückung als Mittel der Politik, Reinbek bei Hamburg
HAGER, JOACHIM (1990): Das Zeugnisverweigerungsrecht im sozialen Bereich, in: Soziale Arbeit, 332
HAGER/SEHRIG (1992): Vertrauensschutz in der sozialen Arbeit, Heidelberg
HARBECK/SCHADE (1994): Institutioneller Umgang mit sexueller Kindesmißhandlung, Forschungsprojekt des Kinderschutzzentrums, Kiel
HASSEMER, WINFRIED (1987): Anmerkung zum Urteil des BGH vom 14.5.1986, in: JuS, 72
HASSEMER, WINFRIED (1996): Über die absehbare Zukunft des Datenschutzes, in: KJ, 99
HAVEMAN, ROELOF (1992): Liberalisierung der Sexualgesetzgebung in den Niederlanden und Deutschland, in: MschrKrim, 147
HEBENSTREIT-MÜLLER (1993): Sexuelle Gewalt an Kindern und Jugendlichen – zum Auftrag der Jugendhilfe nach dem KJHG, in: ZfJ, 186
HEINSOHN/KNIEPER (1974): Theorie des Familienrechts, Frankfurt am Main
HELMKEN, DIERK (1995): Vergewaltigungsreform und kein Ende?, in: ZRP, 302
HELMKEN, DIERK (1996): § 179 StGB – letzter Stolperstein der Vergewaltigungsreform?, in: ZRP, 241
HELMKEN, DIERK (1997): Gesetzlicher Strafrabatt für die Vergewaltigung behinderter Opfer, in: Pro Familia Magazin 4, 15
HERRMANN, ELKE (1996): Die Abschlußfreiheit – ein gefährdetes Prinzip, in: ZfA, 19

HERZOG, FELIX (1996): Normnachfrage in der Risikogesellschaft, in: Beiträge, 3/1996, 7

HESS, H. (1993): Kriminologen als Moralunternehmer, in: Böllinger/Lautmann, Hrsg.: Vom Guten, das noch stets das Böse schafft, Frankfurt am Main, 329

HILLENKAMP, THOMAS (1989): Anmerkung zum Urteil des BGH vom 15.3.1989, in: NStZ, 529

HOHMANN, HARALD (1995): Thesen zur Weiterentwicklung des Beschäftigtenschutzgesetzes mit dem Ziel eines besseren Schutzes vor sexueller Belästigung am Arbeitsplatz, in: ZRP, 167

HOHMANN/MOORS (1995): Schutz vor sexueller Belästigung am Arbeitsplatz im Recht der USA (und Deutschlands), in: KJ, 151

HORN, E. (1981): Anmerkung zum Urteil des BGH v. 24.9.1980, in: JR, 251

HORN, in: Rudolphi, Horn, Samson, Günther (1996): Systematischer Kommentar zum Strafgesetzbuch, Bd. 2, Besonderer Teil, 5. bzw. 6. Aufl., 39. Lieferung, Neuwied, Kriftel, Berlin

HORSTKOTTE, HARTMUTH (1974): Kuppelei, Verführung und Exhibitionismus nach dem Vierten Gesetz zur Reform des Strafrechts, in: JZ, 84

HUND, HORST (1994): Entkriminalisierung – Königsweg oder Notlösung?, in: ZRP, 4

HUNDERTMARK, ELKE (1986): Diskriminierung durch Schutz, Der Kranzgeldanspruch im BGB, in: Streit, 55

JÄGER, HERBERT (1987): Entkriminalisierungspolitik im Sexualstrafrecht, in: Jäger/Schorsch (Hrsg.): Sexualwissenschaft und Strafrecht, Stuttgart, 1

JAKOBS, GÜNTHER (1986): Anmerkung zum Urteil des BGH vom 5.11.1985, in: NStZ, 216

JUGENDAMT DER STADT FRANKFURT AM MAIN, Hrsg. (1994): Juristische Verbindlichkeiten für Ferienaufenthalte mit Kindern und Jugendlichen, Frankfurt am Main

JUNG/KUNZ (1982): Das Absehen von Strafe nach § 174 IV StGB, in: NStZ, 409

KAISER, EBERHARD (1971): Zeugnisverweigerungsrecht der Diplompsychologen, in: NJW, 491

KAISER, GÜNTHER (1993): Kriminologie, 9. Aufl., Heidelberg

KANT, IMMANUEL (1797): Die Methaphysik der Sitten, in: Schriften zur Ethik und Religionsphilosophie, Werke in 6 Bänden, Bd. 4, Darmstadt 1966

KAPPE, STEFAN (1991): Die Fabrikation des Abnormen, in: KJ, 205

KAUFMANN, FERDINAND (1990): Die Jugendhilfe im Spannungsfeld zwischen Strafverfolgung und Erziehungshilfe, Rechtsfragen im Zusammenhang mit Straftaten, an denen Minderjährige als Täter oder Opfer beteiligt sind, in: ZfJ, 1

KAVEMANN/LOHSTÖTER (1984): Väter als Täter, Sexuelle Gewalt gegen Mädchen, Reinbek bei Hamburg

KESSLER, RAINER (1997): Die strafrechtliche Schweigepflicht des Berufspsychologen bei sexuellem Mißbrauch, in: Praxis der Rechtspsychologie 7 (1), 67

KIEHL, WALTER (1989): Das Ende der »kleinen Sexualdelikte«?, in: NJW, 3003

KILLIAS, MARTIN (1979): Jugend und Sexualstrafrecht, Eine rechtssoziologische und rechtsvergleichende Untersuchung über die Bestimmungsgründe des Jugendschutzes im Sexualstrafrecht, Bern, Stuttgart

KLEINKNECHT/MEYER-GOSSNER (1997): Kommentar zur Strafprozeßordnung, 43. Aufl., München

KLIE, THOMAS (1996): Opferentschädigungsgesetz und soziale Arbeit, Einführung, Kommentar, Materialien, Freiburg i.B.

KLINGER/KUNKEL (1990): Sozialdatenschutz in der Praxis, Stuttgart, München, Hannover

KNOLL/BITTNER u.a. (1995): Studie »Lesben und Schwule«, in der Arbeitswelt, München

KÖHLER/RATZ (1994): Bundesdisziplinarordnung und materielles Disziplinarrecht, 2. Aufl., Köln

KRAHMER, UTZ (1996): Sozialdatenschutz nach SGB I und X, Einführung mit Schaubildern, Köln, Berlin, Bonn, München

KREUZER, ARTHUR (1983): Anmerkung zum Beschluß des LG Karlsruhe v. 22.10.1983, in: StV, 144

KREUZER, ARTHUR (1993): Zeugnisverweigerungsrecht für Drogenberater, in: Albrecht, Hrsg.: Festschrift für Horst Schüler-Springorum zum 65. Geburtstag, Köln, Berlin, Bonn, München, 527

KRÖGER, PETRA (1993): Sozialdatenschutz im Verhältnis zum Strafverfolgungsinteresse, in: ZfJ, 21

KRUSE/SCZESNY (1993): Vergewaltigung und sexuelle Nötigung – bagatellisierende Auslegung und Scheitern einer Reform, in KJ, 336

KÜHNE/KLUCK (1995): Sexueller Mißbrauch – forensisch-psychologische und psychodiagnostische Aspekte, in: FamRZ, 981

KUNKEL, PETER-CHRISTIAN (1993): Der Datenschutz in der Jugendhilfe – ein Zwischenbericht, in: RdJB, 399

KUNKEL, PETER-CHRISTIAN (1994): Anmerkung zum Beschluß des Landgerichts Offenburg vom 24.9.1993, in: NDV, 200

KUNKEL, PETER-CHRISTIAN (1995): Datenschutz in der Sozial- und Jugendhilfe nach der Neuregelung des Sozialdatenschutzes, in: ZfSH, 225

KUSCH, ROGER (1997): Therapie von Sexualtätern, in: ZRP, 89

KUSCH/MÖSSLE (1994): Verschärfter Jugendschutz, Zur Auslegung des neuen § 182 StGB, in: NJW, 1504

LABIN, HANS (1948): Anmerkung zum Urteil des OLG Düsseldorf vom 10.10.1947, in: MDR, 1948, 60

LACHMANN, JOSEF (1988): Zur Verbreitung von Sexualdelikten an Kindern und Abhängigen, in: MschrKrim, 42

LANGKEIT, JOCHEN (1994): Umfang und Grenzen der ärztlichen Schweigepflicht, in: NStZ, 6

LAUBENTHAL, KLAUS (1987): Beleidigung Jugendlicher durch sexuelle Handlungen – BGH, NJW 1986, 2442, in: JuS, 700

LAUBENTHAL, KLAUS (1996): Schutz sexuell mißbrauchter Kinder durch Einsatz von Videotechnologie im Strafverfahren, in: JZ, 335

LAUTMANN, RÜDIGER (1992): Das Verbrechen der widernatürlichen Unzucht, in: KJ, 294

LINDE, GODELA (1994): Sexuelle Belästigung am Arbeitsplatz, in: BB, 2412

LONGINO, MARCUS (1997): Zur Verschwiegenheitspflicht von Psychologen und Sozialarbeitern in der Jugendverwaltung, in: ZfJ, 136

LORENZEN-LINKE/BALLOFF (1993): Gemeinsame elterliche Sorge nach der Scheidung, in: FamRZ, 1032

LÖSCHPER, GABI (1997): KriminologInnen als MoralunternehmerInnen. »Political Correctness« und moralisch aufgeladene Begriffe, in: Krim Journal, 19

LOSSEN, JUTTA (1995): Kindliche Zeuginnen vor Gericht: Brauchen wir die Videovernehmung?, in: Streit, 108

MAAS, UDO (1988): Datenschutz in der sozialen Arbeit, Karlsruhe

MARQUARDT, CLAUDIA (1993): Sexuell mißbrauchte Kinder und das Recht, Bd. 1, Köln

MARX, KARL (1976): Der Ehescheidungsgesetzentwurf, in: Marx/Engels, Werke Bd. 1, Berlin

MAUER, JUTTA (1994): Das zweite Gleichberechtigungsgesetz, in: BB, 1283

MAURACH/SCHRÖDER/MAIWALD (1988): Strafrecht Besonderer Teil, Teilband 1, Straftaten gegen Persönlichkeits- und Vermögenswerte, 7. Aufl., Heidelberg

MENNE, KLAUS (1993): Hinweise zu Rechtsfragen bei Kindesmißhandlung und sexuellem Mißbrauch, in: ZfJ, 291

MIEBACH, KLAUS (1997): Aus der Rechtsprechung des Bundesgerichtshofes zu materiell-rechtlichen Fragen des Sexualstrafrechts – 1996 – 1. Teil, in: NStZ, 119

MIEBACH, KLAUS (1997): Aus der Rechtsprechung des Bundesgerichtshofes zu materiell-rechtlichen Fragen des Sexualstrafrechts – 1996 – 2. Teil, in: NStZ, 178

MILDENBERGER, ELKE (1995): Die Einführung von Videoaufzeichnungen kindlicher Zeugen in das Strafverfahren nach geltendem Recht, in: Salgo, Ludwig, Hrsg.: Vom Umgang der Justiz mit Minderjährigen, Neuwied, Kriftel, Berlin, 51

MITTMANN, ANDREAS (1994): Das Zweite Gleichberechtigungsgesetz – eine Übersicht, in: NJW, 3048

MOLITOR, WOLFRAM (1985): Anmerkung zum Urteil des KG Berlin vom 26.5.1983, in: NDV, 55

MOLITOR, WOLFRAM (1985): Strafvereitelung durch Datenschutz? in: Fromman/MÖRSBERGER/SCHELLHORN (Hrsg.): Sozialdatenschutz, 75

MOLKETIN, RÜDIGER (1992): Anmerkung zum Urteil BGHSt 38, 68, in: NStZ, 178

MOLLOY, CORA (1992): Hurenalltag. Sperrgebiet – Stigma – Selbsthilfe, Frankfurt am Main
MÖRSBERGER, THOMAS (1985): Verschwiegenheitspflicht und Datenschutz, Freiburg
MÖRSBERGER, THOMAS (1987): Schweigepflicht intern, Anmerkungen zu einem Urteil des Bundesarbeitsgerichts zur Telefondatenerfassung, in: NDV, 325
MÖRSBERGER, THOMAS (1990): Perspektive »Neues Jugendamt«. Zur Bedeutung der Datenschutzbestimmungen im neuen Kinder- und Jugendhilfegesetz, in: ZfJ, 365
MÖRSBERGER, THOMAS (1997): Stichwort Garantenpflicht, Erläuterungen zu einem schwierigen Rechtsbegriff, in: Mörsberger/Restemeier, 1997: Helfen mit Risiko, Neuwied, 155
MÖRSBERGER/RESTEMEIER (1997): Helfen mit Risiko, Zur Pflichtenstellung des Jugendamtes bei Kindesvernachlässigung, Neuwied
MÖSL, ALBERT (1989): Ist eine Reform der »sexuellen Gewaltdelikte« notwendig, in: ZRP, 49
MROZYNSKI, PETER (1995): Kommentar zum Sozialgesetzbuch – Allgemeiner Teil – (SGB I), 2. Aufl., München
MÜNDER, JOHANNES (1986): Sexualstrafrecht bei Fremderziehung und Fremdbetreuung, in: ZfJ, 353
NELLES, URSULA (1995): Straftaten gegen die sexuelle Selbstbestimmung, Grundlinien einer Gesamtreform, in: Streit, 91
NEUMANN, ULFRID (1988): Der strafrechtliche Nötigungsnotstand – Rechtfertigungs- oder Entschuldigungsgrund?, in: JA, 329
NIEWERTH, LYDIA (1994a): Jugendhilfe, Justiz und Polizei – Probleme der Zusammenarbeit und Wege zur Kooperation, in: ZfJ, 409
NIEWERTH, LYDIA (1994b): Umgang mit Kindern und Jugendlichen als Opfer sexueller Gewalt – Möglichkeiten und Grenzen des geltenden Rechts –, in: ZfJ, 372
OEHLMANN-AUSTERMANN, ALFRED (1997): Anmerkung zum Urteil des OLG Oldenburg vom 2.9.1996, in: ZfJ, 55
OELKERS, HARALD (1997): Die Rechtsprechung zum Sorge- und Umgangsrecht – Zweites Halbjahr 1995 bis Anfang 1997 –, in: FamRZ, 779
OFFE/OFFE/WETZELS (1992): Zum Umgang mit dem Verdacht des sexuellen Kindesmißbrauchs, in: np, 240
OLLMANN, RAINER (1994): Rechtliche Aspekte der Aufdeckung von sexuellem Mißbrauch, in ZfJ, 151
OTTO, HARRO (1989): Anmerkung zum Urteil des BGH vom 15.3.1989, in: JZ, 803
PALANDT (1997): Kommentar zum Bürgerlichen Gesetzbuch, 56. Aufl., München
PELZ, CHRISTIAN (1995): Notwehr- und Notstandsrechte und der Vorrang obrigkeitlicher Hilfe, in: NStZ, 305
PFÄFFLIN, FRIEDEMANN (1995): Rückfallprognose bei Sexualdelinquenz, in: R & P, 106
PFÄFFLIN, FRIEDEMANN (1997): Schützen Videovernehmungen kindliche Zeugen vor sekundärer Traumatisierung, in: StV, 95
PIRANI, UTA VON (1992): Anmerkung zum Beschluß des LG Berlin vom 19.02.1992, in: NDV, 418
PRINZ, MATTHIAS (1996): Geldentschädigung bei Persönlichkeitsrechtsverletzungen durch Medien, in: NJW, 953
PROKSCH, ROLAND (1996): Sozialdatenschutz in der Jugendhilfe, Münster
RAUSCHERT, KLAUS (1989): Schutzpflichten der Jugendhilfe im Strafverfahren, in: ZfJ, 477
REFERAT KULTUR- UND MEDIENARBEIT DER BEHÖRDE FÜR SCHULE, JUGEND UND BERUFSBILDUNG DER STADT HAMBURG, Hrsg. (1994): Sexueller Mißbrauch von Kindern und Jugendlichen, Hamburg
REISERER, KERSTIN (1991): Schwangerschaftsabbruch durch Minderjährige im vereinten Deutschland, in: FamRZ, 1136
RIEGEL, UTA (1995): Sexualität bei geistigbehinderten Erwachsenen, 2. Aufl., Bonn, Bad Godesberg
RIEKENBRAUK, KLAUS (1992): Sozialdatenschutz im Strafverfahren, in: StV, 37
RIESS, PETER (1989): Zur Aburteilungspraxis bei sexueller Gewaltkriminalität, Ein Delikts- und Zeitreihenvergleich anhand der Strafverfolgungsstatistik, in: Jescheck/Vogler, Hrsg.: Festschrift für Herbert Tröndle, Berlin, New York, 369

ROGALL, KLAUS (1983): Die Verletzung von Privatgeheimnissen (§ 203 StGB), in: NStZ, 1

RÖSNER/SCHADE (1993): Der Verdacht auf sexuellen Mißbrauch von Kindern in familiengerichtlichen Verfahren, in: FamRZ, 1133

ROTHE, SABINE (1996): Gewalt in Familien, in: FuR, 55

ROXIN, CLAUS (1994): Strafrecht Allgemeiner Teil, Bd. 1, 2. Aufl., München

SALZGEBER/STADLER (1997): Programm zur Behandlung von Sexualstraftätern, in: ZRP, 139

SAVIGNY, CARL FRIEDRICH VON (1844): Darstellung der in den Preußischen Gesetzen über Ehescheidung unternommenen Reform, in: Vermischte Schriften, Bd.5, Berlin

SCHÄFTER/HOCKE (1995): Mädchenwelten: Sexuelle Gewalterfahrungen und Heimerziehung, Heidelberg

SCHALL/SCHIRRMACHER (1995): Gewalt gegen Frauen und Möglichkeiten staatlicher Intervention, Stuttgart, München, Hannover, Berlin, Weimar, Dresden

SCHAPIRA, ALISA (1977): Die Rechtsprechung zur Vergewaltigung, Über die weit gezogenen Grenzen der erlaubten Gewalt gegen Frauen, in: KJ, 221

SCHEERER, SEBASTIAN (1986): Atypische Moralunternehmer, in: KrimJournal. 1. Beiheft, 133

SCHEERER, SEBASTIAN (1997): Anhedonia Criminologica, in: KrimJournal, 23

SCHERER, INGE (1997): Schwangerschaftsabbruch bei Minderjährigen und elterliche Zustimmung, in: FamRZ, 589

SCHETSCHE, MICHAEL (1994): Der »einvernehmliche Mißbrauch«, in: MSchrKrim, 201

SCHILLING, GEORG (1976): Strafprozessuales Zeugnisverweigerungsrecht für Sozialarbeiter, Sozialpädagogen und Psychologen, in: JZ, 617

SCHLIWIENSKI, HANS INGO (1988): Das Zeugnisverweigerungsrecht des Berufshelfers und seine Bedeutung im Rahmen des § 203 StGB, in: NJW, 1507

SCHMIDT, TANJA (1996): »Auf das Opfer darf sich keiner berufen«, Opferdiskurse in der öffentlichen Diskussion zu sexueller Gewalt gegen Mädchen, Bielefeld

SCHOMBERG/KORTE (1990): Zur Notwendigkeit der Verbesserung der Rechtsstellung des nach § 138 StGB Anzeigepflichtigen, in: ZRP, 417

SCHÖNKE/SCHRÖDER (1967): Kommentar zum Strafgesetzbuch, 13. Aufl., München, Berlin

SCHÖNKE/SCHRÖDER (1997): Kommentar zum Strafgesetzbuch, 25. Aufl., München, Berlin

SCHORSCH, EBERHARD (1992): Sexualität als Straftatbestand, in: Schuh/Killias, Hrsg.: Sexualdelinquenz, Chur, Zürich, 183

SCHROEDER, FRIEDRICH-CHRISTIAN (1975): Das neue Sexualstrafrecht, Karlsruhe

SCHROEDER, FRIEDRICH-CHRISTIAN (1976): Das »Erzieherprivileg« im Strafrecht, in: Festschrift für Richard Lange, 391

SCHROEDER, FRIEDRICH-CHRISTIAN (1992): Die Reform der Straftaten gegen die Entwicklung des Sexuallebens, in: ZRP, 295

SCHROEDER, FRIEDRICH-CHRISTIAN (1993): Das 27. Strafrechtsänderungsgesetz – Kinderpornographie, in: NJW, 2581

SCHROEDER, FRIEDRICH-CHRISTIAN (1994): Das 29. Strafrechtsänderungsgesetz–§§ 175,182 StGB, in: NJW, 1501

SCHRÖTER, MICHAEL (1984): Staatsbildung und Triebkontrolle, Zur gesellschaftlichen Regulierung des Sexualverhaltens vom 13. bis 16. Jahrhundert, in: Gleichmann, Peter u.a., Hrsg.: Macht und Zivilisation, Frankfurt am Main, 148

SCHUBARTH, MARTIN (1981): Grenzen der Strafbarkeit sexueller Zumutungen – OLG Hamburg, NJW 1980, 2592, in: JuS, 726

SCHULZE, NATASCHA (1997): Anmerkung zum Beschluß des OLG Frankfurt am Main vom 30.6.1995, in: FamRZ, 42

SCHÜNEMANN, BERND (1996): Die Mißachtung der sexuellen Selbstbestimmung des Ehepartners als kriminalpolitisches Problem, in: GA, 307

SCHWENGER, HANNES (1969): Antisexuelle Propaganda, Reinbek bei Hamburg

SEEBODE, MANFRED (1996): Anmerkung zum Beschluß des OLG Jena vom 13.9.1994, in: JZ, 158

SEITZ, WALTER (1996): Prinz und die Prinzessin - Wandlungen des Deliktsrechts durch Zwangskommerzialisierung der Persönlichkeit, in: NJW, 2848
SICK, BRIGITTE (1991): Die Rechtsprechung zur Sexualbeleidigung oder: Wann sexuelle Gewalt die Frauenehre verletzt, in: JZ, 330
SICK, BRIGITTE (1995): Die sexuellen Gewaltdelikte oder: Der Gegensatz zwischen Verbrechensempirie und Rechtswirklichkeit, in: MschrKrim, 281
SIGUSCH, VOLKMAR (1989): Kritik der disziplinierten Sexualität, Frankfurt am Main, New York
SIMITIS, SPIROS (1997): Daten- oder Tatenschutz – ein Streit ohne Ende?, in: NJW, 1902
STANGE, ALBRECHT (1997): Das Sozialgeheimnis im Strafverfahren, in: ZfJ, 97
STATISTISCHES BUNDESAMT, Hrsg. (1997): Rechtspflege, Fachserie 10, Reihe 1, Ausgewählte Zahlen für die Rechtspflege 1995, Wiesbaden
STEHR, JOHANNES (1997): Kritische Kriminologie und der Ruf nach der staatlichen Strafe, in: Krim. Journal, 52
STEINMEISTER, INGRID (1991): Zur Aufhebung der §§ 175 und 182 StGB und Einführung einer einheitlichen Jugendschutzvorschrift für sexuelle Handlungen, in: KJ, 197
STEINMEISTER, INGRID (1992): »Jugendschutz« gegen Jugendliche?, in: ZRP, 87
STORSBERG, IMME (1994): Anmerkung zum Beschluß des OLG Stuttgart 29.9.1993, in: FamRZ, 1543
STRAUMANN, URSULA (1992): Personzentrierte Beratung und Krisenintervention unter integrativen und kooperativen Aspekten – Ein Weiterbildungskonzept, in: Straumann, Ursula, Hrsg.: Beratung und Krisenintervention, Köln, 12
STRAUMANN, URSULA (1996): Personzentrierte Gesprächsführung, Personzentrierte Beratung und Krisenintervention, Materialien zur Dokumentation, Evaluation und Reflexion der Praxis, Frankfurt am Main
STURM, RICHARD (1974): Das Vierte Gesetz zur Reform des Strafrechts, in: JZ, 1

STURMFELS, ANNITA/SATZER ROLF (1995): Mit Mann und Maus, Frauen im Büro · Belastungen und Gesundheit, Frankfurt am Main
TÖNNIES, SYBILLE (1992): Symbolische Gesetzgebung: Zum Beispiel § 175 StGB, in: ZRP, 411
TRÖNDLE, HERBERT (1992): Ideologie statt Jugendschutz?, in: ZRP, 297
TRÖNDLE, HERBERT (1997): Kommentar zum Strafgesetzbuch und Nebengesetze, 48. Aufl., München
TRUBE-BECKER (1992): Mißbrauchte Kinder, Heidelberg
UNDEUTSCH, UDO (1996): Die Untersuchung mit dem Polygraphen (»Lügendetektor«) – eine wissenschaftliche Methode zum Nachweis der Unschuld, in: FamRZ, 329
VOLBERT/BUSSE (1995): Belastungen von Kindern in Strafverfahren wegen sexuellen Mißbrauchs, in: Salgo, Ludwig, Hrsg.: Vom Umgang der Justiz mit Minderjährigen, Neuwied, Kriftel, Berlin, 73
VOLBERT/ERDMANN (1996): Kinder als Zeugen in Strafverfahren wegen sexuellen Mißbrauchs: Einstellungen und Erfahrungen von Richtern und Staatsanwälten, in: MschrKrim, 238
WALCHER, STEPHAN (1985): Strafverfolgung und Datenschutz, in: Fromman/Mörsberger/Schellhorn, Hrsg.: Sozialdatenschutz, 102
WALTER, EGINHARD (1996): Einschränkung und Ausschluß des Umgangs nach § 1634 II S. 2 BGB, in: ZfJ, 270
WALTER/WOLKE (1997): Zur Funktion des Strafrechts bei »akuten sozialen Problemen« – einige rechtssoziologische Überlegungen am Beispiel des sexuellen Mißbrauchs von Kindern und Jugendlichen, in: MschrKrim, 93
WEBER/ROHLEDER (1995): Sexueller Mißbrauch, Jugendhilfe zwischen Aufbruch und Rückschritt, Münster
WEGNER, BIRGIT (1995): Ein kleiner Schritt im Verfahren, ein großer Schritt für den Opferschutz, in: ZRP, 406
WEICHERT, THILO (1993): Kindesmißhandlung und Datenschutz, in: ZfSH, 301
WEYCHARDT, DIETER (1997): Anmerkung zum Beschluß des OLG Frankfurt am Main vom 30.6.1995, in: FamRZ, 444

WIESNER/KAUFMANN/MÖRSBERGER/
OBERLOSKAMP/STRUCK (1995): Kommentar zum SGB VIII, Kinder und Jugendhilfe, München
WOLTER, JÜRGEN (1995): Datenschutz und Strafprozeßrecht, in: ZStW, 793
WORZALLA, MICHAEL (1994): Das Beschäftigungsschutzgesetz in der Praxis, in: NZA, 1016
WORZALLA, MICHAEL (1997): Die Haftung des Arbeitgebers wegen geschlechtsspezifischer Diskriminierung bei Einstellung nach der neuen Rechtsprechung des EuGH, in: NJW, 1809
WÜSTENBERG, WIEBKE (1992): Sexueller Mißbrauch an Mädchen und Jungen und die Aufgabe der Sozialarbeit und Sozialpädagogik, in: Straumann, Ursula, Hrsg.: Beratung und Krisenintervention, Köln, 131
ZENTRALSTELLE FÜR PSYCHOLOGISCHE INFORMATION UND DOKUMENTATION, Universität Trier, Hrsg. (1997): Kindesmißhandlung und sexueller Mißbrauch von Kindern, Supplement 1992–1996, Trier
ZÖLLER/GREGER (1995): Kommentar zur Zivilprozeßordnung, 19. Aufl., Köln
ZSCHOCKELT/WEGNER (1996): Opferschutz und Wahrheitsfindung bei der Vernehmung von Kindern in Verfahren wegen sexuellen Mißbrauchs, in: NJW, 305

Stichwortverzeichnis

A

Abhängigkeitsverhältnisse 80
Abstinenzgebot 42, 43
abstraktes Gefährdungsdelikt 50, 92
AIDS 23
Amtsträger 122
Antragsdelikt 132
Anzeigepflicht 62
– für abgeschlossene Straftate 125
– siehe auch Pflicht zur Anzeige 116
Arbeitsrechtliche Sanktionen 41
Askese-Gebot 16
Aufenthaltsbestimmungsrecht
– Entzug 61
Ausnutzen einer Amtsstellung 90
Ausnutzen einer Zwangslage 78
Aussagegenehmigung 143
Aussagezwang 141
Außerdienstliche Sexualverfehlungen 41

B

Beamtenverhältnis 40
Begrapschen der Brust 34
Behandlung 108
behördeninternes Weitergabeverbot 120
Beihilfe zu sexuellem Mißbrauch 96
Beiordnung eines Rechtsanwaltes 109
Beleidigung 35, 36
– Beispiele 36
Beratung 57, 59
– Angebote 59
– Anspruch der Kinder und Jugendlichen 60
– Benachrichtigung der Personensorgeberechtigten 59
– Inobhutnahme 60
– Krisenintervention 60, 113
– Minderjährige 59
– psychosoziale 113
– und Schmerzensgeld 42
– und sexuelle Übergriffe 42
– und sexueller Mißbrauch 108
Beratungsanspruch 60
Beschäftigungsschutzgesetz 39
Beschlagnahmeverbote 137, 145
– Drogenberatungsstelle 147
– Jugendämter 145
– Sozialleistungsträger 146
besonders schwerer Fall 52
Betreuung 108
Betreuungsverhältnis 71
Beugehaft 141
Bundesversorgungsgesetz 47

D

Datenschutz 115
– im Kinder- und Jugendhilfegesetz 119, 134, 135
– im Strafverfahren 133
Definition des sexuellen Mißbrauchs 27
Dienstenthebung 40
Dienstvergehen 40, 98
Disziplinarrecht 40
Dunkelfeldforschung 29
Dunkelfeldschätzungen 30
Dunkelziffer 28, 31

E

Echte Liebesbeziehung 76, 89, 96
Ehrengerichtsverfahren und
Schmerzensgeld 42
eigenhändiges Delikt 51
Einsichts- und Handlungsfähigkeit 103
einvernehmlicher Geschlechtsverkehr 68
Einwilligung 98
– als Offenbarungsbefugnis 128
– bei Prostitution Minderjähriger 99
– der Personensorgeberechtigten bei verlängertem Erzieherprivileg 98
– durch Minderjährige 128
– stillschweigende 128
Entdeckung der Kindheit 18
Entführung mit Willen der Entführten 82
Erheblichkeit 51, 52
Erheblichkeit einer sexuellen Handlung 33
Erheblichkeitsklausel 34
Erheblichkeitsschwelle 33
Erregung öffentlichen Ärgernisses 26
Erzieherprivileg 96, 98
– gröbliche Verletzung der Erziehungspflicht 96, 97
– verlängertes 97, 100, 101
Erziehungsverhältnisse 69
– bei Stiefeltern 70
– Betreuungshelfer 70
– Erziehungsbeistand 70
– geistliche 70
– Hilfe zur Erziehung 70
– in einer nichtehelichen Lebensgemeinschaft 70
Europäischer Gerichtshof für Menschenrechte 48
exhibitionistische Handlungen 26
externe Supervision 132

F

Fähigkeit zur sexuellen Selbstbestimmung 78
Familienberatung 42
»Fanny Hill«-Urteil 22
Ferienaufenthalte mit Kindern und Jugendlichen der Stadt Frankfurt am Main
– Juristische Verbindlichkeiten 32
Fontane, Theodor 17
Förderung sexueller Handlungen
– bei Jugendlichen unter 16 Jahren 92
Förderung sexueller Handlungen Minderjähriger 91
– abstraktes Gefährdungsdelikt 92
– bei Garantenstellung 94
– bei Jugendlichen unter 18 Jahren 99
– Ferienmaßnahmen 93
– Gewähren oder Verschaffen von Gelegenheiten 93
– Vermittlung 93
– Vorschubleisten 92
Formalisierungsschub 15
freie Liebe 14
freies Ermessen 142

G

Garantenpflicht 95
Garantenstellung 94
Gebot der Abstinenz 42, 43
Gebot der Erziehung
– ohne Gewalt und seelische Verletzung 112
Gefährdung des Kindes 56
Gefährdung des Kindeswohls 61, 131
Gefahrengemeinschaften 95
Gefangene 88
Geheimhaltung intimer Daten 134
Geheimnis
– Begriff 122
– ist offenbart 123, 124
– unbefugtes Offenbaren 121
Gewaltbegriff 84
»Go-Order« 66
Grenzen des Sexualstrafrechts 111
Grundsatz der Gleichbehandlung 44

H

Harmonisierung der Strafrahmen 105, 111
Häufigkeit der Sexualdelikte 28
Homosexualität 17, 20, 24
– Begründung für Strafbarkeit 74
– Gleichstellung mit heterosexuellem Verhalten 75
– in der Bundeswehr 41
Homosexuelle Beziehungen 41

I

Informalisierungsschub 23
informationelles Selbstbestimmungsrecht 129
Informationskonflikte 117
innerbehördliche Schweigepflicht 129
innerfamiliäres Geheimhaltungssystem 57
Inobhutnahme 60

J

Jugendamt 56, 60, 126
– als Erziehungsbehörde 115
– Anzeigepflicht 62
– Beratung 59
Jugendgerichtsgesetz (JGG) 102
Jugendhilfe 112
Jugendlichenschutz 56
Juristische Verbindlichkeiten für Ferienaufenthalte mit Kindern und Jugendlichen der Stadt Frankfurt am Main 32

K

Kant, Immanuel 16
Kinderschutz 50, 56
Krisenintervention, siehe auch Beratung 60
Kündigung 42
Kuppelei 21, 91
Kuppeleiparagraph 23

L

lesbische Liebe 77
Liebesverhältnisse 53
Lügendetektor 66

M

Mann, Thomas 17
Marx, Karl 16
Minderjährige 59
Mißbrauch der Abhängigkeit 80

N

Nebenklageberechtigung 109
Notstandshandlung 131
Notstandslage 131

O

Offenbarungsbefugnisse 123, 124
Opferentschädigungsgesetz (OEG) 47
Opferschutz 109
Organisationskotrolle 133

P

Pflicht zur Anzeige 116, 124
s. auch Anzeigepflicht
Pflicht zur Therapie 107
pornographische Abbildungen/Darstellungen 54
Preußisches Allgemeines Landrecht 19
Privatgeheimnisse 121
Prostitution 99, 101
– Minderjähriger in Einrichtungen der Jugendhilfe 100
psychosoziale Beratung 113
Psychotherapie
– und sexueller Mißbrauch 108

R

Recht auf sexuelle Selbstbestimmung 85
Recht zur Anzeige 127
rechtfertigender Notstand 130
Reden über Sexualität 55
Reformvorhaben 104
Regulierung des Sexualverhaltens 15
Reichspolizeiordnung 15
Reichsstrafgesetzbuch von 1871 20
Rückfallprognosen bei Sexualdelinquenz 107

S

Sachverständigengutachten 107
Salomon, Ernst v. 17
Savigny, Friedrich Carl v. 16
Schadensersatzansprüche 44
schlafendes Kind 51
Schmerzensgeld 45
Schmerzensgeldansprüche 44, 45, 48
– Höhe 46
Schullandheimaufenthalt 98
Schutzaltersgrenze 80
Schweigepflicht 115
– Amtsträger 122
– bei Teamkonferenz und Supervisionen 130
– Geheimnisbegriff 122
– innerbehördlich 129
– Offenbarung 123
– Offenbarungsbefugnisse 123
– Pflicht zur Anzeige 124
– Recht zur Anzeige 127
– rechtfertigender Notstand 130
– von Schulberatern 132
Schweigepflichtige 121, 141
sekundäre Traumatisierungsprozesse 109
Sexualdelikte
– Bekämpfung von 107
– ohne Altersbegrenzung 83
– Statistische Daten 27
Sexualdelinquenz 31

Sexualerziehung 112
Sexualität von Kindern und Jugendlichen 18
– unter sich 102
Sexualstrafrecht 26
– Grenzen 111
– Reformen 22
Sexuelle Handlung 32, 39, 51
– am Arbeitsplatz 39
– an einem Dritten 52
– Begriffsbestimmung 32, 75
– Beispiele aus der Rechtsprechung 33
– Erheblichkeit 33
– mit unmittelbarem Körperkontakt 51
– ohne Körperkontakte 54
– schlafendes Kind 51
– und Beleidigung 35
– von einem Dritten 52
– zwischen Eltern und Kindern 82
Sexuelle Nötigung 83
– behinderter Menschen 88
– Gewaltbegriff 84
– in der Ehe 85
– Reform 84, 105
Sexuelle Übergriffe
– in Therapie und Beratung 42
Sexueller Mißbrauch 26, 52
– abgeurteilte Straftaten 29
– Anzeigepflicht 62, 124
– Ausnutzen einer Amtsstellung 90
– Beihilfe 62, 96
– Beratung 108
– besonders schwerer Fall 52
– Definition 27
– Diagnostik und Aufklärung 65, 66
– Einsichts- und Handlungsfähigkeit 103
– Entzug des Sorge- oder des Aufenthaltsbestimmungsrecht 61
– Go-Order 66
– Häufigkeit 28
– im sozialen Nahraum 57
– in Abhängigkeitsverhältnissen 80
– in Beratung und Psychotherapie 108
– Liebesverhältnisse 53
– Opferentschädigung 47
– pornographische Aufnahmen 54
– Schmerzensgeld 45
– Umgangsverbote 63
– Verdacht 61, 62, 67
– vollzogener Beischlaf 52
– von Gefangenen, behördlich Verwahrten oder Kranken in Anstalten 88
– von Jugendlichen 72
– von Schutzbefohlenen 68
– widerstandsunfähiger Personen 87, 105
– Zeugenschutz 109
Sicherungsverwahrung für rückfällige Sexualtäter 107
Sorgerecht 65
– Entzug 61
Sozialdatenschutz 118, 119

Sozialdatenschutz im Strafverfahren 133
Sozialleistungsträger
– Beschlagnahmeverbot 146
sozialtherapeutische Anstalten 107
stillschweigende Einwilligung 128
Strafanzeige 127
Strafaussetzung zur Bewährung 107
Strafbarkeit von Kindern 102
Strafrahmen 105, 111
Strafrecht
– Schutz Jugendlicher unter 16 Jahren 68
– Schutz Jugendlicher unter 18 Jahren 80
– Schutz von Kindern unter 14 Jahren 50
– Sexualdelikte ohne Altersbegrenzung 83
Strafrecht als Steuerungsinstrument 111
Strafrechtliche Verantwortlichkeit
– von Jugendlichen und Heranwachsenden 102
– von Heranwachsend 103
– von Jugendlichen 103
strafrechtliche Verantwortlichkeit
Straftaten gegen die sexuelle Selbstbestimmung 26
Strafzumessungsfaktoren 53

T

Teamkonferenzen und Supervisionen 130
Testamente in einer »wilden Ehe« 21
Therapie
– und sexuelle Übergriffe 42
Trennungs- und Scheidungsberatung 42

U

übergesetzlicher Notstand 127
Umerziehungsprozeß 14
Umgangsrecht 63, 65
Umgangsverbot 61, 63
Umzugsgebot 67
unbefugtes Offenbaren 121
unmittelbarer Körperkontakt 51
Unschuldsvermutung 109
Unterordnungs- und Abhängigkeitsverhältnisse 69
Unzucht mit Kindern 18

V

Verbot der Übermittlung 133
verbotene Prostitution 26
Verbreitung pornographischer Darstellungen 104
Verbreitung pornographischer Schriften 27, 54
Verdacht des sexuellen Mißbrauchs 67
Verdienstausfall 45
Verführung zum Beischlaf 24
Vergewaltigung 83
– behinderter Menschen 88
– Gewaltbegriff 84
– in der Ehe 25, 26

– Reform 84, 105
– Schmerzensgeld 45
Verhältnis der Geschlechter 14
Verjährung 104
Verjährungsfristen 105
verlängertes Erzieherprivileg 97
– s. auch Erzieherprivileg 97
Verschärfung Sexualstrafrecht 105
Vertrauensschutz 117, 120
Videoübertragung in den Gerichtssaal 109
Vorbeugung 112
Vormundschaftsgericht 61, 102, 126
Vorschubleisten 92
– durch Unterlassen 94

W

Weltgesundheitsorganisation 27
Widerspruchsklausel 83
Widerstandsunfähigkeit, s. sexueller Mißbrauch, s. widerstandsunfähige Personen 108
wilde Ehe 21

Z

Zeugenschutz 109
Zeugnisverweigerungsberechtigte 141
– Ausschluß 142
Zeugnisverweigerungsrecht 137
– aus verfassungsrechtlichen Gründen 141
– freies Ermessen 142
– für Berufshelfer 145
– für Drogenberater 146
– im Strafprozeß 140
– im Zivilprozeß 138
– in der Drogenarbeit 141
– in der Schwangerschaftsberatung 142, 146
– in einer Anlaufstelle für sexuell mißbrauchte Frauen 143
– und Aussagegenehmigung 143
– und Beugehaft 141
Zeugnisverweigerungsrecht 139
zivilrechtliche Schadensersatzansprüche 44
Zungenkuß 34
Zwangstherapie 107

AUTOR

Friedrich K. Barabas, Jurist, Dr. jur., ist Professor für Recht am Fachbereich Sozialpädagogik der Fachhochschule Frankfurt am Main.
Arbeitsschwerpunkte: Familien-, Kinder- und Jugendhilferecht sowie Berufsrecht der sozialen Arbeit.
Publikationen zu Theorie und Praxis der sozialen Arbeit sowie zum Familien und Berufsrecht.